JN025616

新・MINERVA社会福祉士養成テキストブック

5

岩崎晋也・白澤政和・和気純子 監修

ソーシャルワークの理論と方法Ⅰ

空閑浩人・白澤政和・和気純子 編著

ミネルヴァ書房

はじめに

❏ ソーシャルワークを学ぶ4科目

　2019（令和元年）6月に，社会福祉士および精神保健福祉士養成課程の新しいカリキュラムが示された。地域共生社会の実現を推進し，新たな福祉ニーズに対応できるソーシャルワーク専門職の養成をねらいとしたものである。

　社会福祉士養成課程の新カリキュラムにおいて，ソーシャルワーク機能を学ぶ科目（講義科目）としては，以下の4科目が示された。

　① 「ソーシャルワークの基盤と専門職」

　② 「ソーシャルワークの基盤と専門職（専門）」

　③ 「ソーシャルワークの理論と方法」

　④ 「ソーシャルワークの理論と方法（専門）」

　これらの科目のうち，① 「ソーシャルワークの基盤と専門職」および，③ 「ソーシャルワークの理論と方法」の2科目は，社会福祉士と精神保健福祉士の養成課程において共通して学ぶべき内容（共通科目）とされており，② 「ソーシャルワークの基盤と専門職（専門）」および，④ 「ソーシャルワークの理論と方法（専門）」は社会福祉士として専門的に学ぶべき内容とされている。なお，精神保健福祉士養成の新カリキュラムにおいては，①と③の共通科目に加えて，精神保健福祉士として専門的に学ぶべき内容としての「ソーシャルワークの理論と方法（専門）」が設置されている。

❏ 4科目と本シリーズの関係

　本シリーズ（新・MINERVA社会福祉士養成テキストブック）の第4巻『ソーシャルワークの基盤と専門職』，第5巻『ソーシャルワークの理論と方法Ⅰ』，第6巻『ソーシャルワークの理論と方法Ⅱ』は，社会福祉士養成課程の新カリキュラムで示された，上の①〜④の4科目の内容に準拠しながら編集されたものである。社会福祉士のカリキュラムに対応したものではあるが，共通科目はもちろんのこと，専門とされている科目も含めて，ソーシャルワーカーになるための学びとして必要な内容であると考える。社会福祉士，精神保健福祉士の資格取得を目指す方々が，将来のソーシャルワーカーとしてその役割を果たす学びとなるよう，本テキストを活用して頂きたい。

第4巻『ソーシャルワークの基盤と専門職』では，地域における総合的かつ包括的な支援として展開するソーシャルワークの意義や内容，基盤となる考え方の理解をねらいとしている。具体的には，以下のような内容を中心に構成されている。

　　1）社会福祉士および精神保健福祉士の法的な位置づけと役割
　　2）ソーシャルワークの概念や基盤となる考え方とその形成過程
　　3）ソーシャルワークの価値と倫理
　　4）社会福祉士の職域と求められる役割
　　5）ソーシャルワークに係る専門職の概念と範囲および諸外国の動向
　　6）ミクロ・メゾ・マクロレベルにおけるソーシャルワーク
　　7）総合的かつ包括的な支援と多職種連携・チームワークの意義と内容

　第5巻『ソーシャルワークの理論と方法Ⅰ』では，人と環境との相互作用への視点に基づくソーシャルワークの過程に関する知識と技術，および様々な実践モデルやアプローチなど，多様な分野や場所で実践されるソーシャルワークの基本構造に対する理解をねらいとしている。具体的には，以下のような内容を中心に構成されている。

　　1）人と環境との相互作用に関する理論とソーシャルワーク
　　2）ソーシャルワークの過程とそれに係る知識と技術
　　3）ソーシャルワークの様々な実践モデルとアプローチ
　　4）ケアマネジメントの意義と方法
　　5）グループやコミュニティに対するソーシャルワーク
　　6）ソーシャルワークの記録
　　7）スーパービジョンとコンサルテーション

　第6巻『ソーシャルワークの理論と方法Ⅱ』では，多様化・複雑化する生活課題への対応を可能にするための援助関係の構築や社会資源の開発，総合的かつ包括的な支援の実際等の理解に加えて，家族支援や災害，スピリチュアリティ，多文化主義等の今日的，発展的な領域でのソーシャルワークの理解もねらいとしている。具体的には，以下のような内容を中心に構成されている。

　　1）ソーシャルワークの機能と役割
　　2）支援を必要とする人との面接や援助関係の構築
　　3）地域における社会資源の開発やソーシャルアクション
　　4）ソーシャルワークに関連する方法や技術
　　5）カンファレンスと事例分析およびICTの活用と個人情報
　　6）家族支援，災害，スピリチュアリティ，多文化主義とソーシャ

ルワーク

　7）ソーシャルワークにおける総合的かつ包括的な支援の実際

◻ 3冊を通して学んでほしいこと

　読者はこれらの3冊を通して，ソーシャルワークの考え方や理論と方法の全体，および様々な領域や場面で展開されるソーシャルワークの実際，さらには，今後求められるソーシャルワークのあり方について学習することになる。その学びは，人々の社会生活に生じる様々な課題に対して，総合的（複数の課題を同時に全体的に）かつ包括的に（ひとまとめにして），そして継続的に（かかわり続ける，働きかけ続ける）支援を展開できる実践力を備えたソーシャルワーカー（社会福祉士・精神保健福祉士）になるための基礎となるものである。この3冊のテキストでの学びを，ぜひ演習や実習等での体験的，実践的な学習につなげてほしい。

　なお，ソーシャルワークでは，支援やサービスが必要なあるいはそれらを利用する個人や家族，集団やコミュニティを表す言葉として，クライエント，利用者，当事者などが用いられる。明確な区別は難しいが，「クライエント」は伝統的に使用されてきた用語で，支援の対象者を臨床的な観点から呼称する場面で用いられることが多い。そして，「利用者」は支援やサービスを利用する主体としての人々を意味する言葉として，また，「当事者」は専門職主導やパターナリズムに抗するべく，直に体験し，影響を受けてきた人を想定して用いられることが多い。

　本書では，このような用い方を共通の認識としたうえで，各章・各節の内容や文脈によって使い分けをしている。

◻ 本書の位置づけ

　本書『ソーシャルワークの理論と方法Ⅰ』は，社会福祉士養成課程の新カリキュラムにおける「ソーシャルワークの理論と方法」（精神保健福祉士養成課程と共通科目）に対応したものである。地域における総合的かつ包括的な支援としてのソーシャルワークの展開過程や様々な実践モデルとアプローチ，ソーシャルワークに関連する方法の理解をねらいとしている。

　本書の内容は，ソーシャルワークを学ぶ人々にぜひ習得してほしい，様々な理論や支援の方法に関する知識を盛り込んだものとなっている。まずは，ソーシャルワークの理論と方法とは何か（序章）の学びにはじまり，ソーシャルワークの対象となる人と環境との相互作用のとら

え方（第1章）について，そして，ソーシャルワークの展開としての導入から終結に至る過程（第2，3，4，5章）について学ぶ。

次に，ソーシャルワークの様々な実践モデルやアプローチ（第6章），ソーシャルワークに関連する方法としてのケアマネジメント（第7章），そしてグループやコミュニティを対象としたソーシャルワーク（第8，9章）について学ぶ。

さらに，ソーシャルワークの実践において欠かせない記録の種類や方法（第10章），およびソーシャルワーカーを支えるスーパービジョンやコンサルテーション（第11章）について学ぶ。

以上の内容を踏まえつつ，本書の最後では，総合的・包括的なソーシャルワークをめぐるこれからの課題（第12章）について検討する。そして本書は，本シリーズ第6巻『ソーシャルワークの理論と方法Ⅱ』へと続いていく。

読者の皆さんが，本書で社会福祉士および精神保健福祉士として必要な知識を学び，将来はその知識を実際に駆使しながら，実践力のあるソーシャルワーカーとして活躍されることを願ってやまない。

2021年12月

編著者

目　次

はじめに

■第5章■　ソーシャルワークの過程4
——モニタリング・終結とアフターケア

■第6章■　ソーシャルワークの実践モデルとアプローチ

■第11章■　スーパービジョンとコンサルテーション

■第12章■　総合的・包括的なソーシャルワークをめぐる課題

■序　章■
ソーシャルワークの理論と方法

□ 「ソーシャルワークの理論と方法」「ソーシャルワークの理論と方法（専門）」の位置づけ

　2007（平成19）年に「社会福祉士及び介護福祉士法」が改正されたが，第2条で，社会福祉士は，「専門的知識及び技術をもつて，身体上若しくは精神上の障害があること又は環境上の理由により日常生活を営むのに支障がある者の福祉に関する相談に応じ，助言，指導，福祉サービスを提供する者又は医師その他の保健医療サービスを提供する者その他の関係者（「福祉サービス関係者等」という。）との連絡及び調整その他の援助を行うこと（「相談援助」という。）を業とする者」と定義づけられた。改正前に比べて，「福祉サービスを提供する者又は医師その他の保健医療サービスを提供する者その他の関係者との連絡及び調整」が追加された。これにより，社会福祉士の業務は，従来は単に個人や家族に対する相談，助言，指導であったが，新たに地域社会の中で医療・福祉専門職等との連携等を図っていくことが加わった。社会福祉士は，個人や家族だけでなく，グループ，組織，地域社会を業務の対象として支援する専門職として明確化されたことになる。

　「社会福祉士及び介護福祉士法」第2条で示されているように，個人から地域社会までの支援全体でもって相談援助としたため，厚生労働省が法改正と同時に進められたカリキュラム改正では，社会福祉士業務を相談援助として科目名を統一した。そのため，本書に該当する科目の名称は「相談援助の理論と方法」であった。一般には「相談援助」という用語が意図する内容は，対象を個人や家族への相談支援に限定してしまったり，社会福祉士の機能を相談することのみに狭くとらえられてしまう可能性があった。他方で，「相談援助」という意味は広くとらえられ，多くの専門職を含め様々な人々が行う相談行為との差異が明らかでなく，ソーシャルワーカーとして行う業務の固有性が弱まることが危惧された。

　今回のカリキュラム改正で，厚生労働省は，科目名を「相談援助の理論と方法」から「ソーシャルワークの理論と方法」に変更した。これにより，「相談援助の基盤と専門職」「相談援助演習」「相談援助実習」が「ソーシャルワークの基盤と専門職」「ソーシャルワーク演習」「ソーシャルワーク実習」にそれぞれ変更された。まさに，正真正銘，社会福祉士や精神保健福祉士はソーシャルワーカーであり，それらの人材をソーシャルワークについて学ぶことで，養成することになったといえる。

☐ ソーシャルワークの理論と方法の関係

　本書のタイトルにある「ソーシャルワークの理論」と「ソーシャルワークの方法」はどのような関係になっているかを，まず整理しておく。

　中村和彦はソーシャルワーク理論を，「①ソーシャルワーク論」，「②ソーシャルワークの方法」，「③ソーシャルワーク実践理論」の３つに分けて説明しており，これを参考に，2021年からの社会福祉士と精神保健福祉士養成課程のカリキュラム（以下，カリキュラム）を使って整理をすることとする（カリキュラムにおける科目名は〈　　　〉でかこんだ）。

　「①ソーシャルワーク論」

　ソーシャルワークとは何か，を提示するものである。新カリキュラムで該当するのは，〈ソーシャルワークの基盤と専門職〉に含められているソーシャルワークの定義，原理，理念，倫理，形成過程や，〈ソーシャルワークの理論と方法〉に含められているソーシャルワークの過程，ソーシャルワークの記録，である。

　「②ソーシャルワークの方法」

　ソーシャルワークを展開する基礎的な方法や技術のことである。カリキュラムでは，〈ソーシャルワークの理論と方法〉でのケアマネジメント，グループを活用した支援，コミュニティワーク，スーパービジョンとコンサルテーション，〈ソーシャルワークの理論と方法（専門）〉での，援助関係の形成，社会資源の活用・調整・開発，ネットワーキング，コーディネーション，ソーシャルワークに関連する方法，カンファレンス等が相当する。さらには，〈社会福祉調査の基礎〉の中では，主にソーシャルワークにおける評価，質的調査の方法，量的調査の方法が，〈福祉サービスの組織と経営〉では，主に福祉サービス提供組織の経営と実際，福祉人材のマネジメントが相当する。

　「③ソーシャルワークの実践理論」

　個別・具体・特殊な対象に対して，種々の課題を解決に導く際に必要な方法や技術の集成であり，カリキュラムとしては〈ソーシャルワークの理論と方法〉でのソーシャルワークの実践モデルとアプローチを指す。具体的には，治療モデル，生活モデル，ストレングスモデルの３つの実践モデルと，心理社会的アプローチ，機能的アプローチ，問題解決アプローチ，課題中心アプローチ，危機介入アプローチ，行動変容アプローチ，エンパワメントアプローチ，ナラティブアプローチ，解決志向アプローチの９つの実践アプローチが，例示されている。このモデルとアプローチの違いについては，前者の実践モデルは特定

の理論的基盤から特定の視野や視点でもってソーシャルワークを論じたものであり，「課題認識の範型」である。後者のアプローチは課題に接近し，その解決という目標に到達するための方法であり，「課題解決の方法」である。

　ソーシャルワーク理論とは，上で述べた3つを一体的に教授し，それを演習や実習で具体的に体得することでもって，ソーシャルワークが実践されることを可能にする。この理論と実践の関係は必ずしも「①ソーシャルワーク論」，「②ソーシャルワークの方法」，「③ソーシャルワーク実践理論」からソーシャルワーク実践への一方向のものではなく，双方向のものである。理論をもとに実践化され，一方実践の結果がフィードバックされ，理論がより強固になっていく。そのため，ソーシャルワークの理論形成に関わる人はソーシャルワーク実践を意識した実践マインドが，ソーシャルワークの実践に関わる人は自らのソーシャルワーク実践を検証していくリサーチマインドが必要である。

☐ ソーシャルワーク論の中心をなす「ソーシャルワークの過程」

　ソーシャルワーク論で中心になるのが，ソーシャルワークの過程である。この過程は，(1)ケースの発見，(2)インテーク，(3)アセスメント，(4)プランニング，(5)支援の実施，(6)モニタリング，(7)支援の終結と事後評価，(8)アフターケアである。基本的には，(1)から(8)の過程で進んでいくが，実際には行きつ戻りつしながら進行していく。

　(1)ケースの発見は，特に自ら相談に来所しないクライエントを見つけ出し，支援につないでいくアウト・リーチが重要である。(2)インテークはエンゲージメント（約束すること）と呼ばれることが多いが，クライエントとソーシャルワークを始めることの約束をすることである。文書で約束する契約書なり同意書の形式をとることが多く，海外では，インフォームド・コンセント（詳しく説明し，了解を得ること）やインフォームド・チョイス（詳しく説明し，選択してもらうこと）と呼ばれる文書で契約することになる。(3)アセスメントはクライエントの生活状況について把握することであり，広く身体生理的状態，精神心理的状態，社会環境的状態での理解を深め，問題状況さらにはニーズを把握することになる。(4)プランニングは，クライエントの問題状況から明らかになった社会生活上でのニーズに基づき，支援計画を作成することである。支援計画の作成には，大きな目標である支援目標と，具体的な支援計画に分けることができる。(5)支援の実施は，作成された計画を実施することで，クライエントに対して支援が行われることになる。(6)モニタリングは，計画に基づいて実施されている支援

が適切になされているかどうかを確認していくことである。適切に支援がなされていない場合や新たな社会生活上の問題状況やニーズが生じている場合には，アセスメントに戻ることになる。(7)クライエントの社会生活上のニーズが充足され，今後はクライエント自らの力で社会生活上のニーズを充足していくことができることになり，支援の終結となる。(6)のモニタリングや(7)の終結時には，それまでのソーシャルワークが良かったかどうかのエバリュエーションという事後評価を実施する。(8)終結後のアフターケアは，今後新たに社会生活上のニーズが生じた場合に，再度支援を実施するために，見守ることである。

☐ 他の専門分野からの「ソーシャルワークのための理論」

　なお上記の3つのソーシャルワーク理論以外にも，他の専門分野からの知見をもとにした「ソーシャルワークのための理論」もある。たとえば，〈ソーシャルワークの理論と方法〉のカリキュラムにあるシステム理論，生態学理論，バイオ・サイコ・ソーシャル（身体・心理・社会）などが相当する。これらは主に上記の「①ソーシャルワーク論」に寄与してきた理論である。これら以外にも，〈医学概論〉〈心理学と心理的支援〉〈社会学と社会システム〉などの科目での多くの理論や知見がソーシャルワーク理論に寄与している。その意味では，上記「①ソーシャルワーク論」は，既存の多くの専門分野からの理論をもとに形成されており，応用科学であるといえる。

☐ 日本でのソーシャルワーク理論の展開

　ここまでソーシャルワーク理論を，「①ソーシャルワーク論」，「②ソーシャルワークの方法」，「③ソーシャルワーク実践理論」に分けて説明してきたが，こうした理論についての多くは，アメリカのソーシャルワークから多大な影響をうけながらそれらを取り込む際に，文化の違いなどの若干の軌道修正をしながら，導入してきた。

　一方，日本でソーシャルワーク理論に大きく貢献したのは，岡村重夫の社会福祉学である。岡村は社会福祉学としているが，実際はソーシャルワーク理論であり，先に述べた中村の3つの分類で整理すると，「ソーシャルワーク論」と「ソーシャルワークの方法」を示したものである。そのため，岡村のソーシャルワーク論の概略を示しておくこととする[2]。

　岡村は，人々の社会生活上でのニーズとして，7つの基本的欲求があるとする。それに対応する社会制度との関係を社会関係と呼び，

表序-1　7つの基本的欲求と対応する社会制度

a.	経済的安定⇆産業・経済，社会保障制度
b.	職業的安定⇆職業安定制度，失業保険
c.	医療の機会⇆医療・保健・衛生制度
d.	家族的安定⇆家庭，住宅制度
e.	教育の機会⇆学校教育，社会教育
f.	社会的協同⇆司法，道徳，地域社会
g.	文化・娯楽の機会⇆文化・娯楽制度

出所：岡村重夫（1983）『社会福祉原論』全国社会福祉協議会，85.

人々は基本的欲求を充足するために，ソーシャルワークはクライエントの主体的な立場から，社会関係を取り結ぶ支援を行うことである。この7つの基本的欲求と対応する社会制度は，**表序-1**の通りである。

　社会制度の側から社会関係を取り持つ場合は，社会制度の立場から客体的に対応することになるが，クライエントの立場から社会関係を取り持つ場合には，クライエントが取り持つ他の社会関係も把握しながら，クライエントの主体的な立場から社会関係を取り持つことになる。後者のクライエントの立場から社会制度との社会関係の全体を理解し，支援していくことがソーシャルワーク論の固有性ということになる。すなわち，ソーシャルワークとは，クライエントが様々な社会制度との間で取り持っている関係について把握することであり，クライエントの立場から，人と環境との関係についてアセスメントを実施することである。

　ソーシャルワークが必要になるのは，社会生活上の困難があるときであり，それは**社会関係の不調和**，**社会関係の欠損**，**社会制度の欠陥**という3つの形態があるとしている。これに対して，ソーシャルワークは問題解決に向けて，クライエントの主体的側面から，①どのような社会関係の困難があるかを分析する機能（評価的機能），②社会関係の全体が調和するように援助する機能（調整的機能），③個人と社会制度を結びつけ，効果的に利用できるようにする機能（送致的機能），④新しい社会資源を開発する機能（開発的機能），⑤一般的な社会制度の要求基準を緩和した特別の保護的サービスを提供する機能（保護的機能）を実施していくことになる。これは，①がソーシャルワークでのアセスメントであり，②〜⑤が支援計画の作成や実施を意味している。

◻ ソーシャルワーク理論の学びと演習および実習の関係

　ここまで，ソーシャルワーク理論と方法の関係について，2021（令和3）年からの社会福祉士養成課程のカリキュラムの中から主に講義

➡社会関係の不調和
利用者は多様な社会関係との調和のもとで生活をしているが，主体的側面からとらえて，利用者が多数の社会制度と取り結ぶ社会関係の間で矛盾が生じることでの生活の困難を指している。

➡社会関係の欠損
利用者が社会制度と取り持つ社会関係が欠損することでの生活困難であり，これには社会関係の不調和が進行することで，複数の社会関係を継続できないことから生じる場合と，社会制度側の対象から排除されることで生じる。

➡社会制度の欠陥
利用者と社会制度と取り持つ社会関係が断絶状況にあり，かつ社会制度は改善する弾力性を失った状態にあることを指す。

図序-1　講義と演習・実習の関係（社会福祉士）

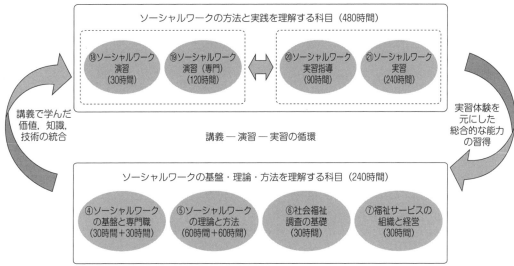

ソーシャルワークの方法と実践を理解する科目（480時間）

⑱ソーシャルワーク演習（30時間）　⑲ソーシャルワーク演習（専門）（120時間）　⑳ソーシャルワーク実習指導（90時間）　㉑ソーシャルワーク実習（240時間）

講義で学んだ価値，知識，技術の統合

実習体験を元にした総合的な能力の習得

講義 ― 演習 ― 実習の循環

ソーシャルワークの基盤・理論・方法を理解する科目（240時間）

④ソーシャルワークの基盤と専門職（30時間＋30時間）　⑤ソーシャルワークの理論と方法（60時間＋60時間）　⑥社会福祉調査の基礎（30時間）　⑦福祉サービスの組織と経営（30時間）

出所：厚生労働省資料をもとに作成.

図序-2　講義と演習・実習の関係（精神保健福祉士）

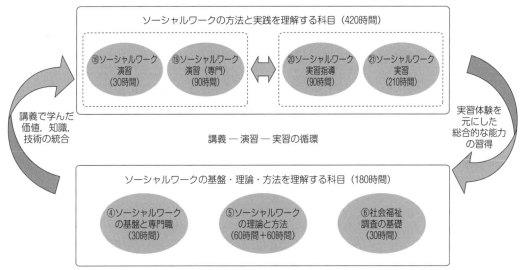

ソーシャルワークの方法と実践を理解する科目（420時間）

⑱ソーシャルワーク演習（30時間）　⑲ソーシャルワーク演習（専門）（90時間）　⑳ソーシャルワーク実習指導（90時間）　㉑ソーシャルワーク実習（210時間）

講義で学んだ価値，知識，技術の統合

実習体験を元にした総合的な能力の習得

講義 ― 演習 ― 実習の循環

ソーシャルワークの基盤・理論・方法を理解する科目（180時間）

④ソーシャルワークの基盤と専門職（30時間）　⑤ソーシャルワークの理論と方法（60時間＋60時間）　⑥社会福祉調査の基礎（30時間）

出所：厚生労働省資料をもとに作成.

科目をもとに説明してきた。ここでは〈ソーシャルワーク演習〉〈ソーシャルワーク実習〉〈ソーシャルワーク実習指導〉といった演習・実習科目との関係を説明していく。

　講義科目での知識の収得と，ソーシャルワークの事例検討やソーシャルワーク実践現場などの演習・実習科目での学習は，相互に循環することでソーシャルワーカーを養成することができる。

　この両者の関係を図にしたのが，**図序-1**，**図序-2**である。精神保健福祉士の養成課程のカリキュラムでは〈福祉サービスの組織と経

営〉がないため，他のいくつかの科目でカバーされることになるが，両方の図に示すように，講義から演習・実習でもって，価値，知識，技術の統合を図り，演習・実習から講義でもって，総合的な能力の習得を図ることになる。

　なお，演習と実習の関係についても，相互にフィードバックしていく関係になっている。具体的には，ソーシャルワーク理論に関わる講義科目と〈ソーシャルワーク実習〉および〈ソーシャルワーク実習指導〉を仲介する科目が〈ソーシャルワーク演習〉であり，これを介して，ソーシャルワーク理論の学習が実習に引き継がれていくことになる。逆に，演習を介して，実習から得たものが，ソーシャルワーク理論に関わる理解や体得につながっていくことになる。

☐ 個人，家族，グループ，組織，地域社会を一体としたソーシャルワークの展開

　〈ソーシャルワークの理論と方法〉〈ソーシャルワークの理論と方法（専門）〉という科目が，ソーシャルワーカー養成教育での核をなすことは，すでに説明してきた。履修時間は社会福祉士と精神保健福祉士は共に120時間となっており，全履修時間の多くを占めている。これは演習・実習を除いた他の科目と比べて，際立って多い履修時間数となっている。それは，この科目を核にして，ソーシャルワークについて多くを身に付けるだけでなく，ソーシャルワーカーとして業務を実施していくための基本的な一定の能力を獲得することを目指しているからである。

　そのため，本シリーズでは，第5巻『ソーシャルワークの理論と方法Ⅰ』（本書，主にソーシャルワークの過程について』，第6巻『ソーシャルワークの理論と方法Ⅱ』（主にソーシャルワークの機能と役割について）の2分冊にし，時間をかけてソーシャルワークを学んでいただくことを意図している。

　本シリーズでは，対象が個人や家族であろうが，グループであろうが，組織や地域社会であろうが，一貫してソーシャルワークという共通の理論と支援方法でもって対応していくソーシャルワーカーの養成を目的としている。これは，ソーシャルワークは個人，家族，グループ，組織，地域社会のいずれに対応するにしても，基本的には共通の理論や方法でもって実施していくことを示している。これを，一般には，ジェネラリスト・ソーシャルワーカーを養成しているという。そのため，本書で述べるクライエントとは，個人である場合だけでなく，家族やグループ，組織や地域社会も指すことになる。ただし，個人や

家族を対象とするミクロ・ソーシャルワーク，グループを対象とする
メゾ・ソーシャルワーク，組織や地域社会を対象とするマクロ・ソー
シャルワークについて，分けて説明するほうが理解を深めやすい部分
については，ごく一部ではあるが，そうした内容を設けている。

　また，ミクロ，メゾ，マクロのソーシャルワークが対象とする支援
対象については論者によりニュアンスの違いがある。たとえば家族に
ついては，ミクロ・ソーシャルワークとメゾ・ソーシャルワークの両
面があるが，本書では，メゾ・ソーシャルワークとして扱うこととす
る。また，ミクロ・ソーシャルワークとマクロ・ソーシャルワークの
2つに分け，前者の対象を個人，家族，グループとし，後者の対象を
組織と地域社会とする考え方もある。

　これについて，ピンカスとミナハン（Pincus, A. & Minahan, A.）は，
ソーシャルワーカーとクライエントの力動的な相互関係に基づいて，
ソーシャルワークに以下の4つのシステムモデルを提示した。①クラ
イエント・システム（個人，家族，グループ，組織，地域社会など，ソー
シャルワーカーが支援する対象となるシステム），②チェンジ・エージェ
ント・システム（クライエントに変化を起こすために動員されるシステ
ムで，ソーシャルワーカーとその所属機関や施設とそれを構成している職
員全体），③ターゲット・システム（ソーシャルワークの目標達成のため
に働きかけなければならない対象となるシステムで，個人，家族，グルー
プ，組織，地域社会など），④アクション・システム（ソーシャルワーク
の目標達成のために，ターゲット・システムに働きかけるソーシャルワー
カーや活動に参加する人々や資源のすべて）に整理している。

　ここでも，ソーシャルワークの支援の対象や標的となる対象を一つ
のシステムとしてとらえ，個人，家族，グループ，組織，地域社会な
どを連続性のある一体的なものとしてとらえている。

　アメリカのソーシャルワーク教育協議会（CSWE）が認証するソー
シャルワーカー養成大学では，学部卒の場合にはジェネラリスト・ソー
シャルワーカーを養成することになる。その目指すソーシャルワー
カー像は，ソーシャルワーク教育協議会によって以下のように位置づ
けられている。

　「ジェネラリスト・ソーシャルワーカーは多様なソーシャルワーク
やその他の領域で，個人，家族，グループ，組織，地域社会を支援す
る。ジェネラリスト・ソーシャルワーカーは個人，家族，グループ，
組織，地域社会について，全ての，内的能力を認識し，支援し，引き
出すために，ストレングスをとらえる。ジェネラリスト・ソーシャル
ワーカーは，クライエント・システム（個人，家族，グループ，組織，

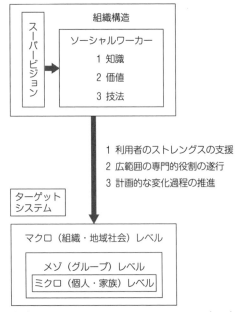

図序-3　ジェネラリスト・ソーシャルワーカーの枠組み

出所：Kirst-Asbman, K. K. & Hull, G. H., Jr.（2006）*Understanding Generalist Practice*（4th ed.）, Thomson Brooks/Cole, 7を一部修正.

地域社会等）に対して，あるいはそれらと共に，導入，アセスメント，サービスとの仲介，代弁，カウンセリング，教育，組織化を実施し，その際に専門的な問題解決過程を活用する。加えて，ジェネラリスト・ソーシャルワーカーは地域社会や組織の開発にも関わる。最終的に，ジェネラリスト・ソーシャルワーカーはクライエントのニーズに対して最も適切な提供を継続的に実施し，支援の質を高め，その結果を評価する。ジェネラリスト・ソーシャルワーカーは全米ソーシャルワーカー協会倫理綱領によって導かれ，個人，家族，グループ，組織，地域社会のより良き状態に改善することと社会正義という目標を推進することに専心する。[6]」

　アメリカの学部で養成するソーシャルワーカーの枠組みは，**図序-3**に示すことができるが，これは，日本での社会福祉士のソーシャルワーカー養成とも軌を一にしている。

☐ 多様な領域で活動するソーシャルワーカーの養成

　この〈ソーシャルワークの理論と方法〉という科目は，ソーシャルワークの核になる科目である。現在，この科目をベースに，高齢者，障害者，児童や家庭，低所得者，医療，司法領域といった多様な領域で活動するソーシャルワーカーを養成している。

　今回のカリキュラムの特徴は，このような「高齢者」「障害者」「子ども」「低所得者」「保健医療患者」「司法対象者」といった多様な対象者に対する制度や，そこでのソーシャルワークについて教育することである。さらにこのような分野別での支援のみでは，いわゆる「世帯に複数のクライエントがいる」8050問題，「相談する機関がなく，制度の狭間にいる」引き込もりの人やごみ屋敷問題には，対応が難しくなる。こうした人々や世帯に対する支援を進めていくために，現在日本では，地域共生社会として包括的支援体制を確立していくことが進められている。包括支援体制とは，縦割りでの制度の狭間にいる人々や世帯を含めた包括的な相談体制をつくり，地域づくりも展開していくことである。

　この包括的な相談体制に対応するために，個人，家族，グループ，組織，地域社会を対象にするジェネラリスト・ソーシャルワークは，有効であるといえる。また，地域共生社会はサービスの担い手と受け手が一体的な社会を目指しており，「支え手側と受け手側に分かれるのではなく，地域のあらゆる住民が役割を持ち，支え合いながら，自分らしく活躍できる地域コミュニティを育成し，福祉などの地域の公的サービスと協働して助け合いながら暮らすことのできる仕組みを構築する(7)」こととされている。この地域共生社会の実現のためには，ソーシャルワーカーはアセスメントにおいて，個人，家族，グループ，組織，地域社会のストレングスを把握する。さらにはそうしたストレングスを支援，計画に活用することで，地域共生社会の実現に大きく貢献することができる。

○注 ─────────

(1)　中村和彦（2017）「ソーシャルワーク実践理論再構成への素描──「構造・批判モデル」の導入と養成教育における具体的展開を構想して」北星論集（社）（54），36-37.

(2)　岡村重夫（1968）『全訂社会福祉学（総論）』柴田書店.

(3)　Timberlake, E. M., Zajicek-Farber, M. L. & Sabatino, C. A.（2008）*Generalist Social Work Practice: Strengths-Based Problem-Solving Approach*（*5th ed.*），Persons Education, Inc. 2008, 23.

(4)　Poulin, J. with Contributors（2005）*Strengths-Based Generalist Practice: A Collaborative Approach*（*2nd ed.*），Thomson Brooks/Cole, 3-4.

(5)　Pincus, A. & Minahan, A.（1973）*Social Work Practice: Model and Method*, Itasca, Peacock.

(6)　Council of Social Work Education, Commission of Accreditation and Commission of Educational Policy（2015）*2015 Educational Policy and Accreditation Standards*, Council of Social Work Education（https://www.cswe.org/getattachment/Accreditation/Standards-and-Policies/2015-EPAS/2015EPA Sand Glossary.pdf.aspx）

(7)　閣議決定（2016）「ニッポン一億総活躍プラン」16.

■ 第1章 ■

人と環境の相互作用と
ソーシャルワークの射程

ソーシャルワークは，個人，集団，組織，地域など多様な対象に働きかけ，それらの関係性の変容を目指す実践である。これらの対象は，それぞれが境界をもつ個別のシステムとして存在しながらも，相互に関連しあいながら変容しあっている。本章では，このようなしくみを説明する一般システム理論の考え方を整理したうえで，システムとして存在する人と環境の相互（交互）作用を説明するソーシャルワークの理論や視点を提示する。

また，人間の発達過程に影響を及ぼす環境の構成や文脈について考える。そのうえで，人と環境システム間の関係性を，ネットワーク，強さ・弱さ，意味・文脈，文化，差別の観点から説明し，関係性に働きかけるソーシャルワークの意義や役割を概観する。最後に，その関係性を吟味しながらとらえ直し，自らの実践につなげる省察的実践についてふれ，ソーシャルワークの視点から人と環境の持続可能な開発のあり方を展望する。

1 エコシステム視点とソーシャルワーク

➡ ケースワーク
同シリーズ 4 巻『ソーシャルワークの基盤と専門職』第 8 章第 2 節を参照。

➡ グループワーク
本書第 8 章第 1 節と，同シリーズ 4 巻『ソーシャルワークの基盤と専門職』第 8 章第 3 節を参照。

➡ コミュニティ・オーガニゼーション
本書第 9 章と，同シリーズ 4 巻『ソーシャルワークの基盤と専門職』第 8 章第 4 節を参照。

➡ ジェネラリスト・ソーシャルワーク
同シリーズ 4 巻『ソーシャルワークの基盤と専門職』第 8 章第 5 節を参照。

☐ 一般システム理論の導入による方法論の統合化

19世紀の終わりから20世紀の初頭に創始されたソーシャルワークは，専門教育と専門職化の進展により，20世紀中頃までに個人を対象とする**ケースワーク**，集団を対象とする**グループワーク**，地域の組織化や改善をもとめる**コミュニティ・オーガニゼーション**に方法論的な専門分化をとげた。また，医療ソーシャルワーク，精神医療ソーシャルワークなど，対象や専門領域ごとに専門職団体が形成されるなど，それらの分立も進んだ。しかし，第二次世界大戦後の社会変動や社会科学の新しい展開は，精神分析に傾斜したケースワーク中心のソーシャルワークへの批判を生み出し[1]，個人や家族を広く社会的文脈のなかでとらえ，貧困などの多問題を抱える家族らに対する包括的な支援のあり方が求められるようになる。こうした背景のもとで，分断された専門領域や方法論を統合して体系化する，**ジェネラリスト・ソーシャルワーク**の必要性が提唱されるようになる[2]。

方法論の統合化にむけては，多様な実践領域や方法論に通底する共通基盤の確立と，全体の構成を一貫して説明する理論的根拠が必要である。前者については，たとえばバートレット（Bartlet, H. M.）が，1970年に『ソーシャルワークの共通基盤』を著している。そこでは，

ソーシャルワーク実践の共通基盤として，「社会生活機能」の改善に
むけて，ソーシャルワークの価値と知識の総体にもとづき，介入の多
様な方法（レパートリー）が個人，集団，社会的組織等に直接的あるい
は協働活動を通して活用されるという構図が示されている。[3]

　また，後者については，自然科学の領域で提起され，戦後，社会科
学の領域にも導入された一般システム論（general system theory）によ
る貢献が指摘できる。オーストリアの生物学者であったベルタランフ
ィ（Bertalanffy, L. V.）は，事象を原子や分子などの物理学的な構成要
素に還元（分解）するのではなく，異なる事象にみられる同型性に着
目し，その一般原理を定式化する「一般システム理論」と呼ばれる科
学理論を提起したことで知られる。[4] 一般システム理論は，個人，集団，
組織，地域などの対象レベルや単位にとらわれず，それらが相互に関
連しあうシステムであるとし，ソーシャルワークを包括的に説明する
準拠枠（an holistic frame of reference）とされたのである。

❑ システムとは

　システムとは「複数の要素が有機的に関係し合い，全体としてまと
まった機能を発揮している要素の集合体」（『広辞苑』）である。各シス
テムは境界と内部プロセスをもって安定的な「構造」と「機能」を維
持し，独自の自立性を維持している。また，前出のベルタランフィは，
動きの複雑さのレベルによって下位から上位まで展開するシステムの
階層性を示し，上位システムは下位システムを前提として成り立って
いるとした。たとえば，原子や分子などの静的でミクロなシステムが
最も基礎的な低位なレベルにあり，その上位システムには単純な機械
が位置づけられる。その上位に，単細胞生物→動物→人→人々が構成
する社会―文化システムが存在し，最上位には，観念的な抽象思考で
構成される数学，芸術，道徳などの「シンボル・システム」が想定さ
れている。

　システムにはこのような階層性があり，下位（低次）システムは上
位（高次）システムに自らを統合させることで調和を図り，全体的な
システムの安定が図られている。ただし，各システムは，階層レベル
に関わらず，以下に示すような普遍的な特性を有している。[5][6]

　①　システムは目的をもち，システムの要素は目的志向的な行動を
する。

　②　(a)システムは境界をもち，環境のなかで適応的に機能する。(b)
システムの一般形態はオープン・システムであり，オープン・システ
ムは環境との間に相互作用がある。(c)システムの働きは，内部過程と

境界過程とに分けられる。(d)環境からのフィードバックにより，システムの動きは再調整され，再組織化される。(e)関連する諸要素を内生変数と外生変数に区別できる。

③　システムの内部プロセスおよび境界プロセスは，情報およびエネルギーと物質のインプット，スループット，アウトプットとして分析できる。

④　システムは，諸要素間の相互依存関係の安定的かつ規則的なパターンである「構造」と，その働きである「機能」の両面から分析できる。

⑤　システムの内部においては，動的均衡ないしは安定状態を保とうとする傾向がある。

⑥　システムには，内的，外的な変動因（緊張，逸脱，対立，環境の変動）がある。

⑦　システムの成長・発展には，構造の変動が伴う。

⑧　システムの存続および構造の維持のためには，充足すべき機能的要件がある。

一般システム理論によれば，人，家族，集団，組織，地域，国家など，ソーシャルワークに関連するあらゆる要素が上記のような特性をもつシステムであるとされ，システム間の相互依存関係や，内的・外的な変動因による構造の変化がソーシャルワークの理論や視点から説明される。また，システム内外からの情報や資源の提供をはじめ，システム間の関係性の変容をもたらす働きかけが，ソーシャルワークの機能であり，ソーシャルワーカーの役割であるととらえられる。

▢ 一般システム理論とサイバネティクス

なお，その後システム理論は，システムの存続や維持に重点をおいた一般システム論から，逸脱やゆらぎからシステムが再組織化する過程に着目する考え方や，[7]「自己」（システム）のもつ経験の違いを前提とし，機械とは異なるシステムの自律性や自己創出を探究する理論が提起されるなど，[8]新たな展開をみせている。

さらに，一般システム理論と親和性をもち，システム内およびシステム間の制御の説明に寄与したのがサイバネティクス（cybernetics）と呼ばれる研究領域である。サイバネティクスは，1948年にウィナー（Wiener, N.）によって提起された，生物，機械，人，社会，組織などあらゆるシステム間の通信と制御に関わる情報処理を総合的に扱う数学の一領域である。[9]

特にソーシャルワークとの関連で注目されるのは，システムの均衡

を保つ自己制御のメカニズムとされる「フィードバック」である。フィードバックには，システムの維持や発展のために異なる機能があるとされる。最も基本的なフィードバックは，恒常性を保ち，形態を維持するためのフィードバックで，逸脱を元の姿に戻す作用をもつことから「負のフィードバック」と呼ばれる。これに対して，環境の激変に対して，フィードバックのルール自体の変更が行われたり，システムの基本構造を超える発展的な変容が起きることがあり，こうした機能は「正のフィードバック」と呼ばれる。サイバネティクスは，主に家族システムの変容や制御を扱う家族療法の領域などに取り入れられ，理論形成に活用された。

☐ 生態学的視座

　一般システム論は，あらゆるシステム間の相互関係を説明する論拠になったとはいえ，用いられる概念が抽象的で，生身の人間と社会をとりまく相互関係の説明には，必ずしもなじまない部分もあった。こうした批判を背景に，社会的な環境と人との相互作用を説明するうえで，生態学を比喩的に用いることで，人間主義にもとづくソーシャルワークの特性を説明したのがジャーメイン（Germain, C. B.）らである。[10]

　生態学は，本来，生物とそれを取り巻く環境との適応的な相互作用や，生物間の相互作用を含めた生態系の構造や機能を追究する学問である。ジャーメインらは，人の成長，発達，適応を強化・促進するために，人間環境，社会的環境および物理的環境の応答性を高め，人と環境との交互作用の改善を図ることで全体システムの機能向上と調和を図ることを強調する。**図1-1**には，人を取り巻く環境の体系が示されている。[11]

　なお，ここでいう「交互作用」とは，単なる二者間の閉じられた関係ではなく，相互に発展的に変容しあう作用を意味する。

　さらに，ジャーメインらは，事象のしくみを説明するための「生態学的視点」を，実際のソーシャルワークの実践に活用できる具体的な方法に組み込んだ「生活モデル」を提唱した。生活モデルは，従来までの「医学（疾病）モデル」に対比させ，対象とすべき問題を「病理」としてではなく，人・もの・場所・思考・情報・価値などから構成される「生態系」の要素間の「交互作用の帰結」であるととらえる点が特徴である。したがって，支援の働きかけは，個人への「治療」ではなく，個人の発達や社会的機能と，潜在的可能性の実現を阻む，環境要因との「有害な交互作用の修正」にむけられる。また，システム論的ストレス認知理論（本書次の小見出しで解説）の成果を取り入れ，人

図1-1　人をとりまく環境の体系

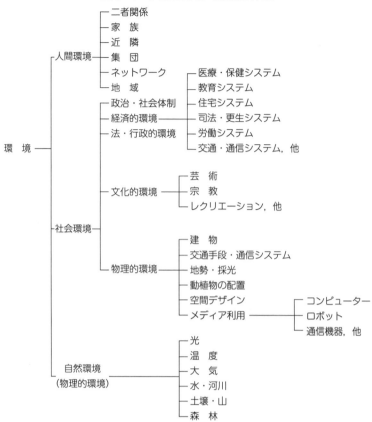

出所：ジャーメイン，C.他／小島蓉子編訳・著（1992）『エコロジカル・ソーシャルワーク
　　　カレル・ジャーメイン名論文集』学苑社，224.

図1-2　ストレス―対処モデル

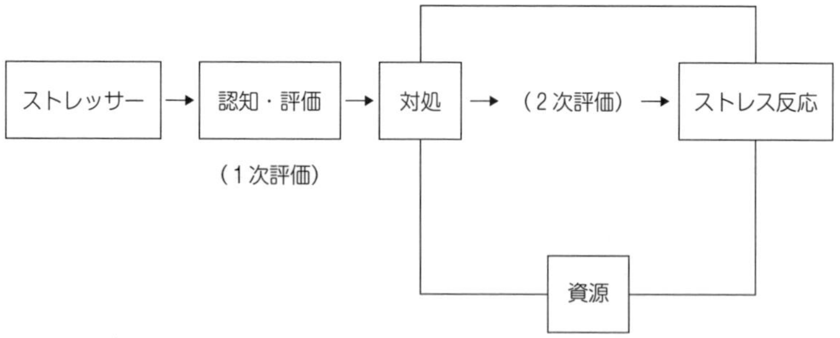

```
                    ┌─────────────────────────────────────┐
                    │                                     │
┌──────────┐   ┌──────────┐   ┌──────┐            ┌──────────┐
│ ストレッサー │ → │ 認知・評価 │ → │ 対処 │ → （2次評価） → │ ストレス反応 │
└──────────┘   └──────────┘   └──────┘            └──────────┘
                  （1次評価）      │                     │
                                 │     ┌──────┐         │
                                 └─────│ 資源 │─────────┘
                                       └──────┘
```

出所：和気純子（1998）『高齢者を介護する家族――エンパワーメント・アプローチの展
　　　開にむけて』川島書店，29.

と環境の有害な交互作用が生み出すプロセスと，その結果をストレスであるととらえ，ストレスに対処し問題解決を図る能動的な個人と，個人の対処を可能にする資源の活用を強調したのである。

□ システム論的ストレス認知理論と対処行動

　ところで，システム論的ストレス認知理論について，**図1-2**にそって簡単に説明しておこう。ストレスは，日常的に使われる用語であるが，それは単なる刺激あるいは反応のパラメーターではない。刺激が全く同一であっても，刺激によってもたらされる反応は同一ではなく，その逆もまたしかりである。同じ刺激に対して，それをものともせずかわしたり，乗り越えて成長の糧とするものもいれば，苦しみに耐えきれず，その場から逃げ出したり，心身の不調をきたすものもいる。このような差異は，従来のリンゴが地に落ちるときに一定の負荷がかかるという，いわゆるニュートン力学的なストレス理論では説明することができない。こうした限界をふまえ，ストレス反応の個人差を説明するモデルとして提起されたのが，システム論的ストレス認知理論である。[12]

　システム論的ストレス認知理論は，ストレッサーと呼ばれる，潜在的にストレスフルな状況を生み出す刺激が，最終的なストレス反応を生み出す過程に，個人のストレッサーに対する認知・評価のプロセスが介在することを前提とする。そのうえで，その認知・評価にもとづいて対処行動がとられるが，その際には必要な資源が活用される。資源には，個人の能力，物的資源，人的資源，制度的資源など多様なものが含まれる。また，対処行動にも，問題解決型対処，認知変容型対処，回避情動型対処などさまざまな行動が含まれ，それらの効果が二次評価として吟味され，それにもとづいて対処行動は継続，変容あるいは中断される。[13]

　ストレッサーの軽減や解消が図られなければ，うつ，怒りなどの情動反応，不眠などの身体反応，無気力といった意識・行動反応などのストレス反応がもたらされることになる。このように，ストレスは，ストレッサー，認知・評価，対処，資源，ストレス反応などの諸因子（システム）によって繰り広げられる，相互に影響しあう力動的なプロセスであるととらえられるのである。

　このストレッサーに能動的に対処する個人という図式は，ソーシャルワークでは，専門職に援助される受動的な「客体」としてのクライエントから，問題解決を行う「主体」としての当事者への変化をもたらす。そしてその対処を側面的に支援する，ソーシャルワーカーとい

う協働的な支援関係への転換を促したと言えるだろう。

❏ エコシステム視点からみる人と環境の交互作用

　ジャーメインらの生活モデルが提唱されて以降，さらに一般システム論と生態学的視座を融合させ，人と環境が交互作用する接触面（インターフェイス）に着目し，多くの変数が相互に関連しあっている全体状況を洞察する方法として，**エコシステム**▶視点が提起された。たとえば，モンクマン（Monkman, M. M.）は，個人と環境の交互作用の枠組みを**図1-3**のように整理し，人および環境の交互作用に関与する要因間の重層的展開を示している。(14)

　まず，個人にあっては環境との**インターフェイス**▶にむけて，生存のための対処行動，関係を形成するための対処行動，成長・達成を図るための対処行動の３つの対処行動が活用される。その対処行動がとられるためには，入手可能な情報・スキル，状況に関する知識，スキルの程度，身体状況などが影響する。また，対処には，認知的，行動的，情緒的なパターンがある。

　それに対して，環境の質を規定する特性には資源として，家族や友人，同僚などのインフォーマルな資源，団体や会社などのフォーマルな民間の資源，さらに学校，病院，教会などの公共的な資源が存在する。さらに，資源のなかには，期待，役割，課題といった要素が含まれており，さらにそれらを規定する法律，政策，資源，権利が国，州，地域などのレベルに存在する。

　これらの個人の対処行動と環境特性は，適合にむけてインターフェイスの部分で複雑に交互作用を展開し，必要に応じて相互に変容する。ソーシャルワーカーは，この交互作用に働きかけ，最適な適合状況が生み出されるよう介入するのである。

　このように，エコシステム視点の導入は，環境と人がそのインターフェイスで繰り広げる交互作用と関連するシステム間の関係性に着目する視点を提供するが，その限界や批判も存在する。たとえば，エコシステム視点の代表的論者であるマイヤー（Meyer, C.）も指摘するように，エコシステム視点は，あくまでも，実践における物の見方を提供する「視座」を提供するに過ぎず，具体的な実践モデルではないという点である。(15)したがって，それは関係性の機能不全をとらえることはあっても，働きかけの具体的な方法論を示すものではない。

　さらに，人と環境の関係性を所与のものとみなすことで批判的視点に欠け，環境がもつ抑圧や搾取などへの対抗的なアプローチや，関係性の背後にある文脈や意味が見落とされる危険性をはらんでいる。こ

▶**エコシステム**
複数の生物，モノ，組織が有機的に結びつき，循環しながら一つのシステムを形成しているというしくみや考え方。

▶**インターフェイス**
「接点」や「境界面」を意味する語であり，異なる２つのシステムの接続部分をさす。

図1-3　人と環境のインターフェースと交互作用

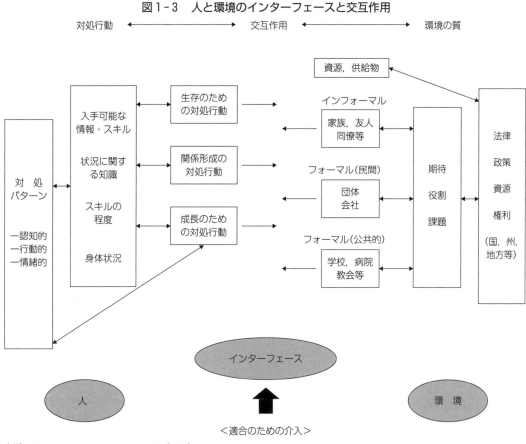

出所：Monkman, M. M. & Kagle, J. D.（1983）The transactions between people and environment framework：focusing social work intervention in health care, *Social Work in Health Care*, 8（2）, 109, を一部改変.

うした批判は，その後，人と環境の関係性を規定する文脈や文化への着目や，人と環境の関係性を抑圧やパワーの視点からとらえ，既存の関係性をクリティカルに省察する実践の提起をもたらすことになる。なお，ここでいうクリティカルとは，日本語でいう「批判的」という意味に限定されず，自分の判断を絶対的なものであるとせず，客観的，多面的に吟味，評価するという意味で用いられる。

□ バイオ・サイコ・ソーシャル（生物心理社会的）モデル

　1980年以降，一般システム理論にもとづき，医学の領域からもバイオ・サイコ・ソーシャル（biopsychosocial）モデルと呼ばれる統合的な支援モデルが提起された。バイオ・サイコ・ソーシャルモデルは，内科医であったエングル（Engel, G.）によって提唱されたもので，ヒトの生物学的側面にのみ着目する身体モデルとは異なり，人の心理社会的な文脈や医療ケアシステムまでも考慮にいれた統合的なモデルとなっているのが特徴である。[16] たとえば，怒りや悲しみといった感情の蓄

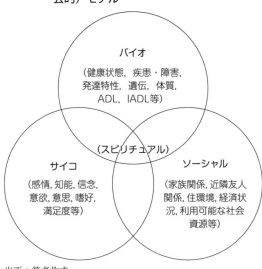

図1-4　バイオ・サイコ・ソーシャル（生物心理社会的）モデル

バイオ
（健康状態, 疾患・障害, 発達特性, 遺伝, 体質, ADL, IADL等）

（スピリチュアル）

サイコ
（感情, 知能, 信念, 意欲, 意思, 嗜好, 満足度等）

ソーシャル
（家族関係, 近隣友人関係, 住環境, 経済状況, 利用可能な社会資源等）

出所：筆者作成.

積は，様々な身体症状をもたらし，家族や親しい人との交流や，普遍的な医療保険や介護保険制度は，健康の維持や改善に効果をもつだろう。

　図1-4のとおり，人は，生物的であるとともに，心理的であり，さらに社会的な存在として，これらの3つの次元の相互作用のもとで生きている。3つの次元のうち，「バイオ」（生物的）次元には，健康状態や疾患，障害，ADL, IADL などが含まれる。「サイコ」（心理的）次元には，さまざまな心理状態，意欲，意思，嗜好，満足度などがある。「ソーシャル」（社会的）の次元には，家族関係，近隣・友人関係，住環境，経済状況，利用可能な社会資源等の多様な構成要素が存在する。そのため，アセスメントから支援のプロセスに至るまで，3次元の各構成要素とそれらの相互作用を理解し，支援していくことが求められる。その際，3次元を無原則，無自覚に考慮にいれるのではなく，個別の事例や状況に応じてニーズを正確にとらえ，最も効果的で必要な支援を取捨選択し，使い分けることが重要になる。また，近年は，バイオ・サイコ・ソーシャルモデルにスピリチュアルな側面を加えた[17][18]BPSS と呼ばれるモデルも提起されている。[19]

　このように，一般システム理論は，ソーシャルワークの方法論の統合化を推進したのみならず，医学や心理学など異なる分野が共通言語をもつことを可能にし，分野間のコミュニケーションや協働を促すうえでも大きな役割を果たしたのである。

② 人の発達と環境

　人は環境に開かれたシステムであり，絶えず環境との間でエネルギーの授受を行いながら変化する存在である。こうした変化は，長期的な視点でみるとき，「発達」という概念で表されることになる。ここでは，人と家族の発達を環境との相互作用からとらえる視点について述べる。

□ システムの変容から発達へ

　発達は，長年，発達心理学と呼ばれる領域で研究が蓄積され，当初は児童や青年期までの認知や自我の発達過程が着目されてきたが，戦後になると，人は死を迎える瞬間まで発達し続ける存在であるとして，「生涯発達」という考え方が提起された。表1-1では，代表的な発達心理学者らの発達段階モデルが示されているが，なかでもエリクソン（Erikson, E. H.）が提示した生涯発達の段階モデルは，老年期まで発達段階を拡げたところに特徴がある[21]。エリクソンは，人生を乳児から成熟期までの8期に分け，各時期に達成されるべき発達課題を示している。たとえば，乳児期には，自分の最も身近にいる他者に対して，基本的な信頼をもてるかどうかが発達上の課題であり，これが達成できなければ，基本的な人間不信に陥るとする。また，この発達課題が達成されなければ，次の幼児期前半の発達課題に取り組むこと自体が難しくなるという，段階的に課題をクリアしていく重要性を指摘する。

　ただし，こうした直線的な段階（決定）モデルに対しては，個人や社会の多様性が拡大している現代社会のもとで，その普遍性や妥当性については批判や疑問も存在する。たとえば，地域の文化や慣習によって家族関係や婚姻の形態は大きく異なり，また戦争や災害などの社会的要因や，疾患や障がいなどの個人的要因によっても，発達課題の年齢区分や内容には多様なバリエーションが存在する。

□ 人間発達を促す環境枠組み

　システム論の観点から，人間発達においても，個人を取り巻く環境システムの重要性と重層性が指摘された。ブロンフェンブレンナーは（Bronfenbrenner, U.），発達・成長する力動的存在である個人が，環境との間で相互作用的に受けるより大きな文脈の影響を整理し，個人を

表1-1　生涯発達の諸段階

段階	年齢期間	主要な特徴	認知的段階（ピアジェ）	心理性的段階（フロイト）	心理・社会的段階（エリクソン）	道徳性段階（コールバーグ）
胎児期	受胎から誕生まで	・身体の発達	―	―	―	
乳児期	誕生から約18か月まで	・移動運動の確立 ・言語の未発達 ・社会的愛着	感覚運動期	口唇期 肛門期	信頼 対 不信	前道徳期 （段階0）
児童前期	約18か月から約6歳まで	・言語の確立 ・性役割の獲得 ・集団遊び ・就学「レディネス」とともにこの段階は終わる	前操作期	男根期 エディプス期	自立性 対 恥・疑惑 自主性 対 罪悪感	服従と罰（段階1） 互恵性（段階2）
児童後期	約6歳から約13歳まで	・操作の速さを除いて、多くの認知過程が成人なみになっていく ・チーム遊び	具体的操作期	潜在期	勤勉性 対 劣等感	良い子（段階3）
青年期	約13歳から約20歳まで	・思春期の始まり ・成熟の終わり ・最高度の認知の発達 ・両親からの独立 ・性的関係	形式的操作期	性器期	自我同一性 対 自我同一性拡散	法と秩序（段階4）
成人前期	約20歳から約45歳まで	・職業と家庭の発達			親密性 対 孤立	社会的契約（段階5）
成人中期（中年期）	約45歳から約65歳まで	・職業が最高のレベルに達する ・自己評価 ・「空の巣」の危機			世代性 対 自己陶酔	原理 （段階6または7、いずれもまれに出現）
成人後期（老年期）	約65歳から死まで	・退職 ・家族や業績を楽しむ ・依存性 ・やもめ暮らし ・健康の弱さ			統合性 対 絶望	
死	―	・特別な意味をもった「段階」				

出所：谷口幸一・佐藤眞一編著（2007）『エイジング心理学』北大路書房，24.

取り巻く環境分析の枠組みとして，**図1-5**のとおり，①ミクロ・システム，②メゾ・システム，③エクソ・システム，④マクロ・システムの4つのシステム・レベルを提示した。[22]

① ミクロ・システム

発達し続ける人間が直接経験する，家族などの最小の単位であり，相互作用は直接的，対面的接触によってなされる。

② メゾ・システム

活発に参加する2つあるいはそれ以上のミクロ・システム間の相互作用を表しており，たとえば家族と学校，近隣とデイケアホームなどの結合を含む。これらの結合は，ミクロ・システム間との結合が強く

図1-5　人間発達を促す環境枠組み

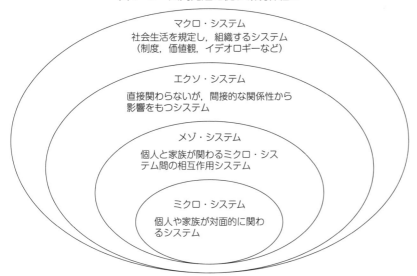

マクロ・システム
社会生活を規定し，組織するシステム
（制度，価値観，イデオロギーなど）

エクソ・システム
直接関わらないが，間接的な関係性から
影響をもつシステム

メゾ・システム
個人と家族が関わるミクロ・システム間の相互作用システム

ミクロ・システム
個人や家族が対面的に関わるシステム

出所：Bronfenbrenner, U.（1979）*Ecology of Human Development*：*Experiments by Nature and Design*, Harvard University Press.（＝1996，磯貝芳郎・福富譲訳『人間発達の生態学』川島書店）より作成.

多様であれば発達により強い影響力をもつとされ，結びつきが豊かな子どもはさらに関係形成の力量を高めることができると考えられる。

③　エクソ・システム

　親の職場，教育委員会，地方行政当局などのように，直接的な接触はないものの間接的な影響を及ぼす関係によって構成されるシステムである。

④　マクロ・システム

　イデオロギー，社会制度，社会的価値観などのように，社会生活を規定し，組織するシステムをさしている。

　この枠組みは，ソーシャルワークの対象範囲や方法論を統合する議論に援用され，ミクロ，メゾ，マクロという重層的な環境構造システム（本シリーズ第4巻『ソーシャルワークの基盤と専門職』第8章を参照）における支援方法の整理につながっていく。

人間と家族の発達に影響を及ぼす多様な要因と文脈

　人間の発達を，個人に加えて家族の視点からとらえるのが，家族の**ライフサイクル**と呼ばれる考え方である。家族は，家から巣立ち，結婚して子どもを産み，育て，その巣立ちを受け入れながら，世代による役割の移行をはたし，人生の終末を迎える。このような家族の発達段階に応じて生じる一次的な変化と同時に，各段階での発達課題を達成するために求められる二次的な変化がある。家族が直面するさまざ

➡ **ライフサイクル**
生活周期とも呼ばれ，人が生まれてから死ぬまでの過程とそれが循環する現象をいう。

図1-6　アセスメントのための多文脈的枠組み

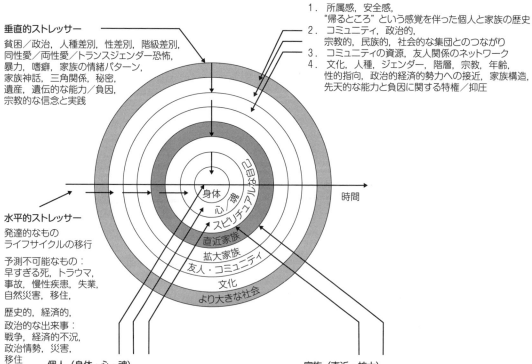

社会文化的文脈
1. 所属感，安全感，
   "帰るところ" という感覚を伴った個人と家族の歴史
2. コミュニティ，政治的，
   宗教的，民族的，社会的な集団とのつながり
3. コミュニティの資源，友人関係のネットワーク
4. 文化，人種，ジェンダー，階層，宗教，年齢，
   性的指向，政治的経済的勢力への接近，家族構造，
   先天的な能力と負因に関する特権／抑圧

垂直的ストレッサー
貧困／政治，人種差別，性差別，階級差別，
同性愛／両性愛／トランスジェンダー恐怖，
暴力，嗜癖，家族の情緒パターン，
家族神話，三角関係，秘密，
遺産，遺伝的な能力／負因，
宗教的な信念と実践

水平的ストレッサー
発達的なもの
ライフサイクルの移行

予測不可能なもの：
早すぎる死，トラウマ，
事故，慢性疾患，失業，
自然災害，移住，

歴史的，経済的，
政治的な出来事：
戦争，経済的不況，
政治情勢，災害，
移住，

（図中心）身体・心・魂／スピリチュアルな自己／直近家族／拡大家族／友人・コミュニティ／文化／より大きな社会／時間

個人（身体・心・魂）
1. 年齢・ライフサイクルの段階
2. 生物学的心理学的要因
   健康とメンタルヘルスの機能，先天的な能力あるいは負因，
   気質，自己裁量，言語とコミュニケーション，
   嗜癖と行動障害，生活上のスキル（教育，職業，経済，時間）
3. 社会文化的要因
   人種，民族，性，ジェンダー・アイデンティティと性的指向，
   社会的階級，教育，職業，経済，
   宗教観とスピリチュアルな価値観，自然に対する敬意，
   生活上のストレッサー，所属感，
   家族・友人・コミュニティのつながり：
   力／特権あるいは無力／脆弱性，
   ライフサイクル環境における適切な相互依存
4. 喪失とトラウマ
5. 個人的な希望と夢

家族（直近・拡大）
1. 家族ライフサイクルの段階
2. 家族構造
3. 情緒的関係的パターン：
   境界，コミュニケーション，三角関係，秘密，
   家族神話，遺産，テーマ，
   負因，スキル，才能：強さと脆弱性あるいは機能不全
4. 社会的文化的要因：人種，民族，性，
   ジェンダー・アイデンティティと性的指向，社会的階級，
   教育，職業，経済，宗教的スピリチュアルな価値観，
   生活上のストレッサー，所属感，
   家族・友人・コミュニティのつながり：
   力／特権あるいは無力／脆弱性，
   ライフサイクル環境における適切な相互依存
5. 喪失とトラウマ
6. 価値観，信念，儀式と実践

資料：McGoldrik, M., Carter, B. & Preto, N. G.（2011）*The Expanded Family Life Cycle : Individual, Family, and Social Perspective (4th ed.)*, Allyn and Bacon.
出所：日本家族研究・家族療法学会（2017）『家族療法テキストブック』金剛出版，58.

まな課題は，このような発達課題の達成がスムーズになされず，顕在化することが少なくない。

　こうした段階論的な理解に加えて，マクゴールドリック（McGoldrik, M.）らは，システム論およびストレス論の知見を加え，**図1-6** のような「アセスメントのための多文脈的枠組み」を提起している。やや複雑な図であるが，説明しておきたい。

　① 個人（身体・心・魂）

　はじめに，同心円の中心にあるのは，人においてもっとも身近なシ

ステムである「身体」である。人は多数の細胞から構成される一つの
システムであり，内部に臓器などの構造を有し，それらが一定の機能
を果たすことで一人の個人としての自律性を保っている。その身体を
取り巻いて存在するのが「心」と「魂」である。心には，様々な感情，
認知，記憶などが含まれる。さらにその外側には，普段は意識するこ
とがないが，人の生き方や存在に意味を与える「スピリチュアルな自
己」が位置づけられている。スピリチュアルとは，「霊的な」と訳され
る場合もあるが，宗教的な意味に限定されず，実存主義やヒューマニ
ズムなどの観点からもとらえられる。普段は意識化されることは少な
いが，感情や認知を超えて，個人の生を支える領域であると考えられ
る（くわしくは本シリーズ6巻『ソーシャルワークの理論と方法Ⅱ』第10
章参照）。

　そのうえで，こうした3層からなる個人に影響を与える要因として，
⑴年齢・ライフサイクルの段階，⑵生物学的心理学的要因，⑶社会文
化的要因，⑷喪失とトラウマ，⑸個人的な希望と夢，があげられてい
る。なかでも，社会文化的要因には，人種，民族，性，ジェンダー・
アイデンティティと性的指向，社会的階級，教育，職業，経済，宗教
観とスピリチュアルな価値観，自然に対する敬意，生活上のストレッ
サー，所属感，家族・友人・コミュニティのつながり，力／特権ある
いは無力／脆弱性，ライフサイクル環境における適切な相互依存，な
ど多くのアセスメントすべき要素が含まれている。

②　家族（直近・拡大）

　配偶者，両親，未成年の子どもを含む直近家族（immediate family）
は個人にとって最も身近な存在であり，その周囲には，兄弟姉妹関係
とその家族を含む拡大家族が取り巻いている。こうした家族に影響を
あたえる要因には，⑴家族ライフサイクルの段階，⑵家族構造，⑶情
緒的関係的パターン，⑷社会文化的要因，⑸喪失とトラウマ，⑹価値
観，信念，儀式と実践がある。個人の場合と同様に，多くの**アセスメ
ント**すべき項目があげられており，家族がもつ価値観や信念，伝統的
な儀礼などもアセスメントの対象となる。

③　社会文化的文脈

　家族の外側に位置づけられるのは，友人・コミュニティ，文化など
であり，社会文化的文脈と名付けられている。ここで重要になる要因
は，⑴所属感，安全感，⑵コミュニティ，政治的，宗教的，民族的，
社会的な集団とのつながり，⑶コミュニティの資源，友人関係のネッ
トワーク，⑷文化，人権，ジェンダー，階層，宗教，年齢，性的指向，
政治的経済的勢力への接近性などである。

➡アセスメント

対象となる人，問題，
地域を客観的，専門的
に分析，評価すること。

④ 水平的ストレッサーと垂直的ストレッサー

　このような重層的な個人と個人を取り巻く環境システムに対して，時間軸で分けられる2種類のストレッサーが想定されている。水平的なストレッサーとは，現在の家族が経験する出来事で，その代表的なものが家族のライフサイクルにしたがって生じる発達課題としてのストレスである。これは程度の差はあれ多くの家族が直面し，対処しなければならないものであるが，そのほかに，一部の家族のみが経験する予測不能な出来事もある。それには，家族の突然の死，事故，疾患，災害，移住などがあるほか，社会全体が直面する歴史的，経済的，政治的な出来事として，戦争，経済恐慌，集団移住などもある。

　一方，垂直的ストレッサーは，家族の歴史のなかで世代を超えて継承される否定的な影響をさす。垂直的ストレッサーは，長年にわたって形成されてきたものであるだけに，水平的ストレッサーに比べてアセスメントが難しく，解決に至る道程も複雑で困難になる。たとえば，「貧困の連鎖」と呼ばれるように，貧困家庭では，子どもが十分な教育を受ける機会が限られ，結果として不安定な職につくことを余儀なくされ，成人しても貧困に陥りやすいという悪循環の連鎖が生じる傾向があることが指摘されている。このほかにも，虐待，家族の情緒パターン，遺伝，様々な差別も世代を超えて継承されることがあり，新たな家族のストレッサーとなる。

　このように，個人，家族，社会に広がるシステムは，さまざまな文脈のもとで影響を及ぼしあっており，否定的な影響となるストレッサーは，現在から未来に続く時間軸とともに，過去から引き継がれている歴史的時間軸の双方から作用する。ソーシャルワークにおけるアセスメントでは，これらの影響と結果の円環的つながりを視野にいれ，負の連鎖を断ち切る方法を考えていかなければならない。

③ 人と環境システムとの関係性

☐ システム間のネットワークの構造と機能

　人は環境にある資源を活用して生活課題に対処していくが，その資源は制度化されたものばかりではない。人は家族や友人，近隣などからの**インフォーマルな資源**➡や，保健医療福祉等の様々な**フォーマルな資源**➡も活用する。また，このような個人をとりまく環境内の資源は，支える（サポーティブな）機能をはたすことも多いが，対立や緊張などネガティブな機能や作用を及ぼすこともある。

① エコマップ

　このような個人・家族と社会的資源との関係性をアセスメントし，家族への支援をメゾ，マクロのシステム内の社会資源との関係性の変化によって達成しようとするアプローチを提唱した実践家・研究者の一人がハートマン（Hartman, A.）である。

　家族療法家であったハートマンらは，家族を中心に据え，家族をとりまく人や機関などの資源をマッピングする「エコマップ」と呼ばれるツールを提示し，家族と資源との関係性のアセスメントにもとづく支援方法を提起した。エコマップは，関係性を異なる線や矢印で描き，環境内の各システムとクライエントとの関係性の見取り図を，視覚的に提示・分析する。そのうえで，各システム間の関係性を構築したり，あるいは関係性に働きかけ，変容させることで家族の抱える問題の解決をめざすのである（本書第 3 章第 3 節参照）。

② ソーシャル・ネットワーク

　さらに，1970年代以降，先進諸国で顕著になった公的福祉サービスの限界は，個人をとりまくインフォーマルなサポートやソーシャル・ネットワークに着目し，その効果的な活用や構築によって問題の解決を図るアプローチの興隆をもたらした。ソーシャル・ネットワークとは，個人が特定の人や機関とむすぶ網状構造のつながりであり，ソーシャルワークの支援では，(1)サービス利用者の社会ネットワークのほかに，(2)ソーシャルワーカーを含めた多職種ネットワーク，(3)組織間ネットワークが重要になる。

　これらの異なる次元のネットワークは，それぞれの目的によって形成・活用されるが，たとえばケアマネジメントなど個人や家族の支援においては，ネットワークの起点となるケアマネジャーが，既存のネ

➡**インフォーマルな資源**

制度化されていない家族，友人，隣人，ボランティア等による多様な形態の支援や財をさす。

➡**フォーマルな資源**

制度化され，組織化された支援，組織，サービス，財をさす。

ットワークをアセスメントしたうえで，ニーズに応じて(1)と(2)を中心にオーダーメイドの支援ネットワークを構築し，活用する。また，地域包括ケアシステムのように，地域における切れ目のない支援が提供されるシステムの構築においては，(2)や(3)のネットワークを形成し，さらにそれらを連結させるしくみが必要になる。

③　ソーシャル・サポート

一方，ネットワークの支援的機能に着目する概念がソーシャル・サポートである。ソーシャル・サポートは，対人関係を通じて提供される多元的なサポートを意味し，例えばハウス（House, J.）は，(1)情緒的サポート，(2)情報的サポート，(3)手段的サポート，(4)評価的サポートの4つの次元に大別する。[27]

また，これらのサポートは多様なシステム（ネットワーク）を通して提供されるとし，そのシステムを(1)配偶者，(2)その他親族，(3)友人，(4)隣人，(5)職場の上司，(6)職場の同僚によるインフォーマルなサポート・システムと，(7)サービスやケア提供者，(8)セルフ・ヘルプ・グループ，(9)専門家から提供されるフォーマルなサポート・システムに区分している。インフォーマルなサポート・システムは自然発生的に生まれることが多いが，フォーマルなサポート・システムは意図的に形成される必要がある。これらのサポートは，ストレスを減少させ，健康の増進につなげる直接効果をもつとともに，ストレスがもたらす悪影響を緩和する緩衝効果をもつことから，支援においては，そのアセスメントが重要になるほか，積極的な醸成や活用がめざされる。

☐　人と環境システムの関係性──「強さ」と「弱さ」の視点

人と環境システムとの関係性には多様な特性があるが，ここではその「強さ」と「弱さ」について，ソーシャルワーク理論の近年の議論をふまえて考えてみたい。まず，関係性がもつ強さについては，①パワー，②ストレングス，③レジリエンス，④リカバリーと呼ばれる4つの概念が注目される。そして弱さに関する概念として，⑤ヴァルネラビリティも紹介する。

①　パワー

ソーシャルワークにおけるパワーの概念は，主にエンパワメントとの関連で議論されることが多い。たとえば論者の一人であるギュティエレ（Gutierrez, L. M）は，パワーを「望むものを得る能力，他者の考えや信念に影響をおよぼす能力，家族・組織・コミュニティなどの社会システムにおける資源の配分に影響を与える力」であるとしている。[28]それは，いわゆる権力といったものよりも広義であり，また単なる資

源の保有にとどまらない，関連システムとの関係性に影響をおよぼす力であり，そのために必要なアクセス，知識，スキルなども含まれるとする。一方，こうしたパワーの欠如が，環境からの否定的なフィードバックの累積により個人に内面化されると，「パワーレスネス」の状態が生み出される。パワーレスネスの状況では，不信感，自己卑下，あきらめといった態度や行動が醸成されやすく，問題の解決を一層難しくする。こうした悪循環を断ち切るために提起されたエンパワメント・アプローチでは，人が自身の生活における出来事や制度に参加し，統制力を分かち合い，影響力を高めるための支援が展開される[29]。

② ストレングス

一方，ストレングスは，エンパワメントの議論と密接に関連しながら提起された概念で，人が顕在的，潜在的に有する様々な能力，資源，つながり，意思，自信，希望，スピリチュアリティなどをさす[30]。長年実践されてきた病理モデルにもとづく実践が，当事者の抱える病理や問題に焦点をあて，自信や希望の喪失を増幅させてきたという反省から，ストレングス視点にもとづく実践では，本人のストレングスに着目することで，自信や生きる力を回復し，環境に働きかける力を促進する。

③ レジリエンス

また，近年，レジリエンスと呼ばれる概念が注目されている。レジリエンスとは，本来，物理学で使用される概念で，圧力やストレスを跳ね返し，それらによって歪んだ形をもとに戻す弾性を意味し，「復元力」「回復力」「抵抗力」などとも訳される。児童を対象にした調査から，逆境にあっても健全に成長し生き抜く子どもたちの存在が明らかにされるなかで，彼らがもつ強さや力がレジリエンスとして注目されるようになった。その意味で，レジリエンスはストレングスよりも力動的な概念であり，心理的・社会的・文化的・物理的資源を個人が活用し，否定的な影響や環境を打開するプロセスを含意している。また，レジリエンスの構成要素は生得的なものから環境的なものまで多岐にわたり，それらが相互に作用しあっている[31]。レジリエンスを志向する実践においては，こうした社会生態学的なレジリエンスに着目，評価し，それらを醸成・強化し，当事者が保持・活用できるように促す支援が重要になる。

④ リカバリー

さらに，回復という意味では，リカバリーという類似の概念もある。リカバリーは，精神障害者らの脱施設化や当事者運動のなかから生まれた概念であり，医学的な「治癒」に対して，障害があっても個人が

生活，仕事，地域社会に参加し，希望する人生に到達するプロセスを重視する。リカバリーは多義的な概念であり，その内容やプロセスのとらえ方は個人によって異なる。リカバリーには，個人の主観的なリカバリーを含む「パーソナル・リカバリー」と，症状の改善や機能の回復を意味する「臨床的リカバリー」があり，両者を含めたものとしてとらえられる。

⑤　ヴァルネラビリティ

他方，関係性の「弱さ」を示す概念もある。その一つである「ヴァルネラビリティ」（vulnerability）は，脆弱性，可傷性などとも訳されるが，そのままカタカナ表記されることも多い。ヴァルネラビリティとは，あらゆる人間が普遍的に有する顕在的，潜在的な弱さであり，誰もがリスクとともに生きていることを含意している。古川は，社会的ヴァルネラビリティを，「現代社会に特徴的な社会・経済・政治・文化のありようにかかわって，人びとの生存（心身の安全や安心），健康，生活（の良さや質）が脅かされ，あるいはそのおそれのある状態にあること」と定義している。誰であっても，人は様々な社会環境，自然環境からの脅威にさらされながら生きている。こうした前提にたち，起こりうるリスクを低減する予防的実践を行うことも，ソーシャルワークに求められる重要な役割である。

□　環境の意味と文脈

環境はそもそも物理的環境として存在し，客観的にある空間として存在するが，同時に，経験され，知覚されたリアリティとしても存在する。それは，関連する諸要因との相互作用により一定の文脈を形成する。こうした文脈は，極めて個別的なものであると同時に，日常の営みを通してある集団が経験し，記憶することで，集合的な**アイデンティティ**となり，コミュニティで共有される。

たとえば，**地域包括ケアシステム**の構築において用いられる「住み慣れた地域」という言葉には，物理的な地域という意味はもとより，そこで織りなされた生活と人生の意味づけと，その人を支える人々と共有する意識や関係性が含意されている。

一方，環境は個人の意味づけのみならず，多数の個人が異なる意味づけを与える場でもある。そこでは，他者を排除し差別する力動や争いが生まれ，それらの行為は経験された者たちによって意味づけられ，制度化される。言い換えれば，環境は，個人的な空間であるが，社会的な意味をもち，抑圧や排除などの力関係を行使する政治的な空間ともなる。

➡**アイデンティティ**
心理学や社会学の領域では「自己同一性」とも呼ばれ，自分自身を認識し同定するという意味で使われる。

➡**地域包括ケアシステム**
日常生活圏域において，「住まい」「医療」「介護」「予防」「生活支援」が切れ目なく一体的に提供される体制をいう。

　また，個人の環境との相互作用に関する意味づけは，時間とともに固有の物語を紡ぎだす。その意味で，環境は歴史的でもある。このように，交互作用する人と環境は，相互に意味を付与しあいながら変容し，社会的，歴史的に構築される。したがって，そのアセスメントは，客観的な事実とともに，個人的，集団的，社会的に構築される意味世界のプロセスとしても吟味される必要がある。

❏ 文化と差別

　人と環境の関係を考える際に，もう一つ重要な側面が文化である。文化には多様な定義があるが，文化的な力量をもつソーシャルワークの代表的研究者であるラム（Lum, D.）によれば，文化は，常に変化する外的・内的な学習パターンによって形成される，社会的活動場面において共有される意味と行動であるとされる。[34]先述した人と環境への意味づけは，行動を伴い，それが一定の年月をかけてコミュニティのなかで共有・維持され，世代を超えて伝授され，構築されていく。したがって，文化は価値観や規範を基盤にしながら，慣習や儀礼などの行動様式や生活習慣まで含む広い概念である。

　また，文化は一定の経験を共にした人々が意味づけ，共有するものであることから，同じ地域においても，多数派が保持する文化とは異なる文化も存在する。民族，国籍，性別，**ジェンダー**➡，年齢，階層，障害，疾患，居住地域，宗教，性的指向などの属性によって多様な文化が生成されるが，人口の移動が著しい現代社会では，それらは常に流動し交じり合い，相互に変容しながら，さらなる多様化をもたらしている。

　現在，多文化主義にもとづく社会の構築が求められているが，それは，特定の文化に他の文化が併合されたり，異なる多文化が併存することをめざすものではない。そこでは，既存社会の文化が問い直され，新たな文化との出会いによって両者が相互に変容しあい，新しい文化の創出による社会的な統合が図られることが求められる。ソーシャルワークは，このような文化の多様性と力動を理解し，それらに対応できる，文化的な力量をもった実践でなくてはならない。

　しかしながら，現実には，異なる文化間では対立や排除のメカニズムが生じやすい。ドミネリ（Dominelli, L.）は，異なる人種を他者として規定し，排除するメカニズムについて，個人の意味づけから社会が構築されていくプロセスを「人種化」（racialization）としてとらえる視点を提起している。[35]人種化による差別は，個人的（personal），文化的（cultural），制度的（institutional）の3次元が相互作用することで形成

➡ **ジェンダー**
ジェンダー（gender）とは，生物学的な性別（sex）に対して，社会的・文化的につくられる性別のことを指し，性別に関する社会的規範および性差を含む多義的概念。

される。個人的次元には，個人がもつ偏見や差別意識が含まれ，それは本人も十分に意識化しないまま内在化されていることもある。文化的次元は，家族や地域社会によって暗黙のうちに共有され，一定の時間と空間のなかで維持され，集団的な差別意識となる。最後の制度的次元は，それが社会的なしくみとして法的あるいは慣習として制度化されることを意味している。それは，教育，職業など社会のあらゆる領域において，排除のメカニズムとなって定着し，制度化される。

　さらに，トンプソン（Thompson, N.）は，ジェンダー，障害，年齢，性的指向など，人種以外の様々な多様性要因にもとづく差別にも対象を拡げ，差別のメカニズムを個人的（personal），文化的（cultural），構造的（structural）にとらえる枠組みを提起した。この枠組みは，個人を文化が取り巻き，さらに権力関係や社会階層などの構造がそれらを包み込む同心円構造となっており，個人的な差別の解消がこれらの複層的な要因への働きかけを不可欠とすることを含意している。

❏ 関係性へのクリティカルな（吟味する）視点と省察的実践

　差別や排除の関係性は，人種間のみで起こるわけではない。全体システムのなかには，民族，国籍，性別，ジェンダー，年齢，階層，障害，居住地域，宗教，性的指向など文化的背景の異なる多様な集団やコミュニティからなるサブシステムが存在する。

　異なるシステムの間では，一方のシステムが他方を自己のシステムから排除しようとするメカニズムが働きやすい。こうした働きは，時として抑圧的なパワーとなり，一方が他方を支配したり，無力化させようとする。このような関係性は，制度や政治システムのみならず，文化や生活のなかにも定着し，支援者であるソーシャルワーカーにも無意識のうちに根づいている場合が少なくない。

　クリティカルな視点に基づくソーシャルワークとは，このような関係性に潜む抑圧や排除の構造を，あたりまえのもの，静態的なものとして無自覚に受け入れるのではなく，社会的に構築されたものであり，動態的で可変的なものとして意識化し，吟味し，とらえ直す（脱構築する）必要性を提起するものである。

　また，ここでいう「省察」とは，現実を「見るもの」と「見られるもの」が，実は反射的（reflective）な作用によって常に相互に変化しているという認識から生まれた考え方である。省察的実践を提唱したショーン（Schön, D. A.）は，難しい判断や対応を求められる専門職は，日々の実践のなかで，技術や知識を習得することはもとより，「行為の中の省察」（reflection-in-action）を意識的に行い，関係性を継続して

把握・評価する必要があると指摘している。[37]

　ソーシャルワークの実践では，自分と異なる文化をもつ当事者を理解することは容易ではなく，対等な関係を築きにくい。省察的実践とは，こうした関係性を多様な視点からみつめ，自身の価値観や信念を相対化し，行動の原因―結果を吟味・評価しながら実践の見直しを図るプロセスを意味している。

☐ 人と環境の持続可能な開発

　さらに，人は自然環境ともダイナミックな関係性を取り結んでいる。自然環境は，生命を育む基盤であるが，人との間に築き上げられてきた共存的な関係性は，近年，人からの環境破壊によって大きく揺らいでいる。二酸化炭素の排出過剰によってすすむ地球温暖化は，海面上昇，干ばつ，豪雨などの自然災害を増加させ，住み慣れた土地に住み続けることができない人々を生み出している。

　また，このような災害で最も被害を受けるのは，低所得者，高齢者，子どもなど社会的な立場の弱い人々である。このような状況で，災害は，彼らの日常生活を奪い，さらなる危機に追いやり，格差を拡大させる。したがってソーシャルワークにおける環境問題への対応は，単なる自然環境の保護にとどまらない。それは，人と環境の相互作用へのクリティカルで省察的な分析にもとづき，社会的な困難を抱える一人ひとりの生命と日常生活を守り，ケアする実践である。

　前出のドミネリ（Dominelli, L.）は，これを「グリーン・ソーシャルワーク」と呼び，地球環境を静態的にとらえる生態学的アプローチと区別している。[38]

　国連では，2015年の総会において **SDGs（持続可能な開発目標）** を採択し，「誰一人取り残さない」社会の構築にむけて，17の目標と169のターゲットを掲げており，貧困の撲滅から健康と福祉の確保，ジェンダー平等，平和と公正，気候変動への対策，住み続けられるまちづくりなど，多様な次元におよぶ目標が定められている。これらは発展途上国のみならず，先進国においても取り組むべき課題であり，その特性は，普遍性，包摂性，参画性，統合性，透明性にある。ソーシャルワークは，相互作用する個人，家族，集団，組織，地域社会，国，世界，地球の各システムの持続的発展にむけて，関連する人々や組織と協働しながら，ミクロからマクロのそれぞれの次元や領域で，これらの目標達成に関与する使命をもっている。

▶ SDGs（持続可能な開発目標）

SDGs（SDGs: Sustainable Development Goals）は，2015年9月の国連サミットで採択された「持続可能な開発のための2030アジェンダ」に記載された国際目標。17のゴール・169のターゲットから構成される。

❍注 ——————

⑴ Perlman, H.（1971）Putting the "Social" back in social casework. Perlman, H.（ed.）*Perspectives on Social Casework*, 29-33.

⑵ 小松源助（1983）『ソーシャルワーク理論の歴史と展開』川島書店.

⑶ Bartlett, H. M.（1970）*The Common Base of Social Work Practice*, National Association of Social Workers, Inc.（＝1989, 小松源助訳『社会福祉実践の共通基盤』（復刊2刷）, ミネルヴァ書房）

⑷ Bertalanffy, L. V.（1968）*General System Theory*, George Braziller.（＝1973, 長野敬・太田邦昌訳『一般システム理論——その基礎・発展・応用』みすず書房）

⑸ Hiller, J. G.（1978）*Living Systems*, HcGraw-Hill Book Company.

⑹ 松井二郎（1977）「社会福祉とシステム論——米国ソーシャル・ワーク理論のわが国への導入をめぐって」『社会福祉研究』20, 鉄道弘済会, 12.

⑺ 今田高俊（2005）『自己組織性と社会』東京大学出版会.

⑻ 河本英夫（1995）『オートポイエーシス——第三世代システム』青土社.

⑼ Wiener, N.（1965）*Cybernetics：or Control and Communication in the Animal and the Machine*, MIT Press.（＝1962, 池原止夫・彌永昌吉・室賀三郎ほか訳『サイバネティクス——動物と機械における制御と通信（第2版）』岩波書店）

⑽ Germain, C. B. & Gitterman, A.（2008）*The Life Model of Social Work Practice：Advances in theory and Practice（3rd ed.）*, Columbia University Press.

⑾ ジャーメイン, C. 他／小島蓉子編訳・著（1992）『エコロジカル・ソーシャルワーク　カレル・ジャーメイン名論文集』学苑社.

⑿ Lazarus, R. S. & Folkman, S.（1984）*Stress, Appraisal, and Coping*, Springer.

⒀ 和気純子（1998）『高齢者を介護する家族——エンパワーメント・アプローチの展開にむけて』川島書店.

⒁ Monkman, M. M. & Kagle, J. D.（1983）The transactions between people and environment framework：focusing social work intervention in health care. *Social Work in Health Care*, 8（2）, 105-116.

⒂ Meyer, C. H.（ed.）（1983）*Clinical Social Work in the Eco-system Perspective*, Columbia University Press.

⒃ Engel, G. L.（1980）The clinical application of the biopsychosocial model. *American Journal of Psychiatry*,（5）, 535-544.

⒄ 日本ソーシャルワーク教育学校連盟（2020年3月）「ソーシャルワーク演習のための教育ガイドライン」『社会福祉士養成課程の見直しを踏まえた教育内容および教育体制等に関する調査研究事業実施報告書』99.

⒅ Ghaemi, S. N.（2010）*The Rise and Fall of the Biopsychosocial model：Reconciling Art and Science in Psychiatry*, Johns Hopkins University Press.（＝2012, 山岸洋・和田央・村井俊哉訳『現代精神医学のゆくえ——バイオサイコソーシャル折衷主義からの脱却』みすず書房）

⒆ 日本家族研究・家族療法学会（2017）『家族療法テキストブック』金剛出版, 45-49.

⒇ Zimbardo, P. G.（1980）*Essentials of Psychology in Life*（10th ed.）, Scott, Foresman.（＝1983, 古畑和孝・平井久監訳『現代心理学Ⅱ』（第10版）, サイエンス社, 248.）

(21) Erikson, E. H.（1950）*Childhood and Society*, Pelican Book, 264.（＝1977,

仁科弥生訳『幼児期と社会 I』みすず書房）

⑵　Bronfenbrenner, U. (1979) *Ecology of Human Development : Experiments by Nature and Design*, Harvard University Press.（＝1996, 磯貝芳郎・福富譲訳『人間発達の生態学』川島書店）

㉓　McGoldrik, M., Carter, B. & Preto, N. G. (2011) *The Expanded Family Life Cycle : Individual, Family, and Social Perspective* (*4th ed.*), Allyn and Bacon.

㉔　日本家族研究・家族療法学会（2017）『家族療法テキストブック』金剛出版, 56-59.

㉕　Hartman, A. A. & Laird, J. (1978) *Family Centered Social Work Practice*, The Free Press.

㉖　松岡克尚（2016）『ソーシャルワークにおけるネットワーク概念とネットワーク・アプローチ』関西学院大学出版会.

㉗　House, J. (1981) *Work Stress and Social Support*, Addison-Wesley.

㉘　Miley, K. K., O'Melia, M. & Duboia, B. (2004) *Generalist Social Work Practice : an Empowering Appriach*, Allyn and Bacon, 88-89.

㉙　⑾と同じ.

㉚　Saleebey, D. (ed.) (2002) *The Strength Perspective in Social Work Practice* (*3rd ed.*), Allyn and Bacon.

㉛　Unger, M. (ed.) (2013) *The Social Ecology of Resilience*, Springer.

㉜　Leamy, M., Bird V., & Le Boutillier C. et al. (2011) Conceptual framework for personal recovery in mental health : systematic review and narrative synthesis. *British Journal of Psychiatry*, 199, 445-452.

㉝　古川孝順（2006）「格差・不平等社会と社会福祉――多様な生活困難への対応」『社会福祉研究』(97), 15-24.

㉞　Lum, D. (2011) *Culturally Competent Practice* (*4th ed.*), Brooks/Cole Cengage Learning, 18.

㉟　Dominelli, L. (2018) *Anti-Racist Social Work* (*4th ed.*), Palgrave Macmillan, 18-23.

㊱　Thompson, N. (2016) *Anti-Discriminatory Practice* (*6th ed.*), Palgrave Macmillan, 29-57.

㊲　Schön, D. A. (1983) *The Reflective Practitioner : How Professionals Think in Action*, Basic Books.（＝2007, 柳沢昌一・三輪健二監訳『省察的実践とは何か――プロフェッショナルの好意と思考』鳳書房）

㊳　ドミネリ, L.／所めぐみ訳（2019）「グリーン・ソーシャルワーク――日常的ソーシャルワーク実践のための視点」『ソーシャルワーク研究』45(2), 5-13.

㊴　外務省国際協力局地球規模課題総括課（2020）『持続可能な開発目標（SDGs）達成にむけて日本が果たす役割』(https://www.mofa.go.jp/mofaj/gaiko/oda/sdgs/pdf/2001sdgs_gaiyou.pdf)（2020. 5. 25）.

■第2章■

ソーシャルワークの過程1
──導入期

① 導入期の意義と目的

☐ 導入期とは──導入期の課題と目的

　導入期とは，クライエントとソーシャルワーカーが出会ってから具体的なアセスメントに基づいたソーシャルワーク支援を開始するまでの時期を指す。ソーシャルワークの過程（プロセス）は，ソーシャルワーカーとクライエントの支援関係を軸に，生活上の課題に取り組むことであるといえるが，導入期は，その後に続くプロセスが適切に進むための土台をつくることであるといえる。

　その目的は三つある。

　第1に，支援の前提となるさまざまなことがらについて，ソーシャルワーカーとクライエントとの間で合意することがある。主訴を取り巻く状況を理解し，ソーシャルワーカーとクライエントが取り組むべき課題を明確にすること，その課題に対してどのような支援体制を組むことが適切であるかを確認すること，ともに課題に取り組んでいこうと相互に了解することなどである。

　第2に，クライエントをめぐる支援者間における，支援体制の構築が挙げられる。近年，ソーシャルワークによる支援は保健医療，司法などの多職種と，また，多機関とともに展開することが求められている。このことは，ソーシャルワーカーが取り扱う対象が司法領域等，広範囲にわたってきていること，クライエントのもつ課題が複雑化していることによる。

　適切な支援につながる連携・協働のあり方の検討は，導入期の重要な課題である。場合によっては，すでに存在する支援チームに，新たなメンバーとしてソーシャルワーカーが加わることとなる。この場合には，メンバーの状況を理解した上で，ソーシャルワーカーのポジションと役割を理解することが必要である。

　第3に，この合意のプロセスにおいて，ソーシャルワーカーとクライエントとの間に，この後に続く支援が展開できる関係（支援関係）を形成することがある。ワーカーとクライエントが出会い，最初に形成された関係性はその後の支援とひな形ともいえるものである。特にエンパワメントの理念に基づいたソーシャルワークにおいてはクライエントを尊重した関係性の形成は，ソーシャルワークの過程において，クライエント自身が課題の解決に関わる経験，その経験に起因する自

己効力感の獲得の基盤となるため，不可欠である。

□ なぜ支援の枠組みを明確にするのか

　前項に示した目的のうち，第1のソーシャルワーカーとクライエントの合意，第2の支援体制の構築は，いわば支援の「枠組み」といえるものである。なぜ，このような枠組みを明確にすることが必要なのだろうか。

　支援の枠組みの明確化によって，ソーシャルワーカー，クライエントの双方にとって，また支援をともに行っているメンバーにとって，支援における関係性が可視化されるため，支援関係が安定することが大きな理由である。

　もし，クライエントが抱えている課題を明確にせず，また，ソーシャルワーカーとクライエントがお互いに何を目標として取り組んでいくのかという点について取り決めをしていないとしたら，ソーシャルワーカーが意図している支援と，クライエントが期待する支援との間に齟齬を来す恐れがある。ソーシャルワーカーが取り扱う対象は「生活」という限定しにくく極めて曖昧なものであり，また，クライエントの存在そのものと深く関わるものである。だからこそ，導入期において取り決めを行うことが不可欠となる。この点が不明瞭なまま具体的な支援を行うことは，ソーシャルワーカーとクライエントの関係そのものを大きく傷つける結果に至る場合もある。

　また，多くの機関がクライエントに関わっているにもかかわらず，それらの機関との関係を明確にしないまま支援を始めたとしたら，効果的な協働体制をとることが困難となる。各メンバーの動きがちぐはぐになり，他のメンバーとの間に役割の混乱を生じさせる危険もある。そのことにより，クライエントが不安や混乱に陥ったり，場合によっては支援者との信頼関係が損なわれ，支援自体が立ちいかなくなるといった事態を引き起こす。

　導入期に形成した支援の枠組みは，支援終結まで変わることなく継続するとは限らない。クライエントを取り巻く状況が変化するにつれ，また，支援が進むにつれて，支援の枠組みは変わるものである。そのような場合でも，最初に取り決めをしているからこそ，ソーシャルワーカーとクライエントの双方にとって，支援の枠組みを意図的に変え，新たな合意に進む等，コントロールすることが可能となる。

　枠組みを明確にするということは，ソーシャルワーカーとクライエントとの間の支援関係を形成するための準備であり，その後のプロセスにおいて，支援関係を損なうことになるかもしれない事態を避ける

ことにつながるものであるといえる。この意味で，ソーシャルワーカーとクライエントとの支援関係の形成にとって，枠組みの明確化は不可欠であるといえる。

そして，この導入期の取り決めのプロセスにおけるワーカーとクライエントの関係がその後の支援関係を方向づけるものとなる。すべてのソーシャルワークのプロセスにおいて支援関係の形成は重要であるが，特に導入期においては大変重要な課題であるといえる。

② 導入期に必要な視点

☐ 導入期に取り組む際に必要な視点

導入期の取り組みは，ソーシャルワーカーとクライエントの最初の共同作業であるといえる。この時期に培われた関係の質は，次に続く支援における関係性を方向づけるものとなる。導入期における重要な課題の一つは，このソーシャルワーカーとクライエントの支援関係の形成にあるといえる。

さらに，クライエントの主訴・相談内容を取り巻く状況を理解するにあたり，環境をシステムとしてとらえる視点が重要である。

本節では，このような導入期に不可欠な視点として，ソーシャルワーカーとクライエントの関係の構築の観点から，パートナーシップとクライエントの語り（以下，**ナラティブ**）の尊重，クライエントとの支援関係の形成，さらに，クライエントを取り巻く状況を理解する観点から，システムとしての環境の理解を取り上げる。

☐ パートナーシップとクライエントのナラティブの尊重

課題への取り組みは，ソーシャルワーカーとクライエントのパートナーシップに基づいて展開されるものである。パートナーシップとはワーカーとクライエントの平等主義に立った関係であり，ワーカーとクライエントが目標を共有し，対等に考えを交換し，課題を達成するような関係である。[1]

ソーシャルワーカーには専門的な知識とスキルがある一方，クライエントがこれまでどのように生活，そして人生を送ってきたかということや，その背後にある価値観については，知る由もない。一方，クライエントは，自分自身の人生・生活の主体である。パートナーシップの観点からは，両者はそれぞれ強みを持つものとして対等な立場に

➡ナラティブ
物語，語り。ものごとには，客観的な事実があるという考え方に対して，人が出来事に対して行う意味づけはそれぞれであり，その意味づけによって出来事と出来事の関連は独自に位置づけられるという観点を重視した考え方。同じ状況を経験した場合であっても，その経験に関するナラティブは，各人によって異なるものであるとする。

立ち，特に，ソーシャルワーカーは，クライエントが主体として課題に取り組むことができるよう促進する者として，また，クライエントが活用することができる資源として関わることとなる。

　ジャーメインとギッターマンは，ストレッサーへの対処に関わる特性として以下の４つをあげる。すなわち，生活上のストレッサーに対処するための資源となるソーシャルネットワークの形成に関わる「関係性」，"環境に対して影響を及ぼすことに対する動機づけ"としての「力量感」，自分自身を"有能である，意味がある，効果的である，価値があると感じる"「自尊心」，"決定や行動をする機会によって育てられる"もので"自分の生活をコントロールするなんらかの尺度をもっているという感覚，他の人の権利や要求を尊重した上で，自分の決定や行動に責任がもてるという感覚"としての「自己の方向づけ」という感覚である。[2] そして，ソーシャルワークの過程において，クライエントがこれらの感覚を得る経験がもてるよう，支援・促進することが重要であるとする。パートナーシップは，クライエントがソーシャルワーク支援のプロセスを通してこのような感覚を獲得し促進することができる基盤となる関係のもち方であるといえよう。

　このような関係の構築において，クライエントの語り（ナラティブ）は重要な意味を持つ。ナラティブの概念は，クライエントは自身の人生における経験を意味あるものとする物語を持っていること，その物語は，クライエントの持つ価値観によってつくられていることを強調する。クライエントによる語りを聴くことによって，はじめてクライエントについて知りうること，クライエントへの理解を深めることが可能となることを認識することが肝要である。ソーシャルワーカーは，「その人固有の人生の文脈のなかで現在の課題を捉えることの意味」[3]を知ることが不可欠であるといえる。

☐ 支援関係の形成

　ソーシャルワークにおいて，クライエントの主訴・相談内容とそれを取り巻く状況を理解するプロセスは，単なる情報収集ではなく，それ以上のものである。ソーシャルワーカーがその問題にともなうクライエントの感情についても焦点を当てること，そして支援関係を構築することは，ソーシャルワーク支援には不可欠である。

　バイスティックは，ケースワーク関係を，「ケースワークのプロセスに生命を与えるもの，ケースワークの魂であるもの」と位置づけた。そして，関係を構築するソーシャルワーカーの基本的な態度について７つの原則を提示した。バイスティックは，すべての人間は共通な基

➡ ジャーメイン
(Germain, C. B.)
とギッターマン
(Gitterman, A.)
生態学に基づくエコロジカル・ソーシャルワークを提唱した。このモデルでは，人間と環境の交互作用における不適応な関係を変化させることをソーシャルワーク課題とする。

➡ バイスティック
(Biestek, F. P.)
ケースワーク関係に焦点をあてた『ケースワークの原則』(The Casework Relationship) の著者である。ケースワークの魂であるとする関係の構築について，全ての人がもつ基本的欲求を意識することが"源泉"であるとし，7原則を提示した。

本的ニーズをもっており，不遇な事情のもとにある時，これらのニーズがことさらに身にこたえて感じるものである，とした。そして，そのような立場にあるクライエントのニーズとそれに対するソーシャルワーカーがとるべき姿勢として，下記の7つの原則を挙げた。

①　クライエントはそれぞれ生まれや環境，生活体験が異なる唯一無二の存在として，個人としてとらえられる権利とニードを持つことを認識し理解する「個別化」

②　クライエントが感情を自由に，特に，否定的感情を表出するニードがあることを認識し，これらの感情の表出に水を差したり非難しないで，場合によっては積極的に耳を傾けて聞くことを意味する「意図的な感情の表出」

③　問題に対して共感的反応を求めることへのニードを認識し，クライエントの感情をよく見て聞き，感情の意味を問題に関係づけて理解し，内面的な反応を行う「統御された情緒関与」

④　クライエントが審判されることなく受け止められたいニードを持つことを認識し，あるがままのクライエントを否定的な側面も現実的にみる一方で，真の敬意を維持する「受容」

⑤　審判されないという安心感によって，自由に心をわって自分について語る気持ちになるという効果をもたらす「非審判的態度」

⑥　クライエントが持つ自分自身で選択と決定を行うことへのニードがあることを認識し，クライエントが問題や欲求の見通しを持てるように，地域における資源について理解できるように関与する「クライエントの自己決定」

⑦　ワーカーとクライエントの間で打ち明けられる秘密を神聖なものであるとワーカーが認識するなかで関係ができる「秘密保持」

さらに，バイスティックは，「個別化」のために，ソーシャルワーカーは，偏見や先入観から解放されること，重要な事実と状況を把握するための人間行動に関する知識をもつこと，傾聴し観察できること，クライエントのペースで動くこと，クライエントの感覚や感情に入り込めること，全体の見通しを持てるということが求められること，「意図的な感情の表出」のために許容的な雰囲気を作ること等，ソーシャルワーカーとして求められる姿勢や態度について述べた。[4]

❏ クライエントの理解

また，クライエントの主訴・相談内容とそれを取り巻く状況を理解する時，クライエント自身が，それらをどのようにとらえているかに焦点を当てることは重要である。この観点から，まずクライエントの

図2-1　マイクロ技法の階層表

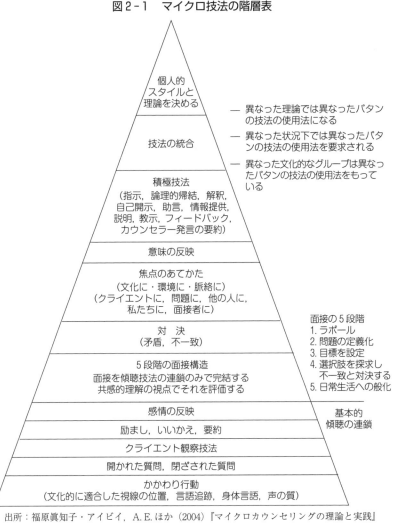

個人的
スタイルと
理論を決める

── 異なった理論では異なったパタン
　　の技法の使用法になる

技法の統合

── 異なった状況下では異なったパタ
　　ンの技法の使用法を要求される

── 異なった文化的なグループは異なっ
　　たパタンの技法の使用法をもって
　　いる

積極技法
（指示，論理的帰結，解釈，
自己開示，助言，情報提供，
説明，教示，フィードバック，
カウンセラー発言の要約）

意味の反映

焦点のあてかた
（文化に・環境に・脈絡に）
（クライエントに，問題に，他の人に，
私たちに，面接者に）

対　決
（矛盾，不一致）

5段階の面接構造
面接を傾聴技法の連鎖のみで完結する
共感的理解の視点でそれを評価する

面接の5段階
1. ラポール
2. 問題の定義化
3. 目標を設定
4. 選択肢を探求し
　　不一致と対決する
5. 日常生活への般化

感情の反映

基本的
傾聴の連鎖

励まし，いいかえ，要約

クライエント観察技法

開かれた質問，閉ざされた質問

かかわり行動
（文化的に適合した視線の位置，言語追跡，身体言語，声の質）

出所：福原眞知子・アイビイ，A.E. ほか（2004）『マイクロカウンセリングの理論と実践』
　　　風間書房，21.

話を聴くことが必要となる。クライエントの話を聴く際の，ソーシャ
ルワーカーによるクライエントの話への応答の意図と実際の応答によ
って，その後の面接の流れは大きく変わる。カウンセリングの研究者
であるアイビイ他（Ivey, A. E. et al.）は，クライエントとの相互交流
を深める面接における，クライエントとの面談におけるセラピストに
よる一つひとつの応答をマイクロ技法➡として整理した。そして，それ
らの技法を「マイクロ技法の階層表」として表した（図2-1）。[5]

　ここでは，「カウンセラーは，クライエントがストーリーを展開す
ることに，全力を挙げて参加する」ものとし，開かれた質問と閉ざさ
れた質問，励まし，言い換え，要約，感情の反映を，「基本的傾聴の連
鎖」と位置づけた。そして，このかかわり行動と基本的傾聴の連鎖に
おける技法はマネジメント，ソーシャルワーク等でも，たびたび見出

➡マイクロ技法
さまざまなアプローチ
に共通する，カウンセ
リングの基本的なモデ
ル。一つひとつのコミ
ュニケーションに命名
し，福原眞知子は，マ
イクロ技法の階層表を
示した。マイクロ技法
を身につけることによ
って，面接を意図的に
組み立てることが可能
となるとする。

されるとしている。[6]

　かかわり行動と基本的傾聴の連鎖には，下記の行為がある。[7]

①　かかわり行動

　やわらかい視線，声のトーンや話す速さ，リラックスした姿勢，クライエントの話に焦点をあてて，ついていくこと等，クライエントに関心を持って関わっていることを示す姿勢に関すること。

②　基本的傾聴の連鎖

(1)閉ざされた質問，開かれた質問

　「はい」「いいえ」という短い言葉での返答を求める「閉ざされた質問」と，一言では答えられない質問の形である「開かれた質問」を的確に使い，クライエントがより自由にオープンにそのことについて話すことを促すこと。

(2)クライエントの観察技法

　クライエントが見たり聞いたり感じたりしていること，クライエントとの間に起こっていることを観察し，理解すること。

(3)はげまし，いいかえ，要約

　クライエントの話を聞いていること，さらに詳しい話を聞きたいというクライエントへの関心を，きちんとクライエントに伝えること。「ええ」「はい」という話の間のあいづちやうなずきによって，もっと話してほしいことを伝える「はげまし」，クライエントの話を別の言葉によって表現する「いいかえ」やまとめる「要約」が含まれる。

(4)感情の反映

　クライエントによって表現された感情や情緒を，クライエントが納得する的確な姿勢と言葉でセラピストがいいかえること。「そのとき，あなたは○○と感じたのですね」などと伝えることであり，このことにより，クライエントは自身の感情をより深く理解するようになる。

❏　システムとしての環境の理解

　クライエントは生活するにあたり，多くの機関や人々と関わりをもっている。このような支援のネットワークに新たな資源が加わることの影響は多元的・多義的である。たとえば，ソーシャルワーカーがクライエントに対する支援を開始したために，それまでサポートを担っていたクライエントの知人や近隣者が疎遠になることがある。その結果，クライエントは日常的なちょっとした手助けや精神的なサポートを失うことになるかもしれない。良かれと思って行った介入が，十分な環境理解に基づいていなかったため，逆の効果を引き起こすこともある。

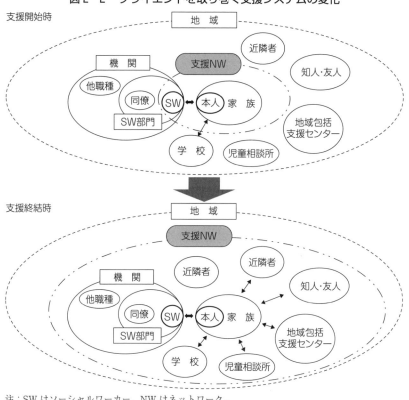

図2-2　クライエントを取り巻く支援システムの変化

注：SW はソーシャルワーカー，NW はネットワーク。
出所：筆者作成.

　したがって，ソーシャルワーカーが支援ネットワークに加わることが支援ネットワークにどのような影響を与えるのかということを想像することは重要である。このような相互関係の中で生じる影響の伝播の仕方などについて多面的に理解するのに，環境をシステムとしてとらえる視点は有用である（くわしくは本書第1章参照）。

　図2-2は，ソーシャルワーカーが支援ネットワークに加わった支援開始時と支援終結時の状態を図に示したものである。1つの機関が加わることによって，多くの資源（機関）がネットワークを形成することが可能となる。それと同時に，各メンバーが担う役割や気づかいの形が変化するであろうことも理解できる。環境に介入するソーシャルワーカーは，導入期において，今あるクライエントを取り巻く支援のシステムが，どのように動いているのかを理解する。その上で，ソーシャルワーカー自身が新たに加わる資源であることを認識し，より効果的に機能するための適切な立ち位置と関与の仕方を考慮することが重要であるといえる。

このことは関係機関間の支援チームに関しても同様である。たとえば，クライエントがすでに他の組織・機関のソーシャルワーカーの支援を受けている場合，どの機関がどのような役割を担っており，そのことによりクライエントは具体的にどのような恩恵を得ているのか，という観点から支援チームを多角的に理解して，そのチームに新たに加わる専門職として，どのような立ち位置で，どのような役割を担うのが的確か，また，そのことに関して事前にどのような調整が必要か，という点について検討を行うことが必要となる。

③ 導入期の展開

導入期の課題には，①面談に先立って情報を収集し，先見的共感を醸成すること，②主訴・相談内容とそれを取り巻く状況を理解すること，③支援機関の機能とソーシャルワーカーの支援について理解すること，④ソーシャルワーカーとクライエントの両者が合意して，取り決めを行うことがある。本節では，前節に述べたソーシャルワーク実践の視点を組み込みながら，導入期におけるそれぞれの課題が展開される過程を概観する。

☐ 事前の情報収集──先見的共感

クライエントが機関に紹介された場合，クライエントと面接を行う前に，依頼元や施設の他職種，関係機関からクライエントに関する情報を収集する。このことは，施設の他職種，関係機関が，クライエントとクライエントのもつ課題をどのようにとらえているかを理解することにつながる。クライエントのとらえ方は，各専門職，各機関によって異なる。それぞれがクライエントをどのようにとらえているのかを知ることで，より多面的にクライエントを理解することが可能となる。また，新たに加わる専門職として，どのようなポジションでどのような役割を果たすことが適切であるかという点についても，考慮することができる。

また，情報を収集する主たる目的は，これから面接を行うクライエントはどのような人であるか，というイメージを共感的にふくらませることである。ジャーメイン（Germain, C. B.）は，クライエントの視点から現実をとらえて，現状に至ったことをどうとらえているかを，面接に先立って理解する努力を**先見的共感**（anticipatory empathy）と

➡ 先見的共感
クライエントを取り巻く状況やクライエントがそこでどのような感情や思考を経験しているのかを，面接に先だち，収集したクライエントの情報から，事前にクライエントに共感的に理解を行うこと。

名づけた。先見的共感は，事前に得たクライエントに関する情報から，クライエントを取り巻く状況やクライエントがそこでどのような感情や思考を経験しているのかを，面接に先立って共感的に理解することである。先見的共感は，ソーシャルワーカー自身のもつ経験に照らして，出来事とそれにまつわる感情を理解するとともに，それらの経験からいったん距離をおいて客観的な分析を行い理解するという2つの過程から生まれる。[8]

　先見的共感の過程を経ない場合，収集した情報はクライエントに対する先入観や偏見の源泉となったり，クライエントに対する同情となり冷静な状況判断を阻む要因となるなど，支援に支障を来すことになる。先見的共感を意識することによって，面接場面でのクライエントの話を傾聴し，共感することが可能となり，クライエントとの間に支援関係を形成する助けになるといえる。

❏ 主訴・相談内容と取り巻く状況の理解

　クライエントとの面談では，まず最初に，クライエントの主訴・相談内容を確かめることが重要である。主訴・相談内容とは，クライエント自身が話す問題と問題状況である。主訴は，これから取り組むこととなる問題に関するクライエントによる第一声である。クライエント自身が問題をどのようにとらえ，問題の解決をどのように考えているのか，といった問題への認識が端的に表れる。ソーシャルワーカーは問題解決に必要な専門的な情報をもっているが，それらの情報は，クライエントによる問題理解を把握した上で，ようやく活用することができるものである。

　その上で，主訴・相談内容を取り巻く状況を理解する。クライエントが話す状況はクライエントがこの問題をどのような文脈で理解しているかを示す。そして，クライエント自身がその状況をどのように受け止めているのか，また，そのことに対してどのような感情をもっているのか，という点を理解することは，クライエントを中心に支援の方向を検討するのに不可欠であるといえる。さらに，クライエントがソーシャルワーカーを訪れた経緯を知ることは，クライエントは今まで問題をどのように受け止め対処してきたのかという，クライエントの力量と動機づけを理解することにつながる。

　このようにクライエント自身がとらえる主訴・相談内容，そしてそれを取り巻く状況を理解することは，クライエント自身を尊重することを意味する。ソーシャルワーカーの観点からのみ，クライエントの問題とそれに関わる事項を理解することは，クライエントが，この問

題について判断を行うのは専門職であると誤って認識するのみならず，クライエント自身が問題を解決しようとする動機づけ（やる気）を削ぐ場合もある。

　ここでのソーシャルワーカーの役割は，クライエントの話を傾聴し，共感しながら受け止め，さらなる語りを促すことである。そのことにより，クライエントは問題状況への認識を言語化し，問題に対して抱いている感情を表出しながら，問題状況への理解を深めることになる。そして，ソーシャルワーカーはクライエントをより深く理解することができる。導入期におけるクライエントとの関わりは，クライエントを取り巻く状況を理解するための単なる情報収集ではないことを意識することが重要である。

　また，ソーシャルワーカーは，クライエントのもつ問題の緊急性について判断しなくてはならない。緊急性が高いと判断された場合は，クライエントにその旨を伝え，対応について即座に検討することが必要となる。

◻︎ 支援機関の機能とソーシャルワーカーの支援の理解

　支援を行うかどうかの取り決めをする際，クライエントがかかえる問題の理解とともに，ソーシャルワーカーが所属する機関の機能と，ソーシャルワーカーが行える支援の範囲を理解することが，必要となる。

　ソーシャルワーカーはクライエントに，機関の機能とソーシャルワーカーの支援について説明し，ソーシャルワーカーとクライエントが理解を共有することが，ここでの課題となる。

　支援に適切な機関が他にある場合は，この点についても検討する。クライエントは必ずしも，自分がかかえている課題に最も適切に対応できる機関を訪れているとは限らない。相談の内容によっては，別な相談機関がより適切な支援を行うことができるという場合もある。このような場合は，クライエント自身が適切な機関を選択できるよう，より適切だと考える機関の機能とソーシャルワーカーの支援について説明することになる。

　どの機関が支援を行うべきかといった判断は，地域の相談機関等に詳しいため，ソーシャルワーカーが主導しやすい傾向にあるが，ここでもクライエントが理解し納得した上で，選択することが重要である。ソーシャルワーカーがこれらについて説明する際には，たとえば，クライエントの問題に沿った形で具体的に説明するなど，クライエントが十分に理解できるよう配慮することが重要である。このプロセスは，

新たに訪れる機関で，クライエントが主体的に関われるための準備と位置づけられるものである。クライエントのおかれている状況や力量を判断し，新たな機関に的確につながれるよう，橋渡しの方法について（同行や電話での紹介など）を検討することも必要となる。

☐ 取り決め

　取り決めは，支援の枠組みと当面の支援の方向性についてソーシャルワーカーとクライエントが相互に理解し，支援を開始することに合意したことを確認するものである。

　ここでの取り決めは，今後ともに課題に取り組んでいくことについて合意することであり，アセスメントやプラン策定の前提となるものである。支援の具体的な方向は，この後に続くアセスメントに基づいて定まっていくものであり，ソーシャルワーカーはこの段階では解決策の提示を急がないことが必要である。しかし同時に，当面の取り組みの課題と方向性について，クライエントとソーシャルワーカーの両者に理解されていることが必要である。

　取り組みの方向性はその後のプロセスによっては変わる可能性がある。すでに述べたように，そのような場合でも最初に目に見える形で了解されているからこそ，ワーカーとクライエントの両者にとって変更が理解しやすいものとなる。

4 動機づけのレベルと導入期の課題

　近年，ソーシャルワーカーは，地域においてますます多くの役割を期待されるようになっている。同時に，自発的に相談に来たクライエントへの支援のみならず，さまざまなクライエントを支援することが求められるようになってきている。

　たとえば，地域包括支援センターにおける孤立している高齢者への支援や児童相談所における虐待に関わる問題を抱える家族など，支援の必要性を認識していないクライエントや，支援を受けることに対して拒否的な感情をもっているクライエントへの支援などが挙げられる。このような支援では，クライエントの動機づけをいかに支えて支援関係を形成するかが，導入期における重要な課題となる。

□ アウトリーチが必要な対象者へのアプローチ

　周囲の人々やソーシャルワーカーからみると，ソーシャルワーク支援が必要であろうとみなされるにもかかわらず，自身は必要性を認識していないという場合がある。たとえば，生活保護基準をはるかに下回る年金で切り詰めた生活をしている場合，介護サービスがあることを知らずに生活している場合，あるいは，制度やサービスを知ってはいるが自身が利用することに抵抗感をもっている場合などである。

　このようなケースでは，クライエントが支援を余儀なくされるまでに問題が大きくなったり，生活が破たんしたりする前に，ソーシャルワーカーの方からクライエントの潜在的ニーズを察知して支援が届くように積極的に取り組みを行うことが必要となる。このような活動をアウトリーチという。

　久松らは，アウトリーチを「自発的に援助を求めようとしない場合や，客観的に見て援助が必要と判断される問題を抱えている高齢者や家族等を対象者として，援助機関や援助者の側から積極的に介入を行う技法・視点」であり，「その対象者の抱える問題解決の促進にむけて潜在的なニーズの掘り起こし，援助を活用するための動機づけや情報・サービス提供，地域づくりなどの具体的な援助を提供するアプローチ」と定義する[9]。

　また，福富は，「ソーシャルワーカーが相談機関で相談事を抱えた人がやってくるのを待つのではなく，機関の外（out），すなわち援助を必要としている人がいる地域社会や彼らの生活空間に出向いていくことで援助の手を彼らに届かせる（reach）ことがアウトリーチである」とする[10]。

　アウトリーチは，対象者から自発的に相談がされない場合に，相談機関の側から対象者と接触をもち，生活の支援を働きかける，ソーシャルワークの予防的な機能を含めた取り組みであると位置づけることができる。

□ アウトリーチの支援方法

　対象者が，ニーズがあるにもかかわらずサービスを利用しないのには，さまざまな理由がある。①福祉サービスや相談機関があることを知らない，②心身の疲労から支援を求めることが困難な状態である，③これまで援助専門職と良い支援関係を経験してこなかった，④福祉サービスに対するスティグマ感や生活が変わることへの漠然とした恐れがある，⑤支援を受けることは自尊心を損なうという価値観をもっている等があげられる。福祉サービス・福祉機関へのアクセスの問題

に加えて，過去の経験や**スティグマ**感や自尊心といった個々の価値観に関わる理由が存在する。このことを考慮すると，個々の対象者の事情をアセスメントし，それに応じた支援が必要となることが理解できる。

　アウトリーチが必要な対象者を把握した時，ソーシャルワーカーはまず緊急度を判断する。そして民生委員や地域の関連機関と連携して対象者に関する情報を得て，理解を深める。対象者の生活のリズムやこれまでのサービス利用状況，支援やサービスを受け入れない場合，その理由として考えられること，対象者が信頼している地域の機関や住民などについて理解する。

　その中で対象者に対する先見的共感を行い，支援を受け入れやすいタイミングを見極め，あるいは，対象者が顔なじみの人，信頼している人を，対象者を支援する人に橋渡しする立場として同伴し，家庭訪問を行うなど，受け入れられやすい方法の接触を検討する。そのような取り組みより，対象者と信頼関係を形成するきっかけを作る。そして，対象者による語りを受けとめ，対象者が表出した希望している支援や受け入れることができる支援に応じて，支援を開始する。こうして，対象者が支援を活用しながら生活することへの動機づけを支える。

　このような関わりと実際の支援の中で，さらに信頼関係が醸成され，対象者が潜在的にかかえている問題を表出しやすくなることを通して，支援の可能性を徐々に広げていく。「対象者が真に支援を必要としている問題は，要支援者と支援者の関係の深まりの中であきらかになっていくもの[11]」であることを認識することは重要である。

　アウトリーチにおいては，対象者に対する直接的な支援のみならず，支援機関やサービスについての広報や，アウトリーチを必要とする対象者の**スクリーニング**のしくみづくり，アウトリーチが必要な場合には即座にチームを組めるような地域におけるネットワーク形成といったメゾレベルでの取り組みが同時に必要である。近年，児童領域における要保護児童地域対策協議会，地域包括支援センターをバックアップする仕組みとしての地域包括支援ネットワーク，地域ケア会議など，地域にネットワークシステムが形成されてきているが，ソーシャルワーカーとして，これらがうまく機能するよう積極的な取り組みを行うことの意義は大きい。

□ 権限等によって支援が行われる対象者へのアプローチ

　近年，ソーシャルワーカーは，権限によって決められた対象者，援助専門職による支援に抵抗を感じている対象者に対して支援を行う機

▶ スティグマ

元々は，古代，罪人に対して押した刻印・烙印の意味。特定の属性に対して，社会的に「烙印」を押され，偏見や固定観念をもって見られること。その結果，社会において差別的な扱いを受けることとなったり，当事者自身がスティグマを内面化し自己イメージをゆがめること等がある。

▶ スクリーニング

ふるい分け・選別の意味。ソーシャルワークニーズをもつ可能性のある人を，大勢の人の中から見つけること。実際にニーズがあるかどうかはその後のインテーク面接において評価されるが，インテーク面接を行った方がよい人を選ぶこと。

会が増えている。たとえば，児童分野における通報によって開始される児童虐待のある家庭への支援や，地域包括支援センターにおける高齢者虐待における支援などがこれにあたる。このような対象者を，自発的にソーシャルワーカーに支援を求めるクライエントと対比し，**インヴォランタリー・クライエント**と呼称する。インヴォランタリー・クライエントへの支援においては，支援関係の形成と支援への動機づけが課題となる。

実践現場における取り組みの中から，西原は，このようなケースに対する方策をいくつか提示している。

たとえば，ひとまずクライエントの問題は保留にし，クライエントの立場に立って問題の解決目標を定義づけ，その中でクライエントの問題への取り組みを行う「問題の置き換え」，クライエントの事情は十分理解できることを共感的に表明するなど，支援者が一歩ひいたポジションをとる「**ワンダウンポジション**（one down position）」や，逆に，たとえば暴力という問題となっている事柄を積極的に定義づけてソーシャルワーカーが主導権をとる「ワンアップポジション（one up position）」といった支援者の位置どりについて検討する。

また，特に支援に対して拒否的な家族については，ソーシャルワーカーの2つの役割——親との良好な関係をベースに相談支援を行う「支持的役割」と，対立してでも子どもの安全と保護を優先させる「監理的役割」が相矛盾することがないよう，1人のソーシャルワーカーが担うのではなく，2人のソーシャルワーカーで分担する方策などである。[12]

いずれの場合も，クライエントの動機づけと問題の緊急度を中心にていねいにアセスメントを行い，それに基づいて，どのようなアプローチが適切であるかを判断する必要がある。また，このような方策については，支援ネットワークの関係機関間の合意が不可欠である。

◯ リアクタンス理論に基づく支援——ルーニイの方策

ルーニイ（Rooney, R. H.）は，インヴォランタリー・クライエントに対する支援について，**リアクタンス理論**（reactance theory）に基づき検討した。[13] そして，支援の方策においては，支援の契約を，自由を取り戻すためのものと位置づけることや，支援においては，できる限り自由な選択の幅を広げること等に焦点を当てた。このような観点から，ルーニイは，特にインヴォランタリー・クライエントへの支援の導入期のポイントとして以下の点を挙げている。

まず，事前の準備として，クライエントに関わる情報や必要な事項

▶ インヴォランタリー・クライエント
ソーシャルワーク支援を自発的に求めているわけではないクライエント。たとえば，本人には動機づけがない状態で，法的な根拠によってソーシャルワーカーの支援を受けることが求められ，来談するクライエントがあげられる。

▶ ワンダウンポジション
クライエントより一段下がった立場に立ち，クライエントとコミュニケーションをとること。たとえば，ねぎらいの言葉がけにより，クライエントの警戒心を解き，信頼関係を形成することがあげられる。

▶ リアクタンス理論
「人は行動の自由が失われたり失う恐れが生まれると，それを取り戻そうと動機づけられた状態になる」という，心理学に基づく理論である。このような状況において，支援に抵抗を示すなどの行動は，合理に説明できるとする。

をすべて確認し，法令遵守事項などソーシャルワーカーとクライエントが話し合って取り決めることができない項目と，クライエントの権利，協議が可能な項目等について確認しておく。この際に，ソーシャルワーカーが情報を基に早まった判断をしたり，先入観をもつことがないよう留意する。

　事前の準備の後，実際にクライエントと接触するが，この段階では，クライエントとソーシャルワーカーが自ら果たすべき役割を確認するための準備を行う。これは，クライエントとして期待されていることや役割が明確である場合に，よりよい成果をあげることができるという考えに根拠をおいている。この局面では，クライエントは否定的な反応を表出することがあるが，ソーシャルワーカーは，これを内因的な機能不全や罪悪感ととらえるのではなく，クライエントにとって自由が脅かされる状況で当然起こる反応ととらえて，クライエントが強制された状況にあることにソーシャルワーカーが共感することで，このような反応を軽減する。

　一方，話し合って取り決めを行うことができない事項については，クライエントの了解を得られるよう働きかける。同時に，ソーシャルワーカーは，クライエントが選択できること，協議して選択できる権利がある事項を探して，クライエントが選択できるようにする。さらに，クライエントが何に価値を置いているのか，また，クライエントの持つ強み（ストレングス）に着目し，クライエントと話をする中でそれらをうまく引き出し活用する。

　契約の段階では，困難をともなう場合があるが，「可能な選択を探って介入に対する動機づけを一致させて，自発的に行動する気持ちを強める方法」を検討する。たとえば，クライエント自身の関心事との間で調整をつけて同意できる内容を探る**リフレイミング**や見返りになるようなインセンティブ（誘因）が働くような条件の提示などである。

5 導入期の課題

　導入期は，ソーシャルワーカーとクライエントが共に支援の枠組みを形成する局面である。次に続く具体的な支援は，この枠組みを基盤に展開する。

　近年，ソーシャルワーク実践は，生活モデル，パートナーシップに基づく対象理解を基盤としながら，さらに，エンパワメント・アプロ

➡ リフレイミング
出来事を意味づける枠組みを，今あるものから，別のものに組み直すこと。このことによって，クライエントにとって，出来事を新たな観点から理解することを可能とし，それまでには見えなかった取組みの方向が見えるようになる。

ーチ及びナラティブ・アプローチの観点を含めて，再構築がすすんできている。

このようななか，ソーシャルワーカーとクライエントの最初の共同作業としての導入期の意義はますます重要性を増している。この時期にパートナーシップに基づいてクライエントのナラティブに寄り添って，支援の枠組みを共有し，支援関係を形成することができることが，導入期の次に続くアセスメント（本書第3章参照）や，支援計画の作成と実施（本書第4章参照）における的確な実践の前提となるのである。この重要性を認識し，導入期に意識的に取り組むことが求められている。

一方，導入期に特有な課題もあげられる。初めて出会うクライエントとの関わりの中で，自発的な動機づけがないクライエントとの関わりが求められる中，関係の構築に際して，倫理上の課題が生じる場合がある。

アウトリーチは本人の意志にもとづいた自発的な支援が困難な場合の，支援機関およびソーシャルワーカーからのアプローチである。ここでは，クライエント自身は認識していない生活上のニーズに対する支援が含まれている。このため，クライエント自身の自己決定の尊重とクライエントの最善の利益の間に，**倫理的ディレンマ**が生じる場合がある。このような状況における実践においては，ソーシャルワーカーは慎重に方法を検討し，的確な支援を展開することが求められる（くわしくは，本シリーズ第4巻『ソーシャルワークの基盤と専門職』参照）。

また，リアクタンス理論の活用において，"見返りになるようなインセンティブ（誘因）が働くような条件の提示"を行うことは，ソーシャルワーカーによる操作的な関与が生じるなど，健全な関係が形成を阻害する懸念がある。ソーシャルワーカーとクライエントの，パートナーシップに基づいた援助関係の構築を前提として，ストレングス・パースペクティブに基づいた支援のあり方を考慮した，熟練されたスキルが求められるといえる。

多様な困難な事例において，クライエントを中心としたソーシャルワークの基本的な姿勢を崩すことなく，導入期における課題に対応していくことが，求められる。

➡ 倫理的ディレンマ
問題を持つクライエントが置かれている状況に対して，何らかの介入を行おうとした場合に，一方の価値を尊重しようとすると，他方の価値を損なうことになるような，ともに重要であるが，相並び立たない2つ以上の価値の間で葛藤が生じること。

○注 ——————————

⑴　グディエーレス，L. M.・パーソンズ，R. J.・コックス，E. O. 編著／小松源助監訳（2000）『ソーシャルワーク実践におけるエンパワーメント——その理論と実際の論考集』相川書房，12.

⑵　ジャーメイン，C. B.・ギッターマン，A.／田中禮子・小寺全世・橋本由紀子監訳（2008）『ソーシャルワーク実践と生活モデル　上』ふくろう出版，18-24.

⑶　渡部律子（2018）「ソーシャルワークの支援過程における『聴く』ことの意義・方法・課題——専門職としての『共通基盤（common ground）』から読み解く」『ソーシャルワーク実践研究』（8），14.

⑷　バイステック，F. P.／田代不二男・村越芳男訳（1965）『ケースワークの原則』誠信書房，39.

⑸　福原眞知子・アイビイ，A. E. ほか（2004）『マイクロカウンセリングの理論と実践』風間書房，21.

⑹　アイビイ，A. E.／福原眞知子ほか訳編（1985）『マイクロカウンセリング：“学ぶ—使う—教える”技法の統合：その理論と実際』川島書店，8.

⑺　⑸と同じ，42-76.

⑻　⑵と同じ，87.

⑼　久松信夫・小野寺敦志（2006）「認知症高齢者と家族へのアウトリーチの意義」『老年社会科学』28(3)，299. ここでは，高齢者を対象者と読みかえる。

⑽　福富昌城（2011）「ソーシャルワークにおけるアウトリーチの展開」『ソーシャルワーク研究』37(1)，34.

⑾　根本博司（1998）「新介護システムにおけるソーシャルワーク機能の重要性」『老年社会科学』19(2)，127.

⑿　西原尚之（2002）「児童虐待を伴う家族への在宅援助アプローチ——児童相談所が援助に拒否的な親と協働するためのストラテジーについて」『社会福祉実践理論研究』11，54-57.

⒀　ルーニイに関する記述は，下記の文献による。
　　伊藤富士江（1999）「自発的に援助を求めないクライエントに対するソーシャルワーク実践——ルーニイによる具体的方策の検討」『社会福祉学』39(2)，100-114.

■ 第 3 章 ■

ソーシャルワークの過程 2
——アセスメント

① アセスメントの定義と目的

❏ アセスメントとは何か

　ソーシャルワークにおけるアセスメントとは，日本語で「事前評価」や「査定」と訳され，クライエントの置かれている生活状況を把握し，どのような生活ニーズ（以下，ニーズ）が生じているかを明らかにすることである。「事前評価」と訳する意図は，支援計画を作成・実施する前に行われることにあり，支援計画の実施後に行われるのが「事後評価（エバリュエーション）」（本書第5章参照）である。アセスメント，エバリュエーションのどちらも評価と訳され，支援計画の作成・実施の前後で，前の評価がアセスメント，後の評価がエバリュエーションと整理される。

　アセスメントに基づいて支援計画が作成され，アセスメントは支援計画作成の前提要件となる。さらに，クライエントやその環境状況が変化した場合には，再度アセスメントが実施され，クライエントのニーズの変化に合わせて，支援計画の変更が行われることになる。

　なお，アセスメントという用語は，ソーシャルワーク領域だけで使用されているわけではなく，さまざまな領域で使われている。たとえば，中古車や中古品の売買における査定から，臨床心理といった専門領域においても使われ，さらには，環境アセスメントというように，地域の環境状況を把握する場合にも使われる。

❏ クライエントとの協働作業としてのアセスメント

　冒頭で定義したとおり，ソーシャルワークで行うアセスメントは，クライエントの生活状況全般を理解し，クライエントが生活を継続していく上で，どのような生活上の「ニーズ」があるのかを明らかにすることである。シポリン（Siporin, M.）は，アセスメントは「解決することの過程やその成果物を意味し，次に行われる活動の基礎をなす[1]」と定義しており，アセスメントに基づいて支援計画が導き出されることを示している。

　そのため，アセスメントで利用可能な情報を収集し分析することで，ニーズの解決に向かっていくことになる。ポーリン（Poulin, J.）は，アセスメントとは「クライエントの状況を明確にし，分析すること」と定義し，「アセスメント過程での主要な目的は，クライエントが問題

領域を確認し，明確にするよう支援し，明らかになった問題に影響しているクライエントやその環境の特徴を理解することである[2]」としている。アセスメントは，問題領域を明確にし，それに影響しているクライエント自身やその環境の特徴を，クライエント自身が把握するよう支援することであるといえる。

　ソーシャルワークでは，アセスメントという用語が使われる以前に，診断（diagnosis）という用語が使われていたが，アセスメントという用語は，クライエントと支援する側が「協働」して行うという意味合いが含まれている。つまり，ソーシャルワーカーが一方的にクライエントを事前評価や査定するのではなく，クライエントとの協働作業として，クライエントが問題状況を把握していくことを意味している。同時に，クライエントの問題の背景には環境要因が大きいことからも，診断という用語を使うことに疑義が生じ，診断に代わりアセスメントという用語が使われ始めた。このアセスメントが使われるようになってきた理由として，カースト-アシュマン（Kirst-Ashman, K. K.）らは，以下のような4点を指摘している[3]。

①　問題状況での，クライエントの環境が重要であるため

②　クライエントの外部に変化の焦点を当てるため

③　クライエントが，支援計画に基づいて自らの生活を変えていく過程に参加するため

④　クライエントのストレングス（strengths）をとらえるため

　このように，アセスメントという用語には，ソーシャルワークの独自性を示す意味合いが多く含まれており，クライエントと環境との関係のもとで，クライエントの環境やクライエントのストレングスを強調してクライエントの問題状況やニーズを理解していくことを特徴としている。

☐ アセスメントの目的

　このようなアセスメントの目的としては，以下の6点が挙げられる[4]。

①　クライエントと関わる焦点になる問題状況やニーズを理解することにある。

②　クライエントとソーシャルワーカーとの関係からもたらされるクライエントのストレングスを熟慮して理解していくことにある。

③　誰がクライエントであるかを明確にすることである。

④　クライエント，支援の焦点となる対象者，支援する者の相互関係について理解する。

⑤　クライエントの状況を理解するのに必要な情報をできる限り収

集する。

⑥　すべての情報をもとに，支援計画での支援目標やニーズを組み
立てることに熟慮する。

② アセスメントにおける情報収集の原則と内容

☐ アセスメントにおける情報の収集方法

アセスメントでは，クライエントの問題状況を把握するため，さま
ざまな情報を収集することになる。情報の収集方法は，面接や時には
小集団のミーティング等でもって，クライエント本人から得ることも
あるが，それ以外の方法により収集する場合もある。たとえば，病院
から退院して在宅生活に復帰する際に，クライエントの了解を得た上
で，他の専門家である医師や看護師等から情報を得ることがある。ア
セスメントでは，一般に，以下のような7つの情報源から情報を収集
していくことになると整理できる。[5]

①　クライエントに受付票等の用紙の提出を求めることから得る。

②　面接での質問に対するクライエントの答えから得る。

③　面接でのクライエントの非言語的な行動から得る。

④　クライエントの他者との関係を観察することから得る。

⑤　家族，友人，専門家といったクライエント以外から得る。

⑥　クライエントに対する心理テスト等を通して得る。

⑦　クライエントとの相互関係の中でソーシャルワーカーが感じる
ことで得る。

なお，⑤については，本来はクライエント本人から収集するのが原
則であるが，それだけでは十分でない場合には，クライエント以外の
家族・親戚，重要な友人，保健医療の専門職，教師，事業主等から情
報を収集することが想定できる。しかし，他の者から情報収集するこ
との了解をクライエントから得ておくことが原則である。

クライエントに関する客観的な情報に加えて，⑦や時には③のよう
に，ソーシャルワーカー等が感じたり気づいたりする主観的な情報も
アセスメントにおける情報の一つであり，これらも非常に重要な情報
である。認知症や重度の知的障害があり，みずからの意思を十分に表
出できないようなクライエントの場合には，面接等で情報を十分に収
集することが困難である。こうした場合には，往々にして家族介護者
等から情報を得ることにとどまりがちであるが，そうした場合でも，

できる限りクライエント本人からアセスメントにおける情報を得るよう努力する必要がある。

　たとえば，理解しにくい暴力行為のみられる知的障害者がいたとして，このクライエントが暴力をふるうのは「食事前の空腹時に多い」とか，「便秘で浣腸する前日に多い」「弟と母親が会話している時に多い」と，ソーシャルワーカーが感じたり気づいた場合，こうした情報もアセスメントにおける情報であり，クライエントのニーズをとらえることに寄与する重要な資料になるといえる。自らの意思表示が十分でないクライエントに限らず，クライエントの行動や態度から感じたり，気づくといった，クライエントの感情を理解する主観的な情報も重要である。

　ただし，記録の際には，事実としての情報とソーシャルワーカーの思いである情報を区分しておく必要がある。ソーシャルワーカー側が聞いたり観察したことの解釈については，当然ソーシャルワーカーの考え方，価値観，過去の経験等によって大きく影響を受けることも認識しておかなければならない。

☐ アセスメントにおける情報の範囲

　アセスメントにおける情報の範囲については，人と環境といったエコ・システムの枠組みで情報を把握することになる。同時に，一般的には主訴といわれる，クライエントが感じている「問題やニーズ」といった情報を把握することが中核になる。ティンバーレーク（Timberlake, E. M.）らは，アセスメントで収集する情報の種類を，以下の3点に整理している。[6]

　①　問題およびニーズ

　ソーシャルワーカーとクライエントの間で明らかにしていく問題，ニーズ，関心，困難さについての情報であり，問題なりニーズを明らかにしていくと同時に，ニーズの範囲，期間，深刻度についての情報を得る。

　②　人

　問題なりニーズを有しているクライエントについての情報であり，中心的な関心は，クライエントの対処能力，ストレングス，資力である。それらに加えて，問題に関与する動機づけの程度についての情報を得る。

　③　環境

　人やニーズを取り囲んでいる環境についての情報であり，人と環境の相互連関性での資源や支援についてであり，インフォーマルやフォ

ーマルな資源，およびそれらを利用する上での障壁を明らかにする情報である。さらには，クライエントに対して肯定的・否定的な影響を与える資源についての情報も集める。

人と環境との相互連関性という視点でアセスメントにおける情報の種類を整理すると，クライエントの**バイオ・サイコ・ソーシャル**（bio-psycho-social）の側面を把握することであり，クライエントの全体を理解することになる。このクライエント情報を整理すると，クライエントの，①「身体機能的状態」，②「精神心理的状態」，③「社会環境的状態」の３つの要素に分けることができる。ソーシャルワーカーは，これら３つの要素に関して情報を得ていくことになる。具体的な内容を述べると，たとえば，①にはクライエント本人の病名，ADL，IADL 等が含まれ，②は本人の意欲や満足度といった情報であり，③は家族の状況，親族・近隣との関係，住環境，社会資源等の情報になる。さらには，こうした３つの要素は，主として現在の状態・状況について情報収集することになるが，これまでの生活歴のような過去の情報や，将来の生活に対してクライエントが有している思いもアセスメント情報になる。

ポーリンは，アセスメントは環境の中の人の要素を明確にし，分析することとし，**図３-１**に示すように，２つの軸でもってアセスメントの範囲を示している。ここでは，横軸としてクライエントと社会環境についての情報を得ることであり，クライエントの部分は身体面と心理面に分けられ，結果として，クライエントの①「身体機能的状態」，②「精神心理的状態」，③「社会環境的状態」をアセスメント情報の範囲としている。さらに，もう一つの縦軸は，これら３つの側面について，弱い部分（不利な状態）と同時に，ストレングスに関する情報を収集することとしている。[7]

☐ アセスメントにおける情報に基づく問題状況の把握

アセスメントで問題状況を把握する際に，ソーシャルワーカーは往々にして図３-１で示した弱い部分（不利な状態）のみを把握しがちになる。確かに，弱い部分を把握することは不可欠であり，こうした情報の収集によってクライエントの有する問題やニーズを明らかにすることができる。しかしながら，さらにクライエントの能力，意欲，嗜好，利用可能な社会資源といったストレングスについても同時に理解し，それが支援計画に活用することができれば，クライエントによるセルフケアの活用も可能となり，クライエントのモチベーション（動機づけ）を高める支援や，多様な社会資源を活用した支援を促進す

➡ バイオ・サイコ・ソーシャル

利用者の問題を生物・心理・社会的な要因が複合的に作用しているものとしてとらえること。そのため全人的にとらえ，利用者のセルフケアやセルフマネジメントを強調することになる。

図3-1　アセスメントの二軸

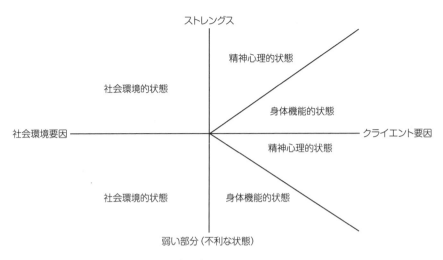

出所：Cowrer, C.D. & Snively, C. A. (2002) "Assessing Client Strengths: Individual, Family, and Community Empowerment," in Saleebey, D. (ed.), *The Strengths Perspective in Social Work Practice* (*3rd ed.*), Allyn and Bacon, 118, を一部修正し簡略化.

ることができる。

　さらに，ソーシャルワーカーにはクライエントの尊厳を保持することが求められるが，クライエントの弱い部分のみを把握するだけでは，それは難しい。クライエントは何らかの弱い面をもっているが，同時に能力や意欲，嗜好，支援してくれる人々の存在といったストレングスをもっているといった見方で接し，アセスメントにおける情報を収集することこそ，クライエントに対する尊厳を保持することである。いいかえれば，ストレングスをとらえることで，ソーシャルワーカーとクライエントの間での，対等な関係が成立することにもなる。

　サリービー（Saleeby, D.）があげた，ストレングスを基礎にしたソーシャルワークの6原則を以下に示す。[8]

　①　第1原則：いずれの個人，家族，グループ，地域社会もストレングスを有している。

　②　第2原則：トラウマ，虐待，病気，苦悩は害悪ではあるが，見方によっては，それらは挑戦や新たな機会の源にもなる。

　③　第3原則：個人，家族，グループ，地域社会の成長，変化，願望は限りなく達成しえるものとして認識する。

　④　第4原則：クライエントと協働することで，クライエントに仕えることができる。これには，ソーシャルワーカーはクライエントが変化し，成長し，自己実現する能力を信じることである。

　⑤　第5原則：あらゆる環境は資源の宝庫である。クライエントの権利を奪うような家族，グループ，地域社会であっても，それらは潜

在的な可能性を豊富に有している。

⑥　第6原則：ケアされることとケアすることが重要である（ケアというのは社会的な絆や相互連関性を強めることである）。

また，カウガー（Cowger, C. D.）等は，アセスメントでクライエントのストレングスを把握する上で，以下のような11のソーシャルワーカーが配慮すべき視点を挙げている。[9]

(1) クライエントの事実について理解することに重点を置く。

(2) クライエントを信頼する。

(3) クライエントの望んでいることを見つけ出す。

(4) クライエントやその環境についてのストレングスをアセスメントすることに心がける。

(5) ストレングスの多様性を理解してアセスメントする。

(6) クライエントの個別性を見出すようアセスメントする。

(7) クライエントの理解できる言葉を使う。

(8) アセスメントをクライエントとソーシャルワーカーの協働作業とする。

(9) アセスメントについてソーシャルワーカーとクライエントが合意をしていく。

(10) クライエントを責めることは避ける。

(11) アセスメントはするが，診断はしない。

こうしたクライエントの人と環境との関係を理解するためにアセスメント用紙（アセスメントシート）が開発されているが，クライエントの人と環境との関係に焦点を当てた社会生活機能における問題を記録するシステムを開発した全米ソーシャルワーカー協会のプロジェクトの成果としてのアセスメント用紙である『PIE（People In Envelopment）マニュアル』が日本語に訳されている。[10]

また，介護保険制度での要介護者等に対するケアマネジメントでのアセスメントについては，いくつかの種類の用紙が開発されている。これらの用紙には，クライエントの，(1)身体機能的状態，(2)精神心理的状態，(3)社会環境的状態を記入する内容がフォーマット化されており，それらの用紙をもとに，クライエントやその環境についての情報を収集し，クライエントの問題やニーズを明らかにしていくことになる。

しかしながら，必ずしもアセスメント用紙を活用することで，クライエントの問題状況やニーズがすべて理解できるわけではない。アセスメント用紙は，クライエントを理解する上で，最低限理解しておかなければならない情報を知るためのものに過ぎない。そのため，それ以外の本人の身体機能的状態，精神心理的状態，社会環境的状態につ

いても理解するよう努めることになる。

　アセスメントでは，クライエントからすべてのことを聞き出すという視点で行うのではなく，クライエントとコミュニケーションをとるなかで，クライエントの問題状況やニーズを全体的に理解するための方法として，アセスメント用紙を一つの道具として活用しているに過ぎない。そのため，アセスメント用紙の情報に限らず，クライエントの問題状況やニーズを理解する上で必要な情報収集は不可欠であり，ソーシャルワーカーの情報収集の基本は，クライエントの問題状況やニーズに関連する情報を得ていくという視点が重要である。

☐ 家族についてのアセスメント

　家族のアセスメントについては，以下の5つの面から進めることで，支援計画の作成につながっていく[11]。

　① ソーシャルワーカーが家族に関わることで，まずは家族成員の不安を和らげる

　ソーシャルワーカーは業務を始めるにあたって，家族成員が安心感を得るように，温かい誠心誠意の挨拶や自己紹介でもって，家族システムとの関係を深めていく。そこで，各家族成員から，支援を始めることやそこに関与してくれることの同意を得ていく。

　② 家族成員に何が問題であるかを尋ねる

　ソーシャルワーカーはそれぞれの家族成員が関連する問題についてどのように考えているかを尋ねる。

　③ 家族成員に問題への関与について同意を得る

　ソーシャルワーカーはすべての成員から引き出された問題が明らかになった後で，すべての成員に対して問題にどのように関わっているかについて同意を得ることにつなげていく。ここでは，家族の問題，家族成員間の相互関係，問題と家族成員間の相互作用の関係についての大枠を把握する。

　④ 家族成員がお互いどのように関係していくのかに集中する

　ソーシャルワーカーは，家族成員が他の成員といかに関係をもち，コミュニケーションをとるかに焦点をあてて，家族内で問題に対するそれぞれの成員の関わりについて同意を得ていく。そのための第1の方法は，個々の成員とコミュニケーションを取り，質問しながら，さらに問題を明らかにしていく。第2の方法は，すべての家族成員に参加してもらう話し合いを介して，家族成員が話すことで問題を構造化する。第3の方法は，家族の問題についての話し合いで構造化されたものを，家族成員間で，問題についてお互いにどのように関わってい

くのかを話し合うことを支持する。

⑤　作成された支援計画について，家族成員が契約する

支援計画で重要となる誰が何をするのかについて，それぞれの家族成員が同意し，契約する。

❏ グループについてのアセスメント

クライエントが個人や家族であるミクロ・ソーシャルワーク以外に，メゾ・ソーシャルワークとしてのグループなどの場合も，クライエントが組織や地域社会であるマクロ・ソーシャルワークの場合も，アセスメントは基本的に同じである。また，アセスメントにおける情報収集についても，「問題・ニーズ」「人」「環境」という枠組みでもって実施されるが，その際に使われる過程や技法にはそれぞれ特徴がある。

グループを対象とするメゾ・ソーシャルワークでは，グループのタイプによって，支援を求めるグループと課題を追求するグループに分けたり，人為的に作られたフォームドな（formed）グループと，友達等の自然に生まれたナチュラルな（natural）グループに分けたりする。これらのいずれのグループについてのアセスメントでも，個々の成員に関する情報収集と同時に，グループとしてのクライエントの範囲を確定し，グループ全体についての情報を収集することの両方がある。

支援開始時点でのグループの成員についてのアセスメントとしては，①グループとしての支援前での個々の成員との面接による，個々の成員ごとのアセスメント，②たとえば主観的健康観といった既存の指標を使っての個々の成員の自己アセスメント，③成員からの了解のもとにグループに参加している他の成員から得た情報によるアセスメント，の3つがある。

グループとして継続的に支援することでのアセスメントとしては，①ソシオグラム等のある種の指標を定期的に活用すること，②成員が問題について日記や日々の出来事について書くこと，③成員の改善状況を図表化すること，④グループ内のロールプレイを介して，グループ内で何を学んだかをグループのリーダーが成員に尋ね，ソーシャルワーカーが観察すること，⑤グループの中に入ったり，外部からの評価を受けることで資料を収集していくこと等が挙げられる。

❏ 地域社会についてのアセスメント

地域社会を対象とするマクロ・ソーシャルワークのアセスメントについてみると，ミクロ・ソーシャルワーク，メゾ・ソーシャルワーク，マクロ・ソーシャルワークは相互に関連しあっており，マクロ・ソー

シャルワークでの地域社会のアセスメントは，多数の人々が肯定的に変化していくことを目指しており，具体的には，個人やグループに関わることによってそれを実現していくことになる。このように地域社会のアセスメントにおいては，マクロ・ソーシャルワークだけでなく，ミクロ・ソーシャルワークワーク，メゾ・ソーシャルワークが関連し合って実施していくことになる。

シーゲル（Siegel, L. M.）らは，地域のニーズをアセスメントする最高のアプローチは存在しないが，これを行うのには少なくとも4つの要素があるとしている。それらは，①アセスメントの前に，どのような情報が必要かを理解する，②関連する活用可能な資源があるかを確認する，③地域社会の資源システムの現状として，資源システムを改善できる可能性を探る，④支援の実施に対する地域住民の情報提供やアセスメントに協力的かどうかの態度を理解する，ことである[12]。

また，カースト−アシュマンらは，具体的な地域社会のアセスメントして，5段階での情報収集過程を示している[13]。

第1段階：地域社会の特性を明らかにする。

第2段階：その地域社会やそこでの住民について理解する。

第3段階：地域社会のストレングスを明らかにする。

第4段階：地域の人々と話し合いをする。

第5段階：他者からの情報を得る。

なお，第4段階の対象としては，具体的には，①地域の住民，②地域のリーダーの人，③他の人に不平を感じており，それを遠慮会釈なく言える地域の住民，④広範囲の人としている。

地域の人々と話し合いをする際の示唆としては，①ラポール（信頼感）を得ること，②目的を明確にすること，③関わる地域を限定すること，④話を導き出すこと，⑤面接技術を活用すること，⑥必要な情報を得ること，⑦話し合いの終了時間を決めること，の7つを指摘している。また，地域社会でのニーズを明らかする上での情報の収集過程について，ハッセンフェルド（Hasenfeld, Y.）は，以下の5つの段階があると述べている[14]。

① ニーズを明確にする資料や情報を収集する。それらは，統計的な報告，個々人のニーズが充足できていないことの情報や調査結果等であり，これらの情報を収集するには創意工夫が必要である。

② 地域社会の他機関やプログラムがニーズとして認識しているものを承認し，特定化する。

③ クライエントについて他の専門職と検討し，クライエントが問題やニーズとして気づいていないことを見つけ出す。

④　クライエントの参加を図り，住民と話し合うことで，問題やニーズについて気づいていくよう話し合う。

⑤　実施した情報収集をもとに，アセスメントを実施し，最終的に地域のニーズを確定していく。

以上から，アセスメントで収集する情報は多岐にわたることが理解できたが，こうした情報を一度に収集できるということではなく，またこうした情報をすべて収集しなければすべての問題状況や地域のニーズをつかめず，支援計画が作成できないというわけでもない。まずは，限られた時間の中で得られた情報を基にして問題状況や地域のニーズを把握し，支援計画を作成する。その後，新たな情報を得ることによって，支援計画に追加や修正がなされるのが実際である。

 アセスメントのためのツール（道具）

➡ バーセルインデックス

Barthel Index。食事，移動，整容，トイレ動作，入浴，階段，昇降，着替え，排便コントロール，排尿コントロールの10項目を自立度に応じて，0点から15点で評価する。合計で0点から100点となり，「できるADL」を評価する。

➡ 機能的自立度評価法

Functional Independence Measure で，FIMと略される。運動13項目と認知5項目について，全項目1点から7点で合計18点から126点となり，「しているADL」を評価する。

➡ 簡易抑うつ症状尺度

Quick Inventory of Depressive Symptomatology で QIDS-J と略される。16項目の自己記入式の評価尺度で，うつ病の重症度を評価できる。睡眠，食欲／体重，精神／運動状態，その他の項目を使って評価する。

アセスメントのためのツール（道具）とは，クライエントのアセスメントにおいて，問題状況やニーズの理解を補助するものである。たとえば，介護保険制度でケアマネジメントが日本に導入された際に，さまざまなアセスメント用紙の開発がみられたが，これらもアセスメントのためのツールの一つである。主として面接を介して情報を得る際の用紙であるが，最近の動向として，こうした用紙においても，いかにストレングスを理解できるようにするかの工夫がみられる。

これら以外に，クライエントのADLの身体機能的状態についてのバーセルインデックスや，機能的自立度評価法といったツールがある。また簡易抑うつ症状尺度といった精神状態を理解するための定量的なスケールが開発され，アセスメント場面で活用されている。これら以外に，クライエントの状況について，言語的な記述では長くなることを，図表で一見して理解を促進するツールとして，エコマップ（ecomap），ジェノグラム（genogram），ソシオグラム（sociogram）がある。それらについて，以下で説明する。

☐ エコマップ

エコマップ（例示：図3-2，72頁）はアメリカのハートマン（Hartman, A.）により開発された用紙であり，1枚の用紙でもって，クライエント本人を中心にして他の家族成員との関係を示す「家族」を基本に，「親戚」「社会福祉機関」「保健医療機関」「雇用機関」「学校」等との関

係を図示するもので，クライエントと環境上の主要なシステムとの関係を表示することを目的にしている。そのため，本人と他の人や機関・団体との関係が良いのかどうかをみるために，あらかじめ他の人や機関・団体とのシステムが空欄の形で配置されて用意されており，アセスメントとして，クライエントと関連する他の人や団体・機関について，関係の状態を図に書き込むことになる。関係の状態には，「強い結びつき」「弱い結びつき」「結びつきなし」があり，それが支援的な関係か，軋れきのある関係かが示される。また，本人や家族への「資源やエネルギーの流れる方向」も記入することになる。

　この結果，クライエントやその家族がどのような関係を有しているかが理解でき，どのような社会資源が利用可能かを把握できる。さらにソーシャルワーカーの支援により，それらの関係がどのように変化したかを明らかにすることもできる。そのため，ソーシャルワークのアセスメントに有効であるだけでなく，ソーシャルワークのエバリュエーションのツールにもなり得る。

☐ ジェノグラム

　ジェノグラム（例示：**図3-3**）は，1985年にマクゴールドリックとジャーソン（McGoldrick, M. & Gerson, R.）により開発されたもので[16]，少なくとも三世代の家族メンバーについての情報を図表に示すもので，「世代関係図」や「家族関係図」と呼ばれる。家族や親子関係などの情緒的結びつき，クライエントに重要な影響を及ぼした交通事故や火災等といった生活上の出来事（ライフイベント）等も知ることができ，クライエント個人を含めた家族そのものを理解することに有効である。

　ジェノグラムは，核家族の家族成員を中心に，拡大家族の構成員の属性（年齢，職業，住居，健康度など），婚姻関係，親子関係等を図式化し，作成していく。視覚的にわかりやすいように，文字を簡潔にするため，いくつかの記号を用いる。たとえば，女性は〇，男性は□，死亡は×，別居は/，離婚は//といった記号が使われる。

　これも，ソーシャルワークでのアセスメントのツールの一つとして扱われ，支援計画を作成する際に活用される。

　同時に，支援計画実施後のエバリュエーションにおいても，支援前との比較でジェノグラムが活用される場合がある。他の活用法として，クライエント本人にジェノグラムを作成してもらい，自らが拡大家族内で置かれている状況を理解してもらう療法として，ジェノグラムを活用する場合もある。

図3-2　利用者のエコマップ

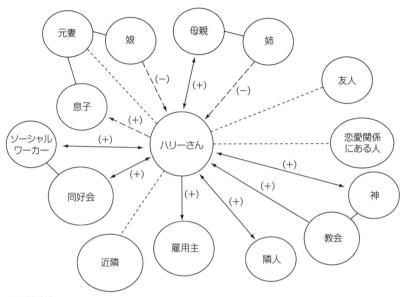

相互関連性:

結びつきなし ------------

弱い結びつき - - - - - →

強い結びつき ―――――→

矢印はエネルギーなり資源の流れの方向を示す。
(+) は支援的な関係, (-) は軋れきのある関係を示す。

出所：Poulin, J. with contributors (2005) *Strengths-Based Generalist Practice: A Collaborative Approach*, Thomson Brooks/Cole, 145.

図3-3　ジェノグラム

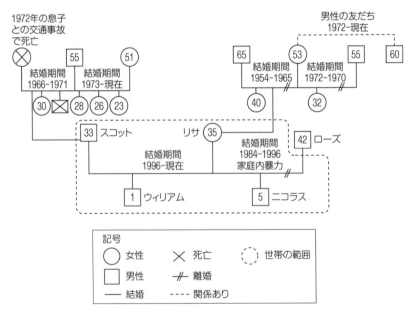

出所：図3-2と同じ, 148.

図3-4　ソシオグラム

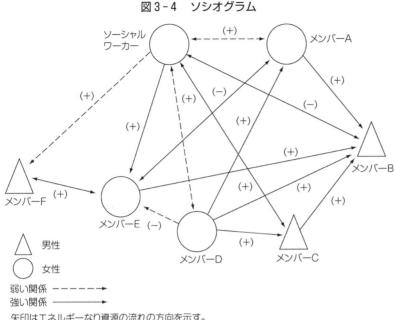

男性 △
女性 ○
弱い関係 -----→
強い関係 ———→
矢印はエネルギーなり資源の流れの方向を示す。
(+)は支援的な関係，(-)は軋れきのある関係を示す。
出所：図3-2と同じ，149.

☐ ソシオグラム

　ソシオグラム（例示：**図3-4**）は，1971年にハートフォード（Hartford, M.）によって開発されたものであり，グループの成員間の関係を簡潔に記述する図式である。こうした図式はグループや組織を支援するソーシャルワークにおいて活用される。通常はソーシャルワーカーが観察に基づいてソシオグラムを記述するが，その際に，グループ内の個々の成員間だけでなく，ソーシャルワーカーも含めた関係を図示することになる。ソシオグラムでは，図式を見やすくするため，簡略化された記号が使われる。たとえば男は△，女は○，エネルギーなり資源の流れの方向を示す矢印も——→と←→の両方があり，（+）が支援的な関係，（-）が軋れきのある関係を示す。実線（——）が強い関係，波線（……）が弱い関係を示す。これらの記号や線を使うことで，グループや組織内の成員間の関係を一見してとらえることができる。これをもとに，グループや組織の問題状況やニーズが明らかになり，支援計画作成の一助となる。支援実施のエバリュエーションにおいても，グループや組織の変化をとらえるために，ソシオグラムが使われる場合がある。ソーシャルワーカーとグループや組織の成員が記述されたソシオグラムを共有した場合，成員に不安感や敵対感が生じる可能性があり，ソシオグラムを成員に開示する際には慎重な取り扱いが求められる。

アセスメントにおけるニーズの定義ととらえ方

□ ソーシャルワークがとらえるニーズとは

　アセスメントの狙いは，収集した情報からクライエントのニーズを導き出すことである。この作業で，情報を得ることと同様に重要なことは，クライエントとの協働作業でもってニーズを確定していくことである。なお，このニーズをとらえる部分は，ここではアセスメントの一部として示しているが，時には支援計画作成の一部として説明される場合もある。

　ソーシャルワークがとらえるニーズについては，古くは1945年に，トール（Towle, C.）が『コモンヒューマンニーズ』の中で，人々が社会的な目標に向かって進んでいくにあたって，①衣食住といった物理的なウエルビーイング，②情緒的・知的成長の機会，③他者との関係，④精神的なニーズへの対応，という４つの基本的なニーズがあるとした[18]。また，マズロー（Maslow, A.）は，①基本的生理的欲求，②安全への欲求，②所属と愛情への欲求，④承認・尊敬・地位への欲求，⑤自己実現への欲求の５段階に人間のニーズを分け，①の欲求が最も基本であり，より高次な⑤の欲求へと展開するとしている[19]。

　一方，岡村重夫は，ソーシャルワークがとらえるニーズは，人間の生物的衝動や本能（(1)自己保存の衝動，(2)自己継続の衝動または種族保存の衝動，(3)自己表現の衝動）ではないという。さらに，心理学でいう「人間の基本的欲求」としての「生理的欲求（呼吸，睡眠，休息，食事，排泄，性欲，身体的活動に関すること）」と，「心理的または人格的欲求（家族等から愛されたい欲求，所属の欲求，成就完成の欲求，独立の欲求，社会的承認の欲求を充足させること）」も，ソーシャルワークがとらえるニーズではないという[20]。

　岡村はソーシャルワークがとらえるニーズとは[21]，「生物的衝動とか，生理的，心理的欲求をもった個体を，社会制度との関連という部分から新しく限定することによって，そこに成立する社会生活について，新しい基本的要求を見いだすことが必要となるのである。しかもそれは社会的存在としての人間にとって避けることのできない必然性をもった要求でなければならない」[22]としている。

□ ニーズの種類

　以上から，第1に，人と社会制度との関連で成立する社会生活において，クライエント側のニーズをいかに抽出していくかが必要である。第2として，ソーシャルワークがとらえるクライエントのニーズが社会的存在として必然性をもつものであるとは，具体的にどのようなニーズであるのかを明らかにしなければならない。これら2つの課題について，以下で言及する。

①　社会生活におけるクライエントのニーズの明確化

　ソーシャルワークは，クライエントと社会環境との間で生じている問題状況を整理・分析することによってニーズを明確にしていくことである。このニーズは，クライエントの身体機能的状態または精神心理的状態のみの問題ではなく，クライエントの身体機能的状態や精神心理的状態が，社会環境的状態と相互連関しあう中で生じることになる。

　アセスメントにおける情報として得られた個人の身体機能的状態・精神心理的状態・社会環境的状態をもとにして，クライエントと一緒に理解・整理し，そから「生活を遂行するのに困っている状態」と，次に「その状態を解決する（時には維持する）必要」を導き出していくことになる。ここで，「生活を遂行するのに困っている問題状態」（クライエントと社会環境との関係が機能していない逆機能状況にある）と「その状態を解決する（時には維持する）必要」（逆機能状況を解決したい）を合わせたニーズを導き出していくことになる。その際に収集した情報が役立ち，情報を分析していくことで，問題となっている状況が明らかにされ，さらにそれがニーズに展開していくことになる。たとえば具体的には，「経済的に困っている」という問題状況に対して，「子どもを預けて，昼間に働きたい」という解決する必要が加わることで，ニーズになるといえる。

②　クライエントのニーズが社会的存在として必然性をもつこと

　岡村は，ニーズは社会的存在としての人間にとって避けることのできない必然性をもったものに限定されるとしている。この点について，ソーシャルワークではいかにニーズを限定していくのかを，理論的に整理しておかなければならない。

　社会的存在としての人間にとって避けることのできない必然性をもったニーズとは，ブラッドショウ（Bradshaw, J.）が提唱した[23]，クライエントが示す**フェルト・ニーズ**（体感的なニーズ）と，ソーシャルワーカーが示す**ノーマティブ・ニーズ**（規範的ニーズ）の両者の合致を目指していくことであり，社会的必然性のあるニーズとしてクライエン

➡フェルト・ニーズ

利用者本人の感じている体感的・主観的なニーズのこと。

➡ノーマティブ・ニーズ

専門職がとらえる規範的で，専門的な判断に基づくニーズのこと。

ト本人のみならず，社会からも承認を得られるものである。

　ソーシャルワーカーは，社会規範的さらには専門的な立場からニーズをとらえるため，クライエントの感じているニーズと必ずしも一致するわけではない。その意味では，ソーシャルワーカーはクライエントとのかかわりの中で，フェルト・ニーズとノーマティブ・ニーズの摺り合わせの結果，**リアル・ニーズ**（真なるニーズ）を探り出すのだといえる。その際に，岡村の言う①社会性，②現実性，③主体性，④全体性という社会福祉援助の原理（**岡村重夫の社会福祉援助の原理**）が，最終的なリアル・ニーズを決定していく際の視点になる。具体的には，4つの原理でもってニーズが検討されることで，リアル・ニーズが決定されていくといえる。[24]

➡リアル・ニーズ
利用者とソーシャルワーカーが関わる過程で，両者がフェルト・ニーズとノーマティブ・ニーズを擦り合わせることで形成されるニーズのこと。

⑤ アセスメントにおけるニーズ把握の具体的な展開

➡岡村重夫の社会福祉援助の原理
社会生活という視点で利用者やそのニーズをとらえ（社会性），利用者とその状況の全体関連性を理解し（全体性），現実的な問題解決を図り（現実性），利用者の積極的な参加や自己決定といった主体性を尊重する（主体性）ことである。

　アセスメントにおける情報をもとにしたニーズ把握の流れは，**図3-5**のようになる。この図に示してあるように，アセスメントでの情報として得られたクライエントの身体機能的状態，精神心理的状態，社会環境的状態の相互連関性の中でニーズは生じるといえる。ニーズは人と環境との関連性においてうまく機能していない逆機能状態を解決することを意図している。

　一方，ニーズである「生活を遂行するのに困っている問題状況」や次の「その状況を解決する（時には維持する）必要」については，クライエントから主訴として示されている場合もある。ただ，ソーシャルワーカーはクライエントと一緒になり，アセスメントについての情報をもとに「生活を遂行するのに困っている問題状態」と「その状態を解決する（時には維持する）必要」について合意していくことになる。このことこそが，前に述べた，フェルト・ニーズとノーマティブ・ニーズを摺り合わせ，リアル・ニーズを導きだすことである。**図3-5**をもとに，個人のクライエントについての事例でもって，以下，例示してみる。

▢ 事例：個人のアセスメント

　Ａさんは，右半身麻痺のため，和式トイレでは自力で排泄できないが，洋式トイレであれば自力で排泄可能な身体機能的状態にある。同時に，Ａさんは自分で排泄をしたいという精神心理的状態にある。し

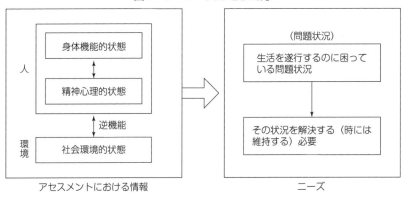

図 3-5　ニーズのとらえ方

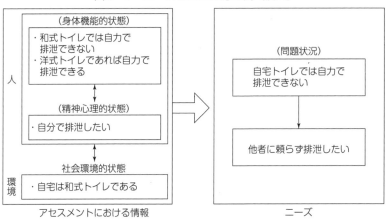

図 3-6　ニーズのとらえ方の例（個人）

かし，Ａさんの自宅のトイレが和式であるといった社会環境的状態が
ある。

　このことから，Ａさんには「自宅トイレでは自力で排泄できない」
といった問題状況が導き出される。さらに，「他者に頼らず，自宅ト
イレで排泄したい」という問題状況の解決に向けた方向が示される。
ここで，アセスメント情報から導き出されるニーズは，「自宅トイレ
では自力で排泄できない」という問題状況について，「他者に頼らず
排泄したい」というニーズになる（図 3-6）。

☐ 協働作業としてのアセスメント

　こうした作業は，もちろん利用者とソーシャルワーカーが協働して
導き出すことになるが，Ａさんのほうが自分の生活上で困っているこ
とを十分に把握しており，Ａさんが口頭でニーズを伝えてくれる場合
もある。その場合には，再度Ａさんと一緒に，ニーズの背景であるＡ
さんの身体機能的状態・精神心理的状態・社会環境的状態について確

認し，合意していくことになる。

　逆に，アセスメント情報をもとに，ソーシャルワーカーからＡさんに対して「自宅トイレでは自力で排泄できなくてお困りではございませんか」といった発言をすることで，両者がニーズについて合意していく場合もある。

☐ ストレングスの情報収集

　アセスメントにおいては，クライエントのマイナス状況だけの把握ではなく，クライエントのもっているストレングスを情報として収集し，ニーズ把握に活用することが重要である。たとえば，従来のニーズのとらえ方であれば，図3-6の事例でいえば，「Ａさんは，右半身麻痺のため，身体機能的状態は和式トイレでは自力で排泄できない状態だが，Ａさんの自宅のトイレが和式であるといった社会環境状態がある」といったマイナス面でのアセスメント情報を集め，問題の解決を図ってきた。しかし，クライエントの能力や意欲，嗜好といったストレングスである「Ａさんは，洋式トイレであれば自力で排泄可能である」（能力）や「Ａさんは自分でトイレで排泄したい」（意欲）といった情報を収集することによって，ニーズをもとに作成される支援計画（本書第4章参照）には，クライエントの能力や意欲，嗜好が活かされることになる。

　ストレングスには，クライエントの内的な資源だけではなく，「……してくれる人がいる」や，「……してくれるサービスがある」といった社会資源も含まれておりそれは社会資源を円滑に活用する上で有効であるが，クライエント自身のストレングスを把握することは，より本人の能力を活用し，本人の意欲を高め，本人の嗜好を満足させる適切な生活ニーズを把握し，より質の高い生活となる支援計画作成につながっていく。ただし，初回のアセスメントですべてのストレングスが把握できるわけではない。時間をかけて，クライエントと信頼関係を築き上げながら，マイナス面だけでなくストレングスを把握していく視点が必要である。

☐ 事例：家族のアセスメント

　養育不安のある母親Ａさんは，長女の保育所の担当保育士から紹介され，子育て世代包括支援センターに，次女を連れて来所してきた。家族構成は，銀行員の父親（35歳），母親（28歳），長女（4歳），次女（1歳）で，母親は，昼間は夫の両親がやっている食堂での手伝い，長女は保育所に通っている。

　そこで，センターのソーシャルワーカーが母親の話を聞いたが，子育てに不安があるということである。そこに焦点を当てて話を聞くと，まず長女が次女をつねるので，長女から目を離せないとのことである。さらにたずねると，次女は未熟児で生まれてきたが，通常の成長をしているのか不安であるとのことであった。父親については，母親の相談にものってくれるが，仕事の関係で平日は帰りが遅いという。

　以上のようなアセスメントにおける情報をもとに，母親がとらえている家族の全体像を把握したが，長女の担当保育士にも聞いてもよいか，了解を得た。同時に，父親もいる日に家庭訪問することにも了解を得た。最後に，母親が困っていることをいっしょに解決していくことを確認して，その日の面接を終了した。

　保育士に聞いた情報からは，長女は最近元気がなく，指しゃぶりが激しくなっていること，さらに，一度つねられた跡がみられたという。母親については，保育所に迎えに来るときに，長女のしつけに悩んでいると愚痴をこぼすことがあったため，センターを紹介したとの説明を受けた。

　次に，家庭訪問をして，父親も含めて家族全員と面接を行った。その時は，母親が次女を抱いており，父親は長女の遊び相手をしている状態であった。父親は，母親が世話になっていることのお礼と，平日は帰りが遅く，家のことができていないことを反省的に話した。母親は，長女のことも心配であるが，次女についても心配であることを，前回の面接と同じように繰り返した。これについて，父親は，長女については，下の子ができて母親を取られたような心境にあるのではないかとの意見を言ってくれた。そこで，ソーシャルワーカーもうなずき，母親にも話を向けたが，答えはなかった。

　そこで，ソーシャルワーカーは，以下のようなことについて，それぞれ確認することにした。
　①　母親は長女をどのように育てていけばよいか不安があること
　②　母親は次女の発達について不安があること
　③　長女はさみしい感情があること

　以上のような問題状況について，父親と母親から同意を得たので，どのようにしたいのかを話し合った。そうすると，①については，長女の育児について相談できる機会がほしいこと，②については，大きな病院で受診したいこと，③については，母親以外に長女と関わってくれる人を多くつくりたい，といったニーズが示されたので，家族全体の面接を終えた。

　ストレングスとして，長女は，次女に対して厳しく関わるときもあ

るが，やさしく世話をしてくれるときも多いことを，両親は理解していることもわかった。また，母親も父親も子どもに対する思いが強いことを感じた。さらには，食堂をしている父親の両親も気にしてくれており，何かと手伝ってくれる可能性が高いこともわかった。

それで，次週にどのように具体的に解決していくかの話し合い（支援計画の作成）をもつことで了解を得たので，それまでに，両親でもどのようにしていきたいのかを考えておいてもらうようにお願いして，アセスメントを終えた。

☐ 家族へのアセスメントの特徴

以上の家族とのアセスメントでは，個々の家族成員との面接だけでなく，家族全体との面接も必要である。同時に，必要な場合には，家族からの了解を得て，家族成員以外から情報を得ることも重要である。家族のアセスメントでは，情報収集をもとにして，家族成員全員が問題状況を把握し，問題状況に対してどのように対応していくのかを明らかにしていくことである。

収集された情報をもとに，①②③の問題状況を把握し，それらを家族と共有し，それらをどのようにしたいかのニーズにつなげていった。今後の支援計画の作成においては，母親，父親，長女，さらには食堂を営む父親の両親の有しているストレングスをも活用していくことになる。

なお，本事例で作成された支援計画については103頁に示してある。

☐ 事例：地域のアセスメント

マクロレベルである地域社会がクライエントである事例をもとに，ニーズをとらえてみる。

B中学校区では，いわゆるごみ屋敷に住む高齢者の事例が最近4件発見され，地域ケア会議で支援困難事例として検討し，対応してきた。そこで，地域ケア会議では，ごみ屋敷の発生を予防することを進めていくことになった。それで，4件の事例をもとに，ごみ屋敷に住む高齢者の情報を収集し，整理すると以下のような特徴が明らかになった。

ごみ屋敷に住む高齢者の身体機能的状態としては，①歩行等のADLの低下，②認知機能の低下，精神心理的状態としては，①意欲の低下，②他者との関わりの拒否，③以前は地域の人々との関わりがあった，社会環境的状態としては，①ひとり暮らし，②近隣からの臭い等での苦情，③昔からの友人といった継続して話ができている人がいる，といったことである。

以上から，アセスメントについての情報をもとに，**地域ケア会議**では，「生活を遂行する上で困っている問題状況」として，「ごみ屋敷に住む高齢者は人と関わりをもてず，ADL，認知機能，意欲の低下のもとで，ごみ屋敷になっている」とし，さらに「その状況を解決する（時には維持する）必要」として「ごみ屋敷になる前に予防したい」を合わせて，B中学校区でのごみ屋敷に対する地域ニーズとした。すなわち，地域ニーズは「ごみ屋敷に住む高齢者は人と関わりをもてず，ADL，認知機能，意欲の低下のもとでごみ屋敷になっているので，ごみ屋敷になる前に予防したい」である。

ここでも，ごみ屋敷での問題点だけでなく，「以前は地域の人々との関わりがあった」や「継続して話ができている人がいる」といったストレングスを把握しており，こうしたアセスメントにおける情報が支援計画の作成には有効になる。さらには，これら以外のアセスメント情報には，B中学校区には，ひとり暮し高齢者が約180世帯あるといったものや，「認知症について理解がある認知症サポーターの会がある」や「5つの地区それぞれでサロン活動をやっている」といったストレングスについての情報も，次の支援計画作成には役に立つ。

▶地域ケア会議

介護保険制度に位置づけられた，地域包括支援センターが実施する，高齢者個人に対する支援の充実を図っている地域ケア個別会議と，社会基盤の整備を図っていく地域ケア推進会議を合わせたもの。

⑥ アセスメントに必要とされるソーシャルワーカーの技能

アセスメントにおける情報を得て，ニーズを明らかにしていく際に，必要となる技能について述べてみる。ポーリンらは，アセスメントでは，「学ぶこと」「尋ねること」「傾聴すること」「明確化すること」の4つの視点での技能が必要であるとしている。4つの視点をもとに，ポーリンらが述べる必要な技能について整理してみる。[25]

□ 学習すること

まずは，クライエントと関わる前に行うこととして，「肢体不自由の身体障害者」「認知症の高齢者」といったクライエント群や，当該地域社会の特徴についての理解を深めておくことである。また，そうしたクライエント群の人々が利用可能な社会資源についても理解しておく。

そのために，ソーシャルワーカーは，①インターネットや既存の調査報告書のデータ等を収集して理解していくことや，②他の専門職やサービス提供者との間で築いてきたネットワーキングを介して，利用

者の特性についてや地域の資源や地域社会について理解を深めていくことが求められる。このような事前学習の結果，クライエント群やその環境の特性についての知識を深めることになる。

□ たずねること

　クライエントに対して，問題状況についてたずねることに加えて，経験，考え方，期待，関心，対処能力，希望や夢といったストレングスを尋ねることは，クライエントのエンパワメントに寄与することになる。これらを一方的に尋ねるのではなく，クライエントへの尊敬や受容を示す態度で接し，クライエントと協働するといった態度で情報収集することが必要である。ここで活用される技能としては，以下の7つが考えられる。

　① 「開かれた質問（「はい」や「いいえ」と答える以外の質問）」は，クライエントから自らの話を聞く最も簡単で容易な方法である。

　② 「うなずき」は，コミュニケーションの流れを中断させず，クライエントが深く感情や関心を示す上で効果がある。

　③ 「具体性（concreteness）を求めること」は，明確化（clarification）することであるが，クライエントが経験や関心を曖昧に一般的な言葉で話した場合，それを焦点化すべく詳しくたずねることで，自然な会話の流れをつくることになる。

　④ 「まとめること」は最も難しい技能であるが，クライエントの発言した内容にフィルターをかけ，フィードバックしていく過程であり，クライエントの話の鍵となる要素を明らかにし，それらをまとめて，クライエントに戻していくことになる。

　⑤ 「自己抑制（containment）すること」は「動かない」技能と呼ばれるもので，クライエントが話す前に問題の解決に走ってしまうことのないよう，じっくりとクライエントの話を聴き，クライエント自らが解決方法等について発言するのを待つことである。

　⑥ 「沈黙の思いを探ること」は，クライエントが沈黙した際に，ソーシャルワーカーは，クライエントが沈黙に至る思いを一緒に探ることである。沈黙はクライエントが問題状況を把握していく上で重要なことであり，むしろ沈黙にたどり着かせる技能が求められる。

　⑦ 「リフレイミング（リラベリング）」は，クライエントの否定的な感情表出に対して，ソーシャルワーカーが肯定的な解釈をすることである。

❑ 傾聴すること

　傾聴とは，質問に対するクライエントの答えを聞くというよりは，クライエントの言葉の背後にある意図や感情を聴くことである。そのためには，クライエントへの共感の技能が必要であり，ソーシャルワーカーとクライエントが感情を共有することは，クライエントからの信頼を得ることに役立ち，支援関係を強化することになる。共感の技能としては，以下の3種類がある。

　①　「反響的な共感」は，共感や理解に焦点を当てた傾聴であり，その最もシンプルなものは，クライエントに対して彼らのメッセージを反響させて，「オウム返し」で戻すことである。こうした方法で，ソーシャルワーカーがクライエントに共感感情を伝えることは，支援関係を深める上で重要である。

　②　「積極的な傾聴」は，クライエントの話の中から主要なテーマを明らかにするために，特定部分に集中させることに焦点づけした傾聴を試み，クライエントが鍵となる内容について敏感になるよう支援する。

　③　「付加的な共感」は，ソーシャルワーカーは表面的で基礎的な感情に反応するだけでなく，クライエントが表現している感情の奥にある感情にも共感し，その共感したことをメッセージとして反応することである。この共感は反響的共感よりも深いレベルでのコミュニケーションを進めることになる。

　以上のような傾聴の結果，クライエントの潜在的な感情についても明らかにし，理解することができる。

❑ 明確化すること

　ソーシャルワーカーが，クライエントの求めていること，役割，支援関係について，クライエントと一緒に明確化することである。クライエントの期待を明らかにし，クライエントとソーシャルワーカーの間で生じている矛盾点を整理していくことになる。クライエントとの関わりにおいて，ソーシャルワーカーは，クライエントが何を期待しているかを明らかにし，支援過程の特性をわかりやすく説明することになる。支援過程を明確化するとは，ソーシャルワーカーが何をし，どのような期待に応えるかや，クライエントに何を期待するかを伝えることである。

　ソーシャルワーカーの業務は，支援過程を構造化し，支援過程を通じてクライエントを支援し，クライエントの動機づけを高めることにある。こうしたクライエントとソーシャルワーカーの協働モデルは，

意欲のなかったクライエントの意欲を高め，クライエントのエンパワーメントにつながる。

　支援関係は協働的な過程であり，ソーシャルワーカーにはクライエントとの緊密な関係を形成していく技能や共感の技法が求められる。それらが結果として，ソーシャルワーカーとクライエントとの相互理解を高め，協働体制が確立することになる。

❏ まとめ——アセスメントの特徴

　以上説明してきたアセスメントについて，カースト-アシュマンは以下のような5つの特徴があるとしている。[26]

　①　クライエントがアセスメントに参加することが絶対条件であり，両者が支援計画に合意するよう進めていく技法が必要である。

　②　アセスメントでは，さらに理解を深めていくことが重要だと感じたことに焦点化して進めていくため，常にその判断が求められることになる。

　③　アセスメントでは，問題に焦点化することは容易であるが，ストレングスにも焦点を当てることで，問題解決を見つけ出すための手段を提供してくれる。

　④　問題は単純で明確に規定できることはありえず，複雑多義であるが，問題を明確にし，定義づけ，焦点化していくことが，ソーシャルワーカーの技能である。

　⑤　アセスメントは，継続的な活動であり，最も効果的な支援計画や支援方法があるのではないかについて継続的に意識し，判断し続けることである。

　また，ジョンソン（Johnson, L. C.）は，アセスメント内容として，次の11点をあげている。[27]

　①　アセスメントはずっと進行していくものである。ソーシャルワーク過程の初期段階では大きな比重を占めるが，最後の段階でも実施されるものである。

　②　アセスメントは，状況におけるクライエントを理解することと，支援計画の基礎を提供することの二重の焦点をもっている。

　③　アセスメントは，クライエントとソーシャルワーカーの両者が関与する相互過程であり，アセスメントについての資料は，主としてクライエントとソーシャルワーカーの間での面接やグループ討議を介して得られる。

　④　アセスメントの過程では，一方で状況を観察することから必要な情報を収集し，他方で事実についての情報を収集し，集められた多

様な情報から，事実や意味合いをつなぎ合わせて，全体の状況を理解することになる。

　⑤　水平的と垂直的の両方の探索が重要であり，状況についてできる限り広く，かつ深く探ることが必要である。

　⑥　基礎的な知識を有していることでアセスメントを深めることができる。この知識には，個人の成長や多様性，家族の構造や機能，組織の官僚構造，地域社会の機能といったものが含まれる。

　⑦　アセスメントでは，生活上での問題状況を明確にし，ニーズを明らかにし，ニーズの意味合いやパターンと同時に，ニーズの充足を阻害している要因を明らかにする。

　⑧　アセスメントは，クライエントのストレングスを確立していくという視点でもって，クライエントのストレングスを明らかにしていく。

　⑨　アセスメントは，個別的なものである。

　⑩　アセスメントでは，問題状況について理解を深めるために判断が重要である。

　⑪　アセスメントは，その時々の時点で理解できることには限りがある。

○注

(1)　Siporin, M. (1975) *Introduction to Social Work Practice*, Macmillan, 219.

(2)　Poulin, J. with contributors (2005) *Strengths-Based Generalist Practice : A Collaborative Approach*, Thomson Brooks/Cole, 72.

(3)　Kirst-Ashman, K. K. & Hull, G. H. Jr. (2006) *Understanding Generalist Practice* (*4th ed.*), Thomson Brooks/Cole, 143.

(4)　(2)と同じ，80-94.

(5)　(3)と同じ，153.

(6)　Timberlake, E. M., Zajicek-Farber, M. L. & Sabatino, C. A. (2008) *Generalist Social Work Practice : Strengths-Based Problem-Solving Approach*, Perrson, 245-246.

(7)　(2)と同じ，76.

(8)　Saleeby, D. (2002) "Introduction : Power in the Peaple," in Saleeby, D. (eds.), *The Strengths Perspective in Social Work Practice*, Allyn & Bacon, 14-17.

(9)　Cowrer, C. D. & Snively, C. A. (2002) "Assessing Client Strengths : Individual, Family, and Community Empowerment," in Saleeby, D. (ed.), *The Strengths Perspective in Social Work Practice* (*3rd ed.*), Allyn & Bacon, 112-115.

(10)　カールズ，J. M. & ウォンドレイ，K. E.，／宮岡京子訳 (2001)『PIE マニュアル』相川書店.

(11)　(3) と同じ，328-331.

(12)　Siegel, L. M., Attkisson, C. C. & Carson, L. G. (1987) Need identification and program planning in the community context, in Cox, E. M., Erlich, J. L., Rothman, J. & Tropman, J.（eds.）, *Strategies of Community Organization*, Itasca：IL, Peacock, 71-97.

⒀　⑶と同じ，175-178.

⒁　Hasenfeld, Y.（1987）Program Development, in Cox, E. M., Erich, J. L., Rothman, J. & Tropman, J. E.（eds.）, *Strategies of Community Organization*, 452-460.

⒂　Hartman, A.（1995）Diagrammatic assessment of family relationship, *Families in Sociology*, 76, 111-112.

⒃　McGoldrick, M. & Gerson, R.（1985）*Genograms in Family Assessment*, Norton.

⒄　Hartford, M.（1971）*Groups in social work*, Columbia University Press.

⒅　Towle, C.（1945）Common Human Needs, *National Association of Social Workers*, 37.

⒆　Maslow, A. H.（1954）*Motivation and Personality*, Harper and Row.

⒇　岡村重夫（1983）『社会福祉原論』全国社会福祉協議会，72-73.

㉑　表序－1（6頁）では，岡村がとらえるニーズは基本的欲求として7つが示されている。

㉒　⒇と同じ，74.

㉓　Bradshaw, J.（1972）The Concept of Social Need, *New Society*, 30, March, 640-643.

㉔　⒇と同じ，93-103.

㉕　⑵と同じ，80-94.

㉖　⑶と同じ，175-178.

㉗　Johnson, L. C.（1998）*Social Work Practice A Generalist Approach*, Allyn and Bacon, 266-269.

○参考文献 ────

空閑浩人編著（2009）『ソーシャルワーク入門──相談援助の基盤と専門職』ミネルヴァ書房.

石川瞭子編著（2009）『スクールソーシャルワークの実践方法』青弓社.

岡村重夫（1983）『社会福祉原論』全国社会福祉協議会.

第4章

ソーシャルワークの過程3
——支援計画の作成と実施

支援計画の位置づけと定義，要素

☐ 位置づけと定義

ソーシャルワークでは，計画的にクライエントの生活を変化させていく「計画的変化（planed change）」の重要性が近年強調されてきた。[1] これは支援計画を作成し，その計画に基づいた支援を実施することである。ここでいうクライエントとは，個人である場合もあれば，家族やグループ，組織と地域社会も該当する。ソーシャルワークは，こうした個人から地域社会に至るまでをクライエントとし，それらに対して，**支援計画**を立てて支援していく。

この支援計画の作成は，クライエントの生活を計画的に変化するよう支援する土台をなすものである。支援計画を作成する前にはアセスメントが実施され，それに基づき支援計画を作成・実施し，その後でモニタリングを行うことで，支援内容を評価するエバリュエーションが実施される。これをたとえるなら，ソーシャルワークは plan → do → check → action（PDCA）のサイクルで実施しており，アセスメントから支援計画の作成・実施という過程は，モニタリングやフォローアップを介して，重層的に実施されることになる。

なお，アセスメントと支援計画の作成は別個の独立したものとしてとらえる場合が多いが，時には支援計画の作成までをアセスメントの中に含めてとらえる場合もある。本書では，前者の考え方にならい両者を独立したものとしてとらえている。そのため，本書第3章「ソーシャルワークの過程2——アセスメント」と本章は別個になっている。

アセスメントと支援計画の作成・実施の両者は，ソーシャルワークの基本を構成するものであり，支援計画は作成することと実施することに分けられる。支援計画は，クライエントとソーシャルワーカーが協力して作成する必要があると同時に，作成された支援計画の実施においては，クライエントとソーシャルワーカーの間で支援計画の内容について契約等をかわすことで，ソーシャルワーカーはクライエントから支援計画を実施することについて了解を得ておく必要がある。支援計画の作成とは，アセスメントに基づき，クライエントやその環境の変化に向けた活動につなげることである。それはクライエントとソーシャルワーカーの間で決定した，支援目標に方向づけられることになる。

➡支援計画

ソーシャルワークにおいては，明らかになったニーズを充足させる具体的な計画のことであり，アセスメントに基づき作成され，実施されているものである。ケアマネジメントでは，ケアプランと呼ばれている。

　支援計画で目指す変化の内容としては，①クライエントの今までの関係の維持や変化，②クライエントの特定の行動の変化，③クライエントの環境の変化，④クライエントの進むべき方向の変化，といったことになる[(2)]。

　支援計画は，明らかになったニーズを充足するための計画である。そのため，支援計画は，本書第3章の「ソーシャルワークの過程2──アセスメント」で示したニーズを起点にして作成することになる。また，計画の実施によりニーズが充足されたかどうかは，エバリュエーション（事後評価）の基本となる（本書第5章参照）。クライエントのニーズが充足され，新たに生じる可能性のあるニーズに対してクライエントが自ら解決や対応が可能となる時点で終結となる。

❏ 支援目標の設定

　支援計画の作成は大きく2つの要素に分けることができる。第1は，クライエントがどのような生活をしていきたいのかといった大きな目標を決める「支援目標の設定」である。第2は，設定した支援目標に向かってどのような支援を受けて生活していくのかを具体的に示す「支援計画の作成」である。

　支援目標の設定では，クライエントがどのような生活をしていくのかについて大きな目標を設定する。それはこの後で作成される支援計画の全体的な方向を示すものである。この支援目標の設定では，クライエント側の目標とソーシャルワーカー側の目標を一致させていくことが重要である。クライエントがどこでどのような生活をしたいのかといった，具体的なことを明示することである。

　特に重要となるのは，「どのように生活していきたいのか」である。これは，クライエントがもっている潜在的能力が十分に発揮されたり，クライエントの希望や意欲がかなえられたり，生活の質を向上させ，自立を促進したり，社会への参加を促したりすることを基本的な視点として設定されるものである。

　ここで必要になるのは，クライエント側のストレングスをできる限り活用した支援目標を設定することである。また，作成された支援目標は，本人やソーシャルワーカーだけではなく，支援計画に基づき**フォーマルサービス**や**インフォーマルサポート**を提供する事業者や人々にとっての支援目標にもなる。つまり，支援目標は，クライエントやソーシャルワーカー，社会資源の提供者に共通する目標となり，チームアプローチを展開していく基本となるものである。

　支援目標は，クライエントとソーシャルワーカーが対等な立場，あ

➡ **フォーマルサービス**

公的機関や専門職による制度に基づくサービスや支援のことで，具体的には，所得保障制度，保健医療サービス，雇用サービス，教育制度，介護保険制度，子どもや障害者に対する福祉サービス等がある。

➡ **インフォーマルサポート**

家族や友人，地域住民，ボランティアなどが行う非公式な支援をいう。これの特徴は，フォーマルサービスに比べて，柔軟に対応してくれる可能性が高いが，個人や地域により，受けられる支援に差が大きい。

るいはソーシャルワーカーがクライエントを側面的に支援する立場に立ち，クライエントの希望を十分にふまえて設定されなければならない。そのため，クライエントが十分に納得した支援目標を設定する必要があり，ソーシャルワーカーはクライエントと十分に時間をとり，支援目標の内容について話し合う必要がある。

　さらに，支援目標は，ソーシャルワークの過程においては支援計画作成の一部であり，一般にはアセスメントの直後に設定され，その後で具体的な支援計画が作成されることになる。しかしながら，時にはアセスメント前に支援目標が設定されることもあり，また支援計画作成後に支援目標が再度見直されることもある。

　具体例を示せば，ミクロ・ソーシャルワークでの個人への支援において，支援計画の作成前であれば，退院時の面接で「自宅でどのような生活をされたいですか」といった大枠としての支援目標を尋ねることが該当し，支援計画作成後であれば，「支援計画を作成しましたが，このような計画のもとで自宅でどのような生活をされたいですか」といった支援目標の再整理をすることもある。

　マクロ・ソーシャルワークでの地域住民を対象とした支援においても同様であり，場合によれば，住民側の意向である支援目標を一緒に明らかにした後でアセスメントを実施したり，支援計画が作成された時点で支援目標の確認や修正を行うこともある。そのため，支援目標の設定は必ずしもアセスメントと具体的な支援計画作成の間の過程で，すべて行わなければならないということではないことも，認識しておく必要がある。

　なお，モニタリングの段階において，具体的な支援計画が変更されるだけでなく，支援目標の修正が行われる場合もある。支援過程で，クライエントやその環境の変化により修正がなされる。具体的には，個人を対象とするミクロ・ソーシャルワークでは，クライエント本人の心身機能の変化や，保護者や介護者や住環境など環境面での変化によって支援目標が変更され，支援計画が変更される場合もある。マクロ・ソーシャルワークにおいても，住民の意識や関心が変化したり，地域社会の物的環境が変化することで，支援計画だけでなく，支援目標も変更することがある。その意味では，一度決定した支援目標が将来にわたって永遠に固定されるものではない，という点を理解することも必要である。

支援計画の作成の7つの過程

　支援計画は，クライエントの生活上の問題状況やそれらから生じる
ニーズに基づいて作成されるものである。そのため，ソーシャルワー
クは「ニーズ優先アプローチ」でなければならないとされており，
「サービス優先アプローチ」であってはならないとされている。サー
ビス優先アプローチとは，ニーズを明らかにすることなく，地域にど
のような社会資源があるかをもとにして，クライエントにサービス等
の紹介や送致をすることである。その結果，クライエントにとって不
適切な社会資源を紹介したり，本来必要な資源が利用できないことも
ある。

　一方，ニーズ優先アプローチとは，クライエントのニーズに基づき
必要な資源に結びつけることであり，結果として，クライエントが生
活していく上での問題が解決・緩和したり，ニーズが充足されること
になり，質の高い生活が確保されることになる。そのため，ソーシャ
ルワークではニーズ優先アプローチが重要であるとされている。

　支援計画の作成は，クライエントの問題状況を計画的に変化させて
いくことであり，クライエントの生活上の問題を解決・緩和し，ニー
ズを充足することを目的として進められる。ここでは，7つの過程で
もって，支援計画の作成過程を詳細に示してみる。[3]

❏ クライエントの参加

　クライエントの参加は，アセスメント段階から続くものである。ク
ライエントは支援計画の作成に参加し，主体的に計画を作成していく。
そのため，計画作成にあたっては，クライエントの意向を大切にする。
支援計画は自ら決定していくものであることの理解を，クライエント
から得ておく必要がある。このように作成された支援計画は，クライ
エントが自ら作成，同意したものとしての共通意識をもつことになる。

❏ 問題の焦点化

　アセスメントにおいて，個人の身体機能的状態，精神心理的状態，
社会環境的状態をもとに，クライエントと一緒に明らかにしてきた
「生活を営む上で困っている問題」が多くあり，一度にすべての問題
の解決や緩和が難しい場合には，どの問題から解決・緩和を図ってい

くか，優先順位を決めることになる。結果的には，単一の問題が選択されたり，複数の問題が選択されることもある。あるいは，すべての問題の解決を図っていくこともある。

その際の優先基準としては，①クライエントが問題だと認識しているもの，②理解可能な言葉で問題が明確にできるもの，③問題に対してソーシャルワーカーやクライエントが何らかのことを実施できるもの，となる。

リードとエプステイン（Read, W. & Epstein, L.）は，問題を焦点化する過程として，以下の4点を挙げている[(4)]。

① クライエントが最重要視している問題領域について，クライエントと一緒に明らかにする。
② それらの問題領域について，問題状況を明確にする。
③ クライエントが重要と考えている問題状況への対応を優先する。
④ 最初に対応することになる問題状況について，クライエントからの同意を得る。

マズローの欲求の5段階説では，第1段階が生理的欲求で，最後の第5段階が自己実現の欲求となっており，生理的欲求に関わる問題が優先されることは確かであるが，クライエントによっては，必ずしもそれが第1段階になるとは限らないことも，理解しておく必要がある。

🔲 問題状況をニーズに転換

アセスメント情報をもとに明らかになった問題状況とは，主として個人を対象とするミクロ・ソーシャルワークの事例であれば，クライエントがコロナ倒産により解雇され，「金銭面で近々生活が維持できなくなる問題状況」といったことをさす。

地域社会を対象とするマクロ・ソーシャルワークの事例であれば，ある市営住宅には多くの要介護高齢者が居住しているが，エレベーターの設備がないため生じた，要介護高齢者の「外出が困難な問題状況」といったことをさす。

これに対して，ニーズとは，問題状況に対してクライエントが何を必要としているかであり，前者であれば，「生活していく当面のお金が必要である」や「安定して働ける職場を確保したい」である。後者であれば，「外出できる環境を整える必要がある」といったことになる。これは，本書第3章で示したように，アセスメントでの個人の身体機能的状態，精神心理的状態，社会環境的状態をもとに，「生活を遂行するのに困っている問題」を「その状態を解決する（時には維持する）必要」に転化するものである。このようにニーズに転換させることで，

次には，このニーズをどのように充足させていくかを検討していくことになる。

☐ 介入レベルの選択

　明らかになったニーズに対して，次はどのような戦略で対応していくかをクライエントと一緒に検討し，選択することになる。ここでは，個人，家族・グループ，組織・地域社会のどのレベルに介入を行うべきかを明らかにすることになる。そこでは，以下のような4つの過程を踏むことになる。

①　クライエントと一緒に選択したニーズに焦点を当てる。

②　それらのニーズについて検討し，ニーズの充足に向けて，個人や家族といったミクロ，グループといったメゾ，組織や地域社会といったマクロ，のどのレベルに介入する戦略を選択することが可能かを検討し，その検討内容を提示する。

③　提示したいくつかの戦略について，それぞれの長所と短所を検討する。検討の際には，クライエントやその環境が有しているストレングスの活用に力点を置くようにする。

④　最終的に，最も効果的・効率的と考えられるレベルを選択し，確定する。

　この介入レベルについては，本書第3章で示したアセスメント以前の段階で，ソーシャルワーカーが所属する機関の介入するレベルが，ほぼ確定している場合が多い。それはソーシャルワーカーが所属する機関により，実施する機能が定められており，時には個人や家族といったレベルのみへの介入であったり，逆に地域社会レベルのみに介入する機関である場合もある。あるいは，すべての介入レベルに対応する機関もある。そのため，自らの機関の機能を越えた別のレベルへの介入が必要な場合には，他の機関に対して情報提供を行ったり，計画し支援してくれるよう働きかけることで，ニーズの解決に向けて関わることになる。

☐ 目標・目的の決定

　次は，ニーズの充足に向けて目標や目的を検討することになる。目標（ゴール）は漠然とした広い概念であるが，目的（オブジェクト）は行為として特定化できるものであり，測定可能である目的を設定することが望ましい。上記の前者のミクロ・ソーシャルワークの事例であれば，目標はたとえば，「家族を支えるに足る生活費の継続的確保」であり，目的は「当分は失業給付で生活は可能であるが，運転免許資

格をもって安定して働ける職場を得たい」といったことになる。

　後者の事例であれば，目標が「要介護者の外出を可能にする施策の推進」となり，目的は「要介護高齢者の１階への住み替えの促進」や「要介護高齢者の外出を支援するボランティアの派遣」といったことになる。この目的は長期と短期に分けることもでき，前述の２つの目的が短期の目的であるとすれば，長期の目的には「市に対して階段昇降機の設置を要望」といったことが検討されることになる。

　このような目標や目的を決めることには，次のような意義がある。⁽⁵⁾

① 　クライエントとソーシャルワーカーが実施したいことの一致点を示すことになる。

② 　支援過程の方向性を示すことになる。

③ 　実施する戦略を明らかにして実施することで，エバリュエーション（評価）する上で役に立つ。

④ 　関係者の介入によってなされるクライエントの生活の変化を観察し，認識するのに有効である。

⑤ 　支援過程の効果をエバリュエーション（評価）する上で有効である。

　以上の，「問題状況をニーズに転換」「介入レベルの選択」「目標・目的の決定」で明らかになったことを合わせて，支援の具体的方向が確定されたことになる。これが上記の個人への介入事例であれば，「解雇により金銭面で近々生活が維持できなくなる問題状況について，生活していく当面のお金が必要であり，安定した職場を確保したいため，本人や家族に介入することとし，家族を支えるに足る生活費の確保を目標に，当分は失業給付で生活は可能であるが，運転免許資格をもって安定して働ける職場を得たい」が具体的方向となる。地域社会への介入事例であれば，「市営住宅で外出が困難な問題状況に対して，外出できる環境を整える必要があるため，市営住宅居住の要介護高齢者世帯に介入することとし，要介護高齢者の外出を可能にする施策の推進を目標に，長期には市への階段昇降機の設置を要望し，短期には外出を支援するボランティアの派遣や１階への住み替えの促進を図る」が具体的な方向である。

☐ 具体的な行動内容の確定

　明らかになった具体的な支援の方向に対して，誰が，いつ，あるいはいつまでに，何を，どこで，どのくらいするのかの具体的な行動を検討し，合意することになる。誰については，クライエント，ソーシャルワーカーも含まれるが，それら以外のフォーマルサービスやイン

表4-1　利用者の状況についてのアセスメントに基づいた
現実的な目標・目的の設定

1　計画内容についての実施期間の明記
2　設定された目標・目的を実現するために，クライエント，ソーシャルワーカー，その他の者が実施する活動内容が示されており，その中で，何を，何処で，何時，どの程度の頻度で行うのかの明示
3　クライエント，ソーシャルワーカー，その他の関係者がある時間帯に計画された活動内容を実施することの責務の徹底
4　契約した責任を果たす事項が不履行となった場合の代償
5　ソーシャルワーカー，クライエント，重要な他者など計画した活動に責任を持つ全ての人の間での契約や同意

出所：Roberts-DeGennaro, M.（2008）"Case Management," Mizrahi, T. & Davis, L. E.（ed.），*Encyclopedia of Social Work*（20th）vol. 1, Oxford University Press, 224, より筆者作成.

フォーマルサポートといった社会資源を担う者が該当する。そのため，ソーシャルワーカーには，地域に存在する社会資源についての詳細な理解が必要となる。同時に，この社会資源の活用については，アセスメントの際に得られた資料も有効となる。同時に，いずれかの社会資源についてはクライエントに経費のかかるものや実施においては交渉等の時間がかかるものもあり，そうしたことも含めて検討され，合意していくことになる。ここに，支援計画の全体像が示されることになる。

□ 契　約

　ここでは，ソーシャルワーカーとクライエントとの間で支援計画の内容について，口頭での同意や契約書などの文書で合意をすることについて説明する。また支援計画に含まれているフォーマルサービス等の関係者と，クライエントやソーシャルワーカーとの間での合意内容の契約も必要となる。この合意内容には，問題状況，ニーズ，ニーズに対する目標や目的，ソーシャルワーカー・クライエント・関係者がそれぞれ実施する具体的な内容等，それぞれが計画を実施するにあたって，責任をとるべき事項，時間や時期の設定が含まれる。

　支援計画作成においては，「支援計画はクライエントの言葉で書く方がよいのか，それともソーシャルワーカーの言葉で書く方がよいのか」といったことが議論されることがある。「○○をしたい」というようにクライエントの言葉で書くのか，それとも「○○を支援する」というようにソーシャルワーカーの言葉で書くのかについては，両者が契約するという観点から考えると，あえて厳密にいうならば，両者の言葉を並記しておくことが望ましいことになるが，逆にこれは形式的な議論であり，どちらかの立場から書くことで十分であるといえる。

　以上，支援計画の作成過程を示してきたが，ロバーツ-デジェナロ

(Roberts-DeGennaro, M.)は，『ソーシャルワーク事典（*Encyclopedia of Social Work*)』の中で，支援計画には，少なくとも**表4-1**の内容が含まれるべきであるとしている。[6]

③ ミクロレベルでの支援計画の作成

個人や家族のミクロレベルへの介入を意図した支援計画を作成・実施していくことの中心は，ケアマネジメント（ケースマネジメント）である。本節では，ケアマネジメントでの支援計画の作成方法についてみてみる。

☐ 支援計画作成の基本7原則

ケアマネジメントでの支援計画作成の基本原則について，シュナイダー（Schneider, B.）は以下の7点を挙げており，これら7原則について整理してみる。[7]

① **支援計画は，前段階で実施されたクライエントの包括的なアセメントに基づく**

当然のことであるが，アセスメントと支援計画の作成には連続性が求められる。アセスメントで明らかになったクライエントの身体機能的状態，精神心理的状態，社会環境的状態の連関性の中で問題状況やニーズが生じていることを理解していく必要がある。これについては，本書第3章第4節，および本章の第2節で述べた通りである。

② **支援計画の作成過程には，クライエントないしは家族成員などの代理人が参加する**

支援計画の作成には，クライエント本人なり家族が自らの困り事（主訴）を明らかにするよう支援することが必要である。この結果，ソーシャルワーカーの支援のもとでクライエントの適切なニーズを導き出すことができ，一方でクライエント本位の支援計画の作成が可能となる。支援計画作成にクライエントや家族の参加が十分でないと，作成された支援計画に対する不満が残る可能性もあり，支援計画の遂行が中断されてしまうことにもなりかねない。

③ **支援目標と支援計画の一方が変更されれば他方も修正される**

支援目標の設定と，支援計画の作成は，原則として支援目標設定後に支援計画の作成がなされることになるが，実際には一体的な側面が強いといえる。支援計画はクライエントとソーシャルワーカーが一緒

に決定した支援目標を達成することを目標として作成されることになり，一方が変更されれば，他方が修正されることが検討される。

④　**支援計画は，永続的なものではなく，特定期間の計画である**

支援計画はクライエントとソーシャルワーカーとの間で決定した特定期間のものであり，モニタリングの結果，ニーズに変化が生じれば，新たな支援目標の設定や支援計画の作成がなされる。また，クライエントや社会環境の急激な変化によって，クライエントと約束していた特定期間内においてでさえも，支援計画の変更が求められる場合がある。

⑤　**支援計画には，フォーマルサービスとインフォーマルサポートの両
　　方が含まれる**

支援計画作成にあたっては，フォーマルサービスとインフォーマルサポートそれぞれの社会資源が有している特性を活かしていく必要がある。両者はその特性に大きな違いがあり，前者は公平で標準的なものであるのに対して，後者は柔軟な支援が可能であるといった特徴がある。そうした特徴の違いを活かして支援計画を作成することにより，クライエントの生活の質が高まるといえる。

⑥　**支援計画は，クライエントないしは家族の負担額を意識して作成さ
　　れる**

サービスによっては，個々のサービスごとに自己負担額が決められていたり，サービス総体として利用できる限度が決められている。他方，クライエントやその家族は，経済状況や自らの価値観により，どの程度の経済的な自己負担をするかの考え方も異なる。ソーシャルワーカーは，そうしたクライエント本人や家族の自己負担の可能性を見極めて支援計画を作成し，最終的に支払える自己負担額について，本人や家族から同意を得ることが不可欠である。

⑦　**支援計画の内容は，定型化された計画用紙に文書化される**

作成された支援計画に対して，クライエントやその代理人から同意を得るためには，口頭よりも，文書による合意・契約のほうが望ましい。なぜなら，クライエントにとっては自己負担額をともなうものであり，また支援計画が文書化されることによって，どの社会資源がどのようなニーズに対処するために提供されるかが，クライエントやその家族に明示されるためである。同時に，この文書を作成することによって，利用者や家族がソーシャルワーカーの実施する業務を理解することができるからである。

❑ 支援計画作成の5つのプロセス

　この支援計画作成における具体的なプロセスは，以下の5つの段階に分けることができる。

①　ニーズを明らかにする

　ソーシャルワーカーが導き出すニーズとクライエントの表現するニーズが時には一致しないこともあるが，それを一致させていくことで，最終的なニーズを明らかにすることになる。

②　ニーズに対する支援の目標や結果を明らかにする

　ここでは，明らかになったニーズに対して，どのような方向で解決するかという支援の目標や結果を提示することになる。この目標や結果は，1年や2年といった長期間の目標や結果と，1か月や2か月といった短期間の目標や結果に分けて支援を展開していくことも可能である。その際，このような支援の目標や結果は，まず，実現可能なものでなければならず，さらに，できる限り可視的で数値的な基準でもって具体的な目標や結果を定めることが望ましい。なぜなら，そうした目標や結果であれば，クライエントも，ソーシャルワーカーやサービス提供者も，明確な目標に向かって活動できるからであり，同時にエバリュエーション（評価）しやすいからである。

③　支援となる社会資源を明確にする

　ニーズと支援の目標や結果をもとに，それに合致すべく，どのような社会資源を，どこの機関が提供するかを明らかにすることになる。この際，ソーシャルワーカーには，地域にどのような社会資源が存在するかといった知識が必要になる。この中では，当然ではあるが，フォーマルサービスだけでなく家族や近隣，ボランティア等のインフォーマルサポートも活用内容に含めなければならない。そのため，場合によっては，公的サービスの一覧表や，地域のインフォーマルサポートの一覧表を作成し，補助的に活用して実施していくことも一つの方法である。

　なお，同じサービスを地域の中でさまざまな機関が提供している場合がある。特にフォーマルサービスでは，たとえばホームヘルパーを取り上げてみても，さまざまな事業者がサービスを提供しており，サービス事業者の選択では，クライエントのニーズに最もふさわしい事業者を選択することが求められる。そのため，ソーシャルワーカーはそれぞれの事業者が実施しているサービスの特徴を把握・理解しておくことも重要になる。

④　頻度や時間数を明記する

　利用することが決定した社会資源について，頻度や時間数の定めが

必要なものについては，1週間あるいは1か月等を単位として，頻度，時間数，利用日を明示することになる。この頻度，時間数，利用日は，ニーズに合わせてどのような支援内容をどのように提供するかによって決まってくる。

⑤　クライエントの自己負担額を算定する

サービスを利用するなかで，多くのフォーマルサービスについてはクライエントに自己負担が課せられる。そのため，自己負担額を算定し，クライエントの了解を得ることが必要である。この自己負担額との関係で，クライエントの意向により最終的にサービス内容を修正する部分もあるといえる。

以上の①〜⑤の段階を経て，支援計画が作成されることになる。そして，最終的に支援計画の内容についてクライエントが承諾することにより，支援計画を実施することになる。この支援計画は，文書をもって作成され，契約書や同意書という形で締結される。また，最終の支援計画案が作成された段階で，利用者やその家族に加えて，フォーマルサービスやインフォーマルサポートを提供する人々を集めて，支援計画を実施することの了解を得る場合がある。同時に，フォーマルサービスの事業者等と，利用者本人ないしは代理人との間でサービス利用の契約書が作成されることになる。

☐ 支援計画作成の実際──介護保険制度でのケアマネジメント

ソーシャルワークの支援計画をミクロレベルで具体的に展開していくケアマネジメントは，日本の介護保険制度では居宅介護支援事業者がケアマネジメント機関に位置づけられ，そこに所属する介護支援専門員がケアマネジャーの業務を行っている。また，障害者総合支援法では，相談支援事業所の相談支援専門員の業務として，ケアマネジメントが位置づけられている。生活困窮者自立相談支援事業で主任相談支援員や相談支援員が実施している主な業務は，ケアマネジメントであるといえる。ここでは，介護支援専門員の支援計画の作成・実施の方法を，具体的な事例をもとに示すこととする。

①　支援計画作成

脳梗塞で入院していたBさん（女性，89歳）は，リハビリにより手すりをもてば歩行できるまでに回復し，退院することになった。そこで介護支援専門員は，病院で行われた退院前カンファレンスに参加し，Bさんとの面接や自宅の訪問などにより，退院後の在宅生活を可能にする支援を行った。なお，Bさんはひとり暮らしで，身寄りがなく，市営住宅の4階に住んでいる。本人は，自分でやれることはできる限

りやることで，自宅で生活を続けていくことを希望している。

　介護支援専門員は，要介護認定の申請を支援し（要介護２），退院後の在宅生活をする上での問題状況やニーズを明らかにするために，退院前カンファレンスで，Ｂさんについての医療的な情報を得て，Ｂさんの生活状況について面接でたずねることで，アセスメントにおける情報を収集した。

　具体的には，ＢさんのADLや健康状態といった身体機能的状態，意欲等の精神心理的状態，住環境等の社会環境的状態について尋ねた。その結果，Ｂさんの問題およびニーズが明らかになった。Ｂさんの問題やニーズとして，以下の７点が明らかになり，それらに対して，介護保険のサービスを中心に，多くのフォーマルおよびインフォーマルな社会資源を活用した支援計画が作成された。まずは，支援目標として，Ｂさんと「リハビリを続けながら，できる限り自分でやれることはやることで自宅生活に戻る」ことで合意に達した。

　次に以下のように，問題状況→ニーズ→活用される社会資源の順に整理される。

○洗濯・買物・炊事・掃除といった家事が一部できない問題状況→家事を支援してくれる人が必要→ホームヘルパー（週２回）の利用，日曜日のスーパーからの食事の配達，ゴミ出しを近隣に依頼（週２回）。

○入浴ができない問題状況→入浴の介助が必要→デイサービス（週３回）の利用。

○他の人との関わりがもてない問題状況→新たな人間関係をつくる必要→デイサービス（週３回）の利用。

○身体機能が十分改善できていない問題状況→リハビリを受けることが必要→訪問リハビリテーション（週１回）・主治医による居宅療養管理指導（月１回）の利用。

○自宅で急病等になったときが心配という問題状況→緊急時に対応できる体制が必要→市が実施している緊急通報装置の設置，民生委員の見守り（不定期）。

○室外で移動できない問題状況→安全に屋外移動する必要→歩行器のレンタル，玄関へのスロープ設置の手配，市営住宅の１階への転居手続き。

○室内での移動が容易でない問題状況→屋内移動を可能にする必要→三点杖のレンタル，住宅改修による手すりの設置。

　②　支援計画の実施
　以上の支援計画の内容は，**表４-２**のような支援計画表となる。介

表 4 - 2　支援計画表

生活全般の解決すべき課題 (ニーズ)	目　標	援助内容		
		サービス内容	サービス種別	頻　度
家事（洗濯・買物・炊事・掃除）が一部できないので，家事を支援してくれる人が必要	Bさんのできない家事を支援する。長期的には自分でやれるようにする	生活援助 食事配達 ゴミ出し	ホームヘルパー スーパーマーケット 近隣	2 回／週（2 時間） 1 回／週（日曜日） 2 回／週
1 人で入浴できないので，入浴の介助が必要	入浴の一部介助を支援する	入浴介助	デイサービス	3 回／週
一人暮らしで他の人との関わりがないので，人との関わりをもつ必要	他者との交流の機会をもてるようにする	人との交流	デイサービス	3 回/週
身体機能が十分改善できていないので，リハビリが必要	歩行能力を高めるためのリハビリを受ける	自宅でリハビリを受ける 主治医による指導	訪問リハビリ 居宅療養指導	1 回/週 1 回/月
1 人のため，急病等になった時が心配なので，緊急時に対応できる必要	緊急時の体制をつくる	緊急連絡がとれる 見守りをする	緊急通報装置の設置 民生委員	
室外での移動ができないので，移動を可能にする必要	安全に室外で移動できるようにする	外出できるようにする	歩行器のレンタル 玄関へのスロープの設置 一階への転居の申請	
室内での移動が容易でないので，移動を可能にする必要	室内で移動できるようにする	室内での移動を容易にする	三点杖のレンタル 手すりの設置	

出所：筆者作成.

護保険制度では，これを居宅サービス計画書と呼んでいる。介護支援専門員はBさんと一緒にこの支援計画を作成し，この計画を両者の契約のもとで実施していくことになる。支援計画の実施にあたっては，介護保険制度ではサービス担当者会議を開催し，そこで支援計画を確定することになる。サービス担当者会議は，介護支援専門員が主催し，Bさんも参加するが，支援計画に記述されている介護保険サービスの事業者だけでなく，近隣等のインフォーマルサポートの人々も参加し，チームアプローチを推進していく基本が形成されることになる。

　本事例では，移動が困難な問題に対して，市役所住宅課は，この市営住宅は新築のため，玄関へのスロープ設置は認めるが，室内での手すりの設置は原状回復できないため無理であるとの返答であった。そこで退院時点では，手すりの設置以外の社会資源を得て，少々転倒のリスクはあるが，在宅生活を始めることになった。

　一方，介護支援専門員は，市営住宅での手すりの設置の件について，地域包括支援センターが実施している地域ケア会議に提出し，問題を提起した。その結果，市役所住宅課に対して手すりの設置を依頼する要望書を提出することになった。その結果，Bさん宅の手すりの設置が住宅課から認められることになり，室内での安全な移動のニーズについては解決が図られた。その後，住宅課は，いずれの市営住宅にお

いても手すりの設置を認めることになった。

❏ 家族に対する支援計画

　家族に対する支援計画の作成については，個人に対するケアマネジメントでの支援計画の作成に準じたものとなる。ただし，複数の家族成員のニーズをとらえることになり，それに加えて家族成員間の関係の中で生じているニーズについても支援することになる。そのため，家族に対するソーシャルワークは，システム論，生態学，家族ライフサイクル論，ストレングスやエンパワメント理論等の影響を受けている。こうした理論の影響をもとに，ラシード（Rasheed, M. N.）他は，家族のアセスメントを含めた支援計画の作成においては，以下の9つの原則でもって対応することを示した。[8]

- ①　家族は多面的なシステムで構成されているものとしてとらえる。
- ②　家族は基本となるシステムを土台にしており，個人の集まりの合計以上のものである。
- ③　ある変化は家族成員全員に影響を与え，家族は変化と安定の間でバランスを保てたり，保てなくなる存在である。
- ④　複雑な家族構造に対してシステム理論でもって対応することで，ソーシャルワーカーは家族のニーズをより客観的なものにすることができる。
- ⑤　多面的な見方をするシステム理論を活用し，家族をシステムとしてとらえてアセスメントや介入をすれば，多くの家族成員の複雑なニーズをとらえることができる。
- ⑥　個々の成員の行動を，直線的な因果関係よりも循環的な因果関係でとらえることにより，より理解を深めることができる。
- ⑦　家族と環境との関係の多面的なシステムの相互作用として家族をとらえるソーシャルワーカーは，家族のストレングスやレジリエンス（蘇生力）を引き出すことができる。
- ⑧　個人は自らが育ってきたマイノリティの社会的・物理的システムとより広範囲なメジャーの社会システムの両方に属しており，前者のシステムが個人のニーズやアイデンティティを決定している。
- ⑨　文化・人種・民族・宗教の異なる家族は，法的・社会的・経済的偏見や差別を経験しており，そのことが家族機能に影響している。

❏ 家族に対する支援計画の作成の事例

　本書第3章の78-80頁に示した家族へのアセスメントの事例につい

表4-3　家族に対する支援計画表の例

支援目標：2人の子どもが健全に育ち，母親の子どもに対する心配が少なくなる

問題状況	ニーズ	支援内容	日　時
①母親は長女をどのように育てていけばよいか不安がある	長女の育児について相談できる機会がほしい	①ソーシャルワーカーが定期的に訪問して，話を聞かせてもらう ②同世代の母親達が集まる「子育てについて考える親と子の会」への参加申し込み	①月に1回の家庭訪問 ②第1と第3木曜日の午前中
②母親は次女の発達について不安がある	大きな病院で受診したい	次女の成長についての理解を深めるために，母親の心理的な支援もしてくれる総合病院小児科（医師・臨床心理士）の紹介。受診時間が保育所の時間外になる場合には，長女の迎えと世話を父親の両親に依頼	5月20日に初診
③長女はさみしい感情がある	長女と関わってくれる人を多くつくる	①担当保育士に，当分の間できる限り1対1の関係をもってくれるよう依頼 父親は土曜日や日曜日には長女と関わる時間を長く持つ。	①当分の間

出所：筆者作成.

て，家族全員と話し合うことで，以下のような家族の支援目標とニーズに対する支援計画を作成した。

　支援目標としては，「2人の子どもが健全に育ち，子どもに対する母親の心配が少なくなる」ことで，父親と母親から合意を得た。

　家族全体でのそれぞれのニーズに対する支援内容は，以下の通りとなった。

　①　母親は長女をどのように育てていけばよいか不安があり，長女の育児について相談する機会がほしいことには，ソーシャルワーカーが定期的に訪問して，話を聞かせてもらうこと，また同世代の母親達が集まる「子育てについて考える親と子の会」への参加を勧め，参加の申し込みをすることになった。

　②　母親は次女の発達について不安があり，大きな病院で検査を受けたいことに対しては，次女の成長についての理解を深めるために，母親の心理的な支援もしてくれる総合病院小児科（医師・臨床心理士）を紹介した。受診時間が保育所の時間外になる場合には，長女の迎え・世話を父親の両親に依頼することとした。

　③　長女はさみしい感情があり，母親以外に長女と関わってくれる人を多くつくることについては，担当保育士に，当分の間できる限り1対1の関係をもってくれるように依頼することと，父親には長女の気持ちを理解してもらい，土曜日や日曜日には長女と関わる時間を長く持ってもらうこととした。

　このような支援計画の了解を父親と母親から得て，その後で，担当保育士とA総合病院小児科医師・臨床心理士に支援内容を依頼した。その結果，**表4-3**のような支援計画表ができた。

メゾレベルでの支援計画の作成

　メゾレベルでのソーシャルワークにおいても，支援計画作成の過程は基本的に同じである。より複数人のクライエントが関与してくるため，複雑になることは確かである。メゾレベルのソーシャルワークの対象にはグループがある。

☐ グループに対する支援計画
　グループに対する支援計画については，対象となるグループの目的の違いを整理しておく必要がある。カースト‐アシュマン（Kirst-Ashman, K. K.）らは，特定の目的や課題を達成することの課題を解決するグループとメンバーの心理的・社会的ニーズに焦点を当てた支援を行うグループの2つに大別している。(9)グループの焦点が社会に向くのか，グループ内に向くのかでの違いであり，支援計画作成においては，グループの目的からして，前者のグループでは，組織や地域社会といったマクロレベルでの支援計画作成に近く，後者のグループについては，個人や家族といったミクロレベルでの支援計画作成に近いといえる。
　グループを対象とする支援計画の作成には，個々人のニーズ，グループとしてのニーズ，グループがもっている目的，グループの大きさ，グループの構造，グループとして成立している期間から，影響を受ける。支援計画での支援目標が，①「グループ中心の目標」をもとに，グループを育成・維持していくこと，②「グループの個々の成員に共通する目標」をもとに，グループの全成員がその目標について共有・到達していくこと，③「個々の成員別の個別目標」をもとに，グループの個々の成員がそれぞれ特定の目標を達成していくこと，に分けられる。(10)これら3つの支援計画の目標は，対象となるグループの特性によりウエイトづけが異なるものになる。
　メゾレベルのソーシャルワークにおいては，グループのすべての成員の生活ニーズを考慮に入れる必要があり，個々のクライエントのニーズを集積し，グループ全体としてのニーズに応える支援計画の作成が基本である。そのため，ソーシャルワーカーはグループの成員と時間を十分にとり，本章第2節で述べられている支援計画の作成過程に沿って，計画を作成していくことになる。最終的には，支援計画についてグループのすべての成員からの同意を得て，グループの支援計画

を確定していく。

　その際の支援計画の形態は，一般的には，グループのそれぞれの成員と，支援機関の代表なり，支援を実施するソーシャルワーカーとの間で取り結ばれることになる。ただ，これ以外の形態の契約としては，①グループ全体と支援機関の代表との契約，②グループ全体とソーシャルワーカーとの契約，③支援機関とグループ全体およびそれぞれの成員間との二重の契約，④グループを代表する成員とソーシャルワーカーとの契約，⑤2人以上の成員間での契約，等がある。[11]

□ 支援計画作成の実際──社会福祉協議会が支援したグループへの支援計画

　ここでは，特定の目的をもった課題解決グループで，かつ人為的につくられたグループに対するソーシャルワークの支援計画の作成について例示してみる。

　A小学校区のB地域はURの賃貸住宅の団地が中心で，所得のやや低い世帯や母子世帯の比率も高い地域であり，子どものいる在日外国人世帯も増加している。社会福祉協議会では，子どもの放課後のケアについて課題があると認識していた。B地域には，小学生21名，中学生10名，高校生9名がおり，その内，在日外国人の子どもは9名であった，社会福祉協議会のソーシャルワーカーSは，退職後に児童養護施設でボランティアをしている2人と相談し，A小学校区でも子ども食堂を始めることを勧めた。2人からは，何人かのメンバーが揃えば，ぜひやりたいということで，A校区担当の民生児童委員や自治会の協力を得て，地域の人々に働きかけ，社会福祉協議会が「子ども食堂を考える」勉強会を開催し，勉強会後に子ども食堂の開設に参加してくれるボランティアを募った。その結果，民生児童委員，声掛けした2人のボランティアを含めて，合計で15名の希望者を得た。このなかには，在日外国人の母親もひとり参加してくれた。

　そこで，Sさんは，15名のメンバーと一緒に，8か月後に子ども食堂開設を目標にして，現在実施している子ども食堂の見学，小学校と中学校からの意見聴取も含めて，6回会議を重ねた。ソーシャルワーカーはファシリテーターとして，グループのメンバーはA地区の子どもの実態を理解しながら，子ども食堂開設に向けての課題を明らかにしながら，課題の解決に向けた支援計画の作成を進めてきた。

　最終的に，**表4-4**の支援計画について，グループメンバー全員の合意を得た。その後も，会議を継続しながら，作成された支援計画を実行していくが，そこで問題が生じた場合には再度状況を確認しなが

表4-4　子ども食堂を始めようとするグループの支援計画表

大目標：2021年4月に子ども食堂を開設する　　　　　　　　　　　　（作成合意日：2020年9月3日）

ニーズ	目標・望ましい結果	実施内容	役割分担	時期
食堂を経営・運営していく責任者を確保する	それぞれの役割をグループメンバーから決める	全体の責任者である会長・副会長，食事責任者，広報責任者，子ども対応責任者等を互選で決める	Sさんが司会で進める	2020年9月
食堂を開設することの理解を地域で得ていく	地域の関係する団体・機関に理解を得る	自治会・子ども会，保育所，幼稚園，小学校，中学校，民生委員協議会等に挨拶に行き，広報を依頼する	会長，副会長，広報委員長が行う	2020年9月
食堂を実施する場所を確定する	調理場を付設している，無料の公的施設を探す	自治会のいこいの家の使用許可を得る	会長・副会長が自治会長に依頼する	2020年10月
食堂を開催する頻度を確定する	月に2回から始め，徐々に増やしていく	いこいの家が空いている各月上旬と下旬の平日に決める	会長・副会長が公民館で確認する	2020年11月
食事を提供できるよう準備をする	安全に食事を提供する	安全な食事について保健所の保健師から講習を受ける	食事責任者と社協が保健所に依頼する	2021年1月
	食器・什器を確保する	参加する子ども数の食器と什器を確保する	いこいの家の食器・什器を使用する不足分はメンバーからの寄付で賄う食事責任者を中心に検討する	2021年1月
	食事をつくってくれるメンバーを増やす	食事づくりに必要なメンバーを確保する	広報責任者を中心に募集用紙をつくり，回覧板で子ども食堂のボランティアを募る	2021年1月
	食事の内容と方法を決め，広報する	食事のメニュー・レシピを決める	初回は，広報委員が回覧板で案内し，自由参加にする。その時に，次回参加を確認し，人数を確定していく	2021年2月
食材費や光熱費の賄い方を検討する	食費については，自己負担はとらない	食材は社協の補助金で賄う	会長が補助金申請書を作成する	2020年11月
	光熱費については無料にする	校区の農家から野菜等のご寄附を募る	広報委員長を中心に直接依頼や広報活動を行う	2020年11月
		B法人に活動資金を申請する	会長が活動資金の申請書を作成する新品の食卓，勉強机の確保に努める	2021年2月
集まってもらう子どもの範囲や人数を確定する	できる限り年齢幅のある子どもを対象にする	当面は小学生，中学生，高校生を対象にして，参加の募集を回覧板で回す（最初は20名程度を想定）	広報委員がチラシをつくり，回覧板で回すことを依頼する	2021年1月
			小学校や中学校の先生に，参加者の相談をする	2021年2月
	食事を楽しくする催しにする	食事前に「本の読み聞かせ」と「手品」をボランティアに依頼する	会長・副会長が「読み聞かせの会」の代表と，手品をしてくれるボランティアに依頼に行く	2020年2月
食事を準備する手順を確定する	早めにメニューを決め，レシピを作成する	食事責任者を中心に，前もってレシピをもとに，当日朝から食事の準備を行う	食事責任者を中心に，当日の朝にレシピに基づき買物をする（25食分，一人当たり単価250円）	2021年4月
			食事責任者が食事の段取りでの役割分担を決める	2021年4月
食事以外にどのような活動をするのかを検討する	学力を高める支援をする	大学生等のボランティアを募集する	Cさん，Dさん	開設3か月後
	外国の人との交流を深める	ブラジルの食事を作り，多文化交流をする	食事責任者，Fさん	夏休み

出所：筆者作成.

ら，計画を変更しつつ進めていくことになる。

マクロレベルでの支援計画の作成

☐ 支援計画作成における特徴

　マクロレベルのソーシャルワークについても，支援計画作成の過程は本章第2節に示した通りであるが，組織や地域社会に焦点を当てるために，作成過程にも特徴がある。これは，組織や地域社会で発生するニーズを，組織や地域住民が組織的に解決するように支援することであり，その過程は，調査内容や事実の収集活動から始まる。次の段階では，住民の参加による共同討議がなされ，その結果，支援計画が検討され，決定していく。そのため，マクロレベルに合わせて支援計画の過程を整理すると，以下のようになる。

①　地域社会の自然，経済，社会文化，伝統等の地域の諸状況について事前に資料や情報を収集し，地域社会の実態と特徴を全体として把握する。

②　調査活動によって，取り上げるべき問題状況を把握し，明確化する。

③　地域社会の問題状況を組織の人々や住民に周知し，人々や住民に対して参加や活動への動機づけをする。

④　組織の人々や住民が解決する問題として取り上げるべきニーズを選択し，決定するよう支援する。

⑤　ニーズに関連のある当事者や関係する人々を選び出し，活動に組み入れる。

⑥　解決に向けての活動の具体的な支援目標を決定する。

⑦　解決に向けての支援計画を決定する。

⑧　支援計画を実施する。

⑨　実施した支援計画の経過と結果を評価する。

　新たなプログラムを開発することを目的としたマクロレベルのソーシャルワークでの支援計画作成の過程は，ハッセンフェルド（Hasenfeld, Y.）によると，以下の10段階の手順を踏むとしている。[12]

①　問題を提示し，それをクライエントのニーズに転化する。

②　プログラムの開発により得られることについて整理する。

③　組織の理事会や諮問委員会と，担うべき責任部分を整理する。

④　提案するプログラムの目標について提示する。

⑤　プログラムの明確な下位の目標や目的を提示する。

⑥　予備的にプログラムを試行する。

⑦　プログラムを実施するのに必要な財源を募る。

⑧　プログラムによるサービスの提供方法を提示する。

⑨　プログラムを実施する。

⑩　進行中のプログラムが効果的に提供される方法を確立する。

☐ 支援計画の実際——地域包括支援センターでの支援計画

①　事　例

　マクロのレベルで具体的に支援計画を作成し，実施する機関として
は，社会福祉協議会や地域包括支援センター等が考えられるが，ここ
では地域包括支援センターでの地域社会に焦点を当てた事例を紹介し
てみる。

　Ａ地域では，息子による高齢の母親への虐待が発見され，最終的に，
母親は特別養護老人ホームに措置入所することになった。介護支援専
門員から，これ以外にも虐待事例のおそれがある事例がいくつかある
ことが明らかになった。そのため，地域包括支援センターのソーシャ
ルワーカーは，虐待に関して，地域のさまざまな関係団体・機関の代
表者が集まる地域ケア会議で話し合いをもった。そしてＡ地域で要介
護高齢者への虐待をできる限り予防し，早期に発見・対応し，虐待が
生じそうな場合には地域で見守っていくことを，支援目標とし，支援
計画を作成し，実施することになった。

　そのため，今までにあった虐待事例を分析することで，虐待が生じ
る要因を整理し，またさまざまな関係者から高齢者虐待についての情
報を得て，以下のような支援計画を地域ケア会議で作成し，実施して
いくことになった。

②　支援計画作成過程

　まずは問題状況を明らかにし，Ａ地域では高齢者虐待にどのような
対応をしていくかの支援目標を検討し，さらに問題状況をニーズに転
化し，ニーズを充足するための目標や目的を示し，具体的な活動内容
を検討していった。

　これは，地域包括支援センターが中心となり，地域ケア会議のメン
バーである行政の介護保険課，認知症初期集中支援チーム，社会福祉
協議会，Ａ地域の介護支援専門員協会，介護サービス事業者協会，医
師会，自治会，老人クラブ，民生児童委員協議会に加えて，認知症サ
ポーター受講者等にも働きかけを行って，支援計画の作成を進めてい
った。

表4-5　高齢者虐待に対応する支援計画表

支援目標：要介護高齢者への虐待の予防，早期発見・早期対応，地域での見守りを推進する。

ニーズ	目標	実施内容	担当・役割	場所	実施時期
虐待を予防できる体制をつくる	介護保険のサービスを活用することで，介護者の介護負担が大きくならないようにする	①介護保険制度の利用促進パンフレットの作成	地域包括支援センターと行政で作成し，自治会を介して配布 配布先：高齢者のいる世帯		2020年8月配布
		②個々の介護者への支援強化のための研修会	講師：大学教員 対象者：介護支援専門員 事務局：地域包括支援センター	市民会館	2020年5月 2020年10月
		③住民の虐待に関する啓発研修会	講師：地域包括支援センター保健師 対象者：地域住民 事務局：自治会	地域の公民館	A公民館 2020年6月 B公民館6月 C公民館6月
虐待事例をできる限り早期に発見する	虐待の可能性のある事例が，地域包括支援センターに連絡される体制をつくる	①定期的に地域ケア会議を開催し，情報収集	参加：介護支援専門員，介護保険サービス事業者 事務局：地域包括支援センター	地域包括支援センター	月1回
		②虐待事例についての連絡体制の確立	地域包括支援センターが窓口となり，24時間受付体制の広報	地域包括支援センター	2020年4月から
		③虐待の理解とそれへの支援についての研修会	講師：地域包括支援センターの社会福祉士 対象：民生児童委員，自治会役員 事務局：民生委員協議会	市民会館	2020年8月 2021年2月
		④虐待予防や早期発見・早期対応の啓発パンフレット作成	地域包括支援センターと行政で作成 配布先：地域住民		2021年3月配布
		⑤虐待に気づくための研修会	講師：医師，介護支援専門員 対象：医師，介護保険サービス事業者 事務局：地域包括支援センター 協力：医師会	市民会館	2020年4月
虐待のおそれのある事例に対して，地域で支えていく	地域全体で支援し，高齢者の安全を確保する	①虐待のおそれのある事例を発見した場合には，頻繁に事例検討会の開催	参加者：担当介護支援専門員，介護保険課，介護保険サービス事業者，支援してくれる関係者，団体 主催：地域包括支援センター	地域包括支援センター又は市役所	2020年5月
		②要介護高齢者の見守りボランティアの育成・活用のための研修会	参加者：民生児童委員，認知症サポーター 講師：社会福祉協議会と地域包括支援センター職員 事務局：社会福祉協議会	市民会館	2020年8月 2020年12月
		③虐待のおそれのある家族の見守りについての学習会	参加者：民生児童委員，介護支援専門員，地域包括支援センター 事務局：地域包括支援センター	地域包括支援センター	2021年1月 2021年2月
		④要介護高齢者家庭への見守り活動	民生委員協議会，認知症サポーター 事務局：介護支援専門員協会が連絡調整		2021年4月

出所：筆者作成.

表4-6　3つのニーズに対する活動計画

ニーズ	具体的な活動内容
①虐待を予防できる体制をつくる	→介護者が介護保険のサービス等を活用し，過度な介護負担にならないようにする ①介護保険制度の利用促進パンフレットの作成・配布（地域包括支援センター・行政が作成，配布先：高齢者のいる世帯） ②介護者への支援を強化するための研修会（地域包括支援センターが事務局となり，大学教員を講師とし，介護支援専門員向けに実施） ③高齢者虐待に関する啓発研修会を地域ごとに行う（自治会が事務局となり，地域包括支援センター保健師を講師とし，地域住民を対象に実施）
②虐待事例をできる限り早期に発見できる	→虐待の可能性がある事例があれば，すぐに地域包括支援センター（市役所）に連絡できるようにする ①定期的に地域ケア会議を開催し，情報収集に努める（地域包括支援センター・介護支援専門員，介護保険サービス事業者） ②虐待事例についての連絡体制を確立する（地域包括支援センターが窓口になり，24時間受付体制を確保） ③虐待やその支援についての研修会を行う（民生児童委員協議会が事務局となり，地域包括支援センターの社会福祉士を講師とし，民生児童委員・自治会役員を対象に実施） ④虐待予防や早期発見・早期対応の啓発パンフレットをつくる（地域包括支援センター・行政） ⑤医師・介護保険サービス事業者の虐待・介護放棄に気づくための講習会（地域包括支援センターが事務局，医師会が協力団体となり，介護支援専門員・医師を講師とし，医師・介護保険サービス事業者が参加）
③虐待のおそれがある事例が生じた場合にも，地域で支えていく	→地域全体で支援し，高齢者の安全を確保していく ①虐待のおそれがある事例が発見された場合には，頻繁な事例検討会の開催（地域包括支援センターが主宰し，介護保険課，担当介護支援専門員やサービス事業者，支援してくれる関係者・団体が参加） ②地域での要介護高齢者見守りボランティアの育成・活用のための講演会（社会福祉協議会が事務局となり，社会福祉協議会・地域包括支援センター職員を講師とし，民生児童委員や講習を修了した認知症サポーターを対象に実施） ③地域の人々等向けの虐待のおそれがある家族の見守りについての学習会の実施（地域包括支援センター職員，介護支援専門員，民生児童委員，認知症ケアサポーターが参加） ④要介護高齢者家庭への見守り活動を組織的に行う（介護支援専門員協会と，民生委員協議会，認知症サポーターの代表で話し合いで進める。介護支援専門相談員が利用者からの了解を得た場合に，民生児童委員協議会と認知症ケアサポーターが介護支援専門員からの支援を受けて実施）

出所：筆者作成.

　　作成された支援計画表を**表4-5**に示したが，地域包括支援センターのソーシャルワーカーが，関係者との協議を重ね，合意を得ながら完成させていったものである。**表4-6**は，3つのニーズに対する具体的な活動内容を計画にした活動計画である。

　　これらの支援計画をもとにした活動計画を具体的に進めていくために，ソーシャルワーカーは，個々の活動内容が実施できるよう計画の実施に関係している団体に対して支援していくことになる。

⑥　支援計画の実施

☐ ミクロ・メゾ・マクロでの支援計画の特徴

　支援計画の実施（implementation）とは，作成された計画を具体的に遂行していくことであり，時には介入（intervension）と呼ばれる。その過程は計画を実行し，進捗状況をモニターし，必要があれば計画を修正しながら，計画を完了させていくことである。この実施過程を，シーファーとホレジシ（Sheafor, B. W. & Horejsi, C. R.）は「特定の変化をもたらすための思慮的で計画的な努力」であるとしている。結果として，支援計画の実施は，問題を解決・予防したり，あるいは目標を達成するために，ソーシャルワーカーが活用する処置等の活動である。

　ここで，ミクロ，メゾ，マクロのそれぞれのレベルで支援計画を実施する内容は異なってくる。

　ミクロレベルである個人や家族，メゾレベルでのグループの内でも治療的グループに焦点を当てた支援計画の実施においては，主として，①支援的なカウンセリング，②ケアマネジメントが，その内容となっている。支援的なカウンセリングでは，クライエントの意欲を高め，自ら問題を解決していくように支援するものである。

　ケアマネジメントでは，クライエントのニーズとサービスを調整し，必要なサービスを利用できるよう諸機関と交渉し，時には資源を動員したり，利用者の立場からサービス機関に対して弁護するといったことも行う。

　一方，グループの内でも課題解決グループのメゾレベルや，組織や地域社会に焦点を当てたマクロレベルでの支援計画の実施内容では，①教育や研修，②プログラムの開発，③地域社会の開発が，主たる内容となる。課題解決グループや組織レベルでは，それらの機能を改善すること，既存のサービスを利用しやすいように改善すること，新たなプログラムを開発することである。地域社会レベルでは，地域社会の状態を改善すること，住民が地域のニーズを認識するよう支援すること，地域社会の変化に向けて住民を動員すること，住民がエンパワメントすることを支援すること，地域の社会資源を開発すること，等である。

　そのため，支援計画を実施するにあたって，介入のレベルの違いによって，ソーシャルワーカーの実施する機能は異なってくる。たとえ

表4-7　レベルごとでのソーシャルワーカーの役割

役割		具体的役割	戦　略
助言的役割	ミクロ	力を添える者	クライエントがニーズを見つけるように力づける
	メゾ	促進者	グループの発展を推進する
	マクロ	計画者	調査や計画を介して，プログラムや制度の発展を調整する
資源管理（マネジメント）的役割	ミクロ	仲介者／弁護者	クライエントと資源を結びつける
	メゾ	召集者／媒介者	資源開発やグループのネットワークのために，人々を集める
	マクロ	運動家	ソーシャルアクションで，社会の変化を進めていく
教育的役割	ミクロ	教育者	情報を加工し，教育的な支援をする
	メゾ	研修者	メンバーの能力開発のために教育する
	マクロ	社会に出向く者	地域住民への教育を介して，地域のニーズやソーシャルサービスについての情報を伝える

出所：Miley, K. K., O'Melia, M. & DuBois, B.（2007）*Generalist Social Work Practice：An Empowering Approach*, Pearson Education, 16-21, を一部修正.

ば，ミレー（Miley, K. K.）他は，ソーシャルワークの役割としては助言的役割，資源管理的役割，教育的役割と共通であるが，支援計画実施のレベルがミクロ，メゾ，マクロによって，具体的に実施する機能が異なることを，**表4-7**に示している[16]。これにより，ソーシャルワーカーには共通して助言的役割，資源管理的役割，教育的役割を有しているが，ソーシャルワークの各レベルでのそれぞれの機能を果たすためには，異なった具体的な役割や戦略が必要になることが明らかになる。

□ 支援計画の実施

　ここまで学んだようにソーシャルワークは，個人や家族，グループ，組織や地域社会が自ら主体となり，計画的に変化していくことを支援していく。ただし，この支援計画の作成・実施はアセスメントと重層的な関係にあり，現実のソーシャルワーカーの日々の実践においては，開始から終結に至るまで，常にアセスメントと支援計画の作成・実施の要素を含んで展開している。ただし，ソーシャルワークの支援が進むに従い，アセスメントの量が減少し，支援計画の作成・実施の量が増加していくことになる。

　言いかえると作成された支援計画案は，即実施されるということではない。ソーシャルワーカーは実施に先駆けて，クライエント，支援に関係する人々や組織・団体から最終的な同意や確認を得ていくことが前提となる。そのため，ソーシャルワーカーは，作成された支援計画の中に提示されている関係者や組織・団体の代表者にも参加しても

らい，会議を開催し，クライエントや関係者を交えて，支援計画の実施について合意を得ることが必要である。

　会議を開催することにより，クライエントの意向を関係者に示すことや，計画実施での微調整も可能となる。時には支援計画の内容がその場で修正されることもある。なお，支援計画実施にあたって，クライエントのプライバシーの尊重が必要である。フォーマルサービスを提供する事業者等には法的に守秘義務が課せられているが，民生児童委員を除くインフォーマルな立場の人々には法的な守秘義務は課せられていない。そのような人々が参加する場合には，会議に参加している個人や組織・団体に対して，クライエントのプライバシーに関する守秘義務について同意を得ておくことが重要である。このような会議を介して，チームアプローチが効果的に展開することになる。

　このような過程を経て，支援計画に関係する人々や組織・団体は，支援計画での支援目標を共通する目標として，それぞれに求められている役割や業務を果たしていくことになる。そのために，支援計画内容に含まれている組織・団体は，そうした役割や業務を果たしていくために，個々の個別計画を作成する場合もある。具体的には，ミクロレベルでの支援計画では，支援計画に含まれたホームヘルパー，デイサービス，訪問看護といったサービス事業者は，個別のサービス計画を作成し，与えられた役割を果たしていくことになる。そのため，ソーシャルワーカーは，支援計画の中に含まれている関係者や団体・組織に対して，それぞれの役割を果たしていけるよう個別の計画作成を支援するとともに，作成された支援計画内容が円滑に実施できるよう情報を交換したり，支援することになる。

　これは，クライエントに対する支援状況を確認していくことであり，ソーシャルワークでのモニタリング過程に相当するものである。基本的には，定期的なモニタリングと，クライエントやその環境，さらには支援計画に含まれている関係者やその組織に変化が生じた場合の不定期のモニタリングがある。モニタリングにより，クライエントの問題が解決し，ニーズが充足し，今後，新たな問題が生じても，自らで解決していく力を得ていることを確認し，終結となる。終結とアフターケアに関しては本書の次章（第5章）を参照していただきたい。

○注 ────────

⑴　Pincuss, A. & Minahan, A.（1973）*Social Work Practice*：*Model and Method*, F. E. Peacock, 90-95.

⑵　Johnson, L. C.（1998）*Social Work Practice A Generalist Approach*（*6th ed.*）, Allyn and Bacon, 298-299.

⑶　Kirst-Ashman, K. K. & Hull, G. H. Jr.（2006）*Understanding Generalist Practice*, Thomson Brooks/Cole, 182-199を参照に整理したものである。

⑷　Read, W. J. & Epstein, L.（1972）*Task Centered Casework*, Columbia University Press, 58.

⑸　Hepworth, D., Roony, R. H. & Larsen, J.（2002）*Direct Social Work Practice*：*Theory and Skills*, Brooks/Cole, 328.

⑹　Roberts-DeGennaro, M.（2008）"Case Management," Mizrahi, T. & Davis, L. E.（ed.）, *Encyclopedia of Social Work*, Oxford University Press, 224.

⑺　Schnelder, B.（1998）"Care Planning：The Core of Management," *Generations*, xii（5）, 16.

⑻　Rasheed, M. N. & Rasheed, J. M.（2013）*Practice Interventions, Encyclopedia of Social Work*（20th ed.）, Oxford University Press, 184-185.

⑼　Kirst-Ashman, K. K. & Hull, H. Jr.（2006）*Understanding Generalist Practice*（*4th ed.*）, Thomson Brooks/Cole, 79.

⑽　Toseland, R. W. & Rivas, R. F.（1998）*An Introduction to Group Work Practice*, Allyn & Bacon, 298-299.

⑾　同前，193.

⑿　Hasenfeld, Y.（1987）Program Development, in Cox, E. M., Erich, J. L., Rothman, J. & Tropman, J. E.（eds.）, *Strategies of Community Organization*, 452-460.

⒀　Sheafor, B. W. & Horejsi, C. R.（2003）*Techniques and Guidelines for Social Work practice*, Allyn & Bacon, 119.

⒁　Barker, R. L.（2003）*Social Work Dictionary*, NASW Press, 226.

⒂　Poulin, J. with Contributers（2005）*Strengths-Based Generalist Practice*：*Collaborative Approach*, Brooks/Cole, 198-231.

⒃　Miley, K. K., O'Melia, M. & DuBois, B.（2007）*Generalist Social Work Practice*：*An Empowering Approach*, Pearson Education, 16-21.

○参考文献 ────────

久保章・副田あけみ（2005）『ソーシャルワークの実践モデル──心理社会的アプローチからナラティブまで』川島書店.

Pincuss, A. & Minahan, A.（1973）*Social Work Practice*：*Model and Method*, F. E. Peacock, 90-95.

ターナー，F. J. 編／米本秀仁監訳（1999）『ソーシャルワーク・トリートメント──相互連結理論アプローチ（上・下）』中央法規出版.

■ 第 5 章 ■

ソーシャルワークの過程 4
──モニタリング・終結と
アフターケア

1 支援計画の実施とモニタリング

❏ モニタリングの意義

　モニタリングとは，支援計画の実施の際，支援計画で設定された社会資源の活用が適切に実施されているかどうかを確認し，最終的に，支援目標が達成されているか，あるいは，クライエントなどの生活が適切に保たれているかどうかを確認する方法である。モニタリングは，時間が許す限り，クライエント，家族，地域の状況把握を行うために，その状況から判断して，適宜，行うことが望まれる。そして，モニタリングを行うことで，支援対象となるクライエント，集団，地域との関係性を保つことができ，また，再アセスメントや支援計画の修正も迅速に対応することができる。

　モニタリングで，ソーシャルワーカー（以下，ワーカー）が行わなければならないことは，以下の6点である。

① 　フォーマルサービスやインフォーマルサポートの活用で，支援目標の達成が可能となっているかどうかを確認する。

② 　フォーマルサービスやインフォーマルサポートの活用で，クライエントなどの生活基盤が成り立っているかどうかを確認する。

③ 　クライエントや家族の身体機能的状況・精神心理的状況に変化や悪化が見られないかどうかを確認する。

④ 　クライエントや家族に新たな生活ニーズが生じていないかどうかを確認する。

⑤ 　フォーマルサービスやインフォーマルサポートの活用で，クライエントが生活コントロール感や自己コントロール感を感じながら，生活ができているかどうかを確認する。

⑥ 　地域に対するモニタリングでは，新たな地域課題などが生じていないかなどを確認する。

　モニタリングにより，上記①〜⑥の点で不都合が生じているとワーカーが判断した場合には，再アセスメントを行い，再アセスメントに基づいて，支援計画の修正などを行う。

❏ 支援計画の実施におけるモニタリングの位置づけ

　支援計画の実施で，ソーシャルワーカーが行わなければならないことは，以下の3点である。

①　サービス担当者に現在のクライエントあるいは家族の情報を的確に伝え，サービス担当者から，サービス利用後のクライエントや家族に関するフィードバックされた情報を受ける。

②　各サービス担当者からの情報を集約し，モニタリングなどで得た情報を加味して，クライエントや家族の生活状況がどのような状況になっているのかの判断を行う。

③　各サービス担当者からの情報を集約し，モニタリングなどで得た情報を加味して，タイミングよく適切なサービスが提供されているかどうかをチェックする。

支援計画の実施では，会議などによるフォーマルな形での情報把握も重要となる場合があるが，インフォーマルな形（インフォーマルにワーカーとサービス提供者がコンタクトをとる，メモを郵送する，電話やファックスでのやり取りを行うなど）でも，適切に行うことが重要となる場合が多い。

❏ クライエント個人（ミクロレベル）に対する支援計画の実施とモニタリング

支援計画の実施やモニタリングを行う際，ワーカーが留意しなければならない点には，次のようなことが考えられる。

①　フォーマルサービスやインフォーマルサポートの活用で，クライエントの生活基盤が成り立っているかどうかの確認，クライエントの身体機能的状態・精神心理的状態に変化や悪化が見られないかどうかの確認，クライエントに新たな生活ニーズが生じていないかどうかの確認，フォーマルサービスやインフォーマルサポートの活用で，クライエントが生活コントロール感や自己コントロール感を感じながら，生活ができているかどうかの確認などを行うこと，などである。

②　ワーカーが，クライエントの状況を観察し，クライエントの生活コントロール感や自己コントロール感などをもてていないと判断したり，クライエントにとって，ニーズとサービス内容，量，タイミングなどがうまく適合していないと判断した場合には，ワーカーは，クライエントから，生活状況について詳しく話を聞き，場合により，再アセスメントを行い，支援目標の修正を行う。

③　クライエントからサービスの内容について不安や不満などを聞いた場合，ワーカーは，**アドボカシー活動**として，そのことを各サービス担当者に適切に伝えるとき，クライエントの立場が不利な状況にならないように配慮を行う必要がある。ワーカーは，クライエントの言葉をそのまま伝えることで，サービス担当者の意識を変え，クライ

➡ アドボカシー活動
クライエントに対する支援を進めていくために，クライエントに代わって，ソーシャルワーカーがクライエントの意思やニーズなどを関係者に伝え，適切なサービス・サポートが得られるようにしていくことをさす。

エントに対するよりよいサービス提供につなぐことができるのか，あるいは，そのまま伝えずに，ワーカーの判断を加味することで，サービス担当者にうまく伝わり，クライエントに対するよりよいサービス提供につなぐことができるのかの判断を行うことが，クライエントのアドボカシー活動としての重要なポイントとなる。また，ワーカーは，クライエントとサービス提供者との間の媒介者となり，適切なサービス提供へとつなぐ。その際，ワーカーは，サービス担当者あるいはサービス事業者などをアセスメントすることも忘れてはならない。

☐ 家族（ミクロレベル）に対する支援計画の実施とモニタリング

支援計画の実施やモニタリングを行う際，ワーカーが家族に対する配慮で留意しなければならない点に，次のようなことが考えられる。

①　在宅生活においてクライエントも家族も安心感が保てるような支援を考えていくため，ワーカーは，サービス提供の適切性のモニタリングを常に行う。さらに，ワーカーは，家族の身体機能状態や精神心理状態のモニタリングも行うように心がけ，負担感などが強くなる状況に対しては迅速に対応し，クライエントや家族が安心して生活を営めるような支援計画の再作成を行う。

②　クライエントとその家族との適切な関係を維持し，有意義な家族生活が保てるように，ワーカーは，クライエントや家族のストレングスを見出すだけでなく，家族の対処能力にも働きかけることが必要となる。さらに，地域のネットワークや家族会などを活用しながら支援を行ったり，アドボカシーとして，民生委員などの地域における**キーパーソン**に働きかけを行い，クライエントと家族の孤立化を防ぐように心がける。

③　ワーカーは，家族に対してねぎらいなどの肯定的な**フィードバック**を行う。

④　クライエントが，病院，グループホーム，特別養護老人ホームなどへ入院や施設入所となった場合，ワーカーは，フォローアップとして，家族に対して，これまでのことについてねぎらうとともに，クライエントが入院・施設入所となったことへの家族の不安，罪悪感，後悔の念などを軽減するため，家族の話を傾聴し，家族が継続的にクライエントと関われるようにし，クライエントへの情緒的なケアができるように工夫を行う。

また，アドボカシーとして，病院・施設側にそのような工夫ができるように働きかけを行う。クライエントが亡くなった場合には，フォローアップとして，家族に対して，これまでのことについてねぎらう

➡キーパーソン
クライエントの支援を進めていく上で，さまざまな手続きやサービス・サポートの調整をしていく際，クライエントやクライエントの関係者，地域などに関する情報を有し，クライエントに代わって，さまざまな情報提供，関係調整，手続きの準備などをすることができる人をさす。

➡フィードバック
一般的には，ある行動や成果に対する評価を，その行動を行った人に返すことをさす。ここでは，家族に対する評価をソーシャルワーカーが家族に伝えることをさす。

とともに，クライエントが亡くなったことへの家族の悲しみ，罪悪感，
後悔の念などを軽減するため，家族の話を傾聴し，クライエントの死
去に対する悲しみに共感しながら，悲嘆ケアを行う。

◯ 地域社会（メゾレベル）に対する支援計画の実施とモニタリング

　支援計画の実施やモニタリングを行う際，ワーカーが地域社会に対
する配慮で留意しなければならない点に，次のようなことがある。
　①　地域社会の近隣住民の感情表現を尊重することが重要である。
ワーカーが地域支援のために地域社会に働きかけを行う際，ワーカー
は，地域社会や近隣住民の感情などを受け入れ，その感情を尊重する
とともに，そのような感情が生じる背景や要因を分析して，地域社会
への働きかけを行わなければならない。
　②　ワーカーが近隣住民との話し合いなどに応じる場合，自分自身
の感情を自覚して吟味することが重要となる。たとえば，ワーカーが，
クライエントに対する見守りなどの協力を得るために，クライエント
の認知症に関して近隣住民との話し合いを行う場合，場合によっては，
その話し合いの中で近隣住民が感情的となり，話し合いの場の雰囲気
が悪くなることがある。そのような場合，ワーカーは，近隣住民の考
え方や主張を傾聴しながら，近隣住民の感情的な態度に対する自分自
身の感情をうまくコントロールしながら，近隣住民の考え方，主張，
感情的になっている点を分析・理解し，次回の話し合いにつながるポ
イントを整理していく。
　③　ワーカーが近隣住民との話し合いなどに応じる場合，近隣住民
の考え方や主張をまず聞き，受け入れてみようとする姿勢が重要であ
る。たとえば，近隣住民が，認知症をもつクライエントの火の不始末
についての不安をワーカーに訴えた場合，クライエントの状況につい
て理解を促しながら，近隣住民の意見や主張に耳を傾け，まず受け入
れていこうとするワーカーの姿勢を近隣住民に示すことが重要である。
そして，そのような姿勢が信頼関係の構築への第一歩につながる。ま
た，ワーカーは，近隣住民の意見を取り入れながら，クライエントの
生活を守る（アドボカシー）ために，近隣住民が納得できる解決方法
にはどのようなことがあるのかを示し，近隣住民の協力を得ながら解
決策を探っていく。
　④　ワーカーが近隣住民との話し合いなどに応じる際，たとえ近隣
住民の考え方や主張がワーカーと相容れない場合やクライエントの利
益に反すると考えられる場合であったとしても，近隣住民の考え方や
主張を批判的に判断するのではなく，その考え方や主張をまず聞き，

受け入れてみようとするワーカーの姿勢が重要である。そして，ワーカーは，解決策を探っていくために，近隣住民の考え方や主張が生じた経緯や，地域における社会規範の分析を行う必要がある。また，ワーカーは，近隣住民の考え方や主張を断定的にとらえるのではなく，その考え方や主張が変化する可能性もあると考え，柔軟に対応していくことが望ましい。もしワーカーが，近隣住民との話し合いに批判的な姿勢で臨むと，近隣住民側も態度を硬化させ，事態の悪化を招いてしまう場合もある。そこで，ワーカーには，批判的な態度ではなく受容的な態度で近隣住民と接しながら，近隣住民とともに解決策を探っていこうとする姿勢が求められる。

　⑤　ワーカーが近隣住民との話し合いなどに応じる際，近隣住民の集団的な意思決定を尊重し，その決定については，まず受け入れていくことが重要である。近隣住民の集団的な意思決定は，その近隣住民の総意である可能性が高く，ワーカーは，まずその決定を尊重しなければならない。しかし，近隣住民の集団的意思決定がワーカーの考え方と相容れない場合や，クライエントの利益に反する場合もある。そのような場合，ワーカーは，まず近隣住民の集団的な意思決定を尊重するとともに，その集団的意思決定について多角的に分析し，解決策を探っていく必要がある。さらに，ワーカーは，近隣住民がそのような集団的意思決定に至った経緯を分析し，その意思決定に変化の可能性もあると考え，柔軟に対応していくことで解決策を見出していくことも必要となる。

　⑥　ワーカーが近隣住民との話し合いなどに応じる場合，ワーカーは，近隣住民との円滑なコミュニケーションを心がけ，近隣住民が語った内容や記録について，近隣住民の了解なしに第三者に公開しないことを約束する。それによって近隣住民との合意形成や信頼関係づくりがやりやすくなったり，近隣住民との率直な意見交換が可能となったりするため，近隣住民との話し合いにおいて，秘密の保持は重要である。

　⑦　ワーカーが地域社会への働きかけを行う際の留意点としては，(1)地域のキーパーソンや民生委員などとの連絡や調整を行う，(2)ワーカーが近隣住民へ情報提供する場合には，ワーカーは，わかりやすく誤解のないような表現で情報提供を行う，(3)ワーカーは，近隣住民の感情や気持ちを敏感に受け止め，話し合いを行う，(4)ワーカーは，話し合う内容を明確にして焦点を絞りながら話し合いを進める，(5)ワーカーは，近隣住民と共有できる考え方，視点，妥協点を見出しながら話し合いを進める，(6)ワーカーは，話し合いが進めば具体的な内容を

決め，実行可能なことを合意していく，(7)ワーカーは，すべてのことを一度に解決していくのではなく，着実に一つずつ解決していくことを目指すなどがあげられる。また，ストレングスの観点からいえば，地域には，さまざまなストレングスがあると考え，クライエントの支援に協力してくれる潜在的な地域の人々を探す努力も，ワーカーには必要なことがある。さらに，地域における課題が解決したとしても，地域社会のキーパーソンとは，時々，面談を行い，信頼関係を保っておくことが必要となる。

2　事後評価の意義と支援の終結・アフターケア

☐ 事後評価

　ソーシャルワーカー（以下，ワーカー）には，自ら行ったソーシャルワーク実践の質を意識し，支援の内容や方法を常に改善していくことが求められる。ワーカーが支援に関して事後評価（エバリュエーション）を行うことは，非常に重要である。少なくとも，ワーカーが専門職としての技能を高めていくために，それぞれの支援に関する事後評価を行うことが求められる。評価は，支援が終結していなくても，支援における中間評価として行うことが必要な場合もある。

　ワーカーによる事後評価は，ワーカーが提供しているサービスを充実させ，また，ワーカーの成長にもつながる。ワーカーは，事後評価を通じて自分が提供したサービス内容を内省し，どのような改善点があるのか，あるいは，自分自身のストレングスにどのようなことがあるのかなどを理解し，自己覚知することが重要である。そして，改善点は，個人で考えるとともに，スーパーバイザーや同僚などとも，適切な介入の方法を考え，改善すべき点が明確になれば実行に移すことが望ましい。

　また，ワーカーのストレングスについても自覚し，そのストレングスを活かしてさらに質の高いサービスが提供できるように努力していくことも望まれる。その意味では，事後評価は，ワーカーにとって自己のサービスの質を磨く鏡のような役割を果たしていると考えられる。そして，ワーカーには，自分自身の実践を映し出す鏡を見て，自分自身の実践内容を絶えず意識しながら自己研鑽を積んでいくということが，専門職として強く求められている。

　ワーカーが事後評価する際に考えなければならない点に，以下のよ

うなことがある。〈ミクロレベル・メゾレベル・マクロレベル〉は，それぞれのレベルでどのような内容の事後評価を行うのかを示している。

①　ワーカー（ら）が行った支援あるいは行政への働きかけで，支援目標あるいは設定された目標の達成がどのくらいなされたのか〈ミクロレベル・メゾレベル・マクロレベル〉。

②　ワーカーが行った支援に関して，クライエントは，どのように感じているのか（ワーカーの支援に満足しているのかどうかなど）〈ミクロレベル〉。

③　ワーカーが行った支援に関して，クライエント集団であるグループや地域・組織の人々は，どのように感じているのか（ワーカーの支援に対して満足しているのかどうかなど）〈メゾレベル〉。

④　ワーカーは，クライエント個人，家族，地域のストレングスをとらえることができたのか〈ミクロレベル・メゾレベル〉。

⑤　ワーカーは，クライエントの生活の質の保持や向上にどれくらい寄与することができたと感じているのか〈ミクロレベル〉。

⑥　ワーカーは，クライエント集団であるグループや地域・組織の人々の課題解決に，どれくらい寄与することができたと感じているのか〈メゾレベル〉。

⑦　ソーシャルワーク実践全般における反省点や改善点に，どのような点があるのか〈ミクロレベル・メゾレベル・マクロレベル〉。

☐ 終　結

ワーカーは，以下のような状況となった場合には，支援を終結する。

①　クライエントあるいはクライエント集団であるグループや地域・組織の人々が，ワーカーによる支援の必要性を感じていない場合〈ミクロレベル・メゾレベル〉。

②　クライエントが死亡した場合〈ミクロレベル〉。

③　クライエントあるいはクライエント集団であるグループや地域・組織の人々と話し合ったすべての支援目標の達成がされ，さらなる支援目標が見出せない場合〈ミクロレベル・メゾレベル〉。

④　ワーカーの所属する機関が，クライエントあるいはクライエント集団であるグループや地域・組織の人々を支援することができなくなった場合〈ミクロレベル・メゾレベル〉。

支援が終結した場合には，ワーカーは，支援の事後評価を必ず行い，事後評価に関する記録を残しておくことが必要である。また，事後評価とともに，支援が終結となった経緯や理由を事例記録に記述してお

くことも必要となる。

☐ 終結における留意点

　終結における留意点は，ミクロ・メゾの実践レベルにより異なることもあるが，ここでは，ミクロ・メゾのそれぞれのレベルで共通する内容を述べることとする。

　①　ワーカーは，基本的には，支援の終結を肯定的にとらえることが必要であり，そして，支援の終結は，クライエントあるいはクライエント集団であるグループや地域・組織の人々の成長や肯定的な発展を意味し，「別れ」ではなく，支援からの「自立」「旅立ち」であることを意識する必要がある。そして，ワーカーは，支援には，始まりがあれば，終わりがあるということを自覚しておかなければならない。

　②　ワーカーが行う支援では，計画で明確な目標設定がなされているため，その目標が達成されつつある場合には，ワーカーは，クライエントあるいはクライエント集団であるグループや地域・組織の人々に，支援目標が達成されつつあることを評価し，終結が近いことを述べることが必要となる。

　③　支援の終結においては，ワーカーは，支援で得られた成果（支援目標の達成など）を振り返り，その成果をクライエントあるいはクライエント集団であるグループや地域・組織の人々と共有する。そして，その成果を共有するとともに，これまでのクライエントあるいはクライエント集団であるグループや地域・組織の人々の苦労や努力について，ワーカーがねぎらい，そのことについての適切なフィードバックや肯定的な評価を伝える。

　④　クライエントあるいはクライエント集団であるグループや地域・組織の人々が，ワーカーによる支援の終結を感じる際，さまざまな感情的な反応（たとえば，支援の終結に対する怒り，否認，回避，悲しみなど）を示すことがある。ワーカーは，傾聴を行いながら，その感情を理解し，適切に対応していかなければならない。さらに，ワーカーは，支援の終結には肯定的な意味があることや，ワーカーの支援で得た肯定的な内容や成果を振り返ることで，終結の肯定的な側面について，クライエントあるいはクライエント集団であるグループや地域・組織の人々にていねいに説明を行う。

　⑤　ワーカーも，クライエントなどと同じように，支援の終結におけるさまざまな感情が生じる場合がある。特に，クライエントあるいはクライエント集団であるグループや地域・組織の人々と適切な信頼関係が構築できている場合や，支援期間が長い場合には，ワーカーに

も，終結に伴うさまざまな感情が生じることが多い。そのような感情反応は，人として適切な反応である。しかし，終結に対して，ワーカーが適切に対処していくために，そのことを自由に表現できる機会が必要であり，スーパービジョンの際，ワーカーは，自分自身の気持ちを率直に述べ，適切なスーパービジョンを受けることが望ましい。

⑥　クライエントあるいはクライエント集団であるグループや地域・組織の人々のキーパーソンとの連絡が取れず，面談もできなくなり，支援計画にある目標が達成されていないにもかかわらず，突然の終結となることがある。その場合，ワーカーはまず，突然の終結となった誘因を考えなければならない。そして，どのような理由による突然の終結なのかを分析することが必要である。また，クライエントあるいはクライエント集団であるグループや地域・組織の人々のキーパーソンに対して，電話連絡，置き手紙やメモをポストに入れる，などして，相手からの連絡を待つ場合もある。最終的に，突然の終結の原因が明確にならなければ，ワーカーが理解できる範囲内の原因を分析・記録し，スーパービジョンの際に，スーパーバイザーに相談し，突然の終結に関する事後評価と自己分析を行う必要がある。

☐ アフターケア

終結がなされた後も，ワーカーは，場合により，クライエントあるいはクライエント集団であるグループや地域・組織の人々の状況が変化して，ワーカーの支援が必要となっていないか，あるいは，さまざまな状況などに急激な変化が生じていないかなどを確認する。そして，そのような確認を行うため，クライエントあるいはクライエント集団であるグループや地域・組織の人々のキーパーソンに電話連絡などを取ったりする場合がある。

また，クライエントが死亡した場合には，クライエントの葬儀に参列したり，残された家族に対する心理的なケアや経済的な支援を行ったりするため，終結した支援であっても，クライエントの家族に電話連絡などを取る場合もある。このような一連のワーカーの行為は，アフターケアとよばれている。クライエントあるいはクライエント集団であるグループや地域・組織の人々に対するアフターケアは，ワーカーが行う必須事項とはなっていないが，ワーカーの時間と所属機関が許す範囲内で，ソーシャルワーク専門職として行うことが望ましい。

事後評価の方法──単一事例実験計画法

事後評価の方法の一つに，単一事例実験計画法（シングルシステムデザイン）がある。この方法では，クライエント個人についての評価が可能であり，また，統計的な分析の必要もなく，ワーカーが行った支援について，比較的容易に評価を行うことができる。そのため，この方法が，事後評価の方法としてソーシャルワークの実践現場で活用しやすい。さらに，支援の具体的な効果について，クライエントと協働しながら確認することもでき，クライエントから評価を行うことの同意が得やすい。そこで，実践現場でも活用することが望まれる単一事例実験計画法について，ここで具体的な説明を行う。

☐ 単一事例実験計画法とは

単一事例実験計画法は，シングルシステムデザインともよばれ，1人のクライエント，1つのグループや地域，1つの組織，1つのシステムなどの単体の変化や効果を事後評価する方法である。したがって，ミクロレベルの評価を行う場合には，クライエント個人や1家族が対象となり，メゾレベル，マクロレベルの評価を行う場合には，1つのグループ・地域・組織などが評価対象となる。

単一事例実験計画法においては，評価者が第三者ではなく，支援の当事者であるワーカーとクライエントが評価主体となる。この方法では，支援開始前後でのクライエントの変化の過程を重視することや，ワーカーとクライエントとの信頼関係などが重視される。また，評価項目として，アセスメント（事前評価）で得られた内容や支援計画で立てられた支援目標を用いることができ，クライエントとの話し合いで評価を行うことができる。そして，この方法を用いることで，最終的に，ワーカーが行った支援に効果があったのかについて，事後評価し，また，改善が必要なところは，どこなのかを具体的に理解することができる。ただし，ワーカーとクライエントが評価主体であるため，主観的な判断を含む評価であることには留意すべきである。

以下では，ミクロレベルの支援に関する評価を行う場合を取り上げる。単一事例実験計画法においては，クライエント個人の支援過程における変化や効果を評価できると同時に，最終的な効果も評価することができる。この単一事例実験計画法は，クライエント個人を対象と

図5-1　単一事例実験計画法における評価手続き

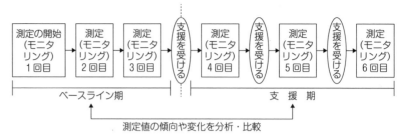

出所：筆者作成.

した評価ができるところに特徴がある。また、この方法では、必ずしも統計的な手法で検証する必要はなく、視覚的な差を認めることで支援の効果を測定しようとする。**図5-1**は、単一事例実験計画法の手続きを図式化したものである。次に、事例を用いて段階ごとの説明を行う。

☐ 第1段階

単一事例実験計画法での評価を始める前に、クライエントに評価プロジェクトに関する説明を行い、また、評価プロジェクトから途中で離脱してもよいことや、評価プロジェクトから離脱しても、クライエントに不利益が生じないことなどを説明し、同意（インフォームド・コンセント）を得ておくという、評価における倫理的配慮を行う必要がある。

単一事例実験計画法では、支援が開始される前（アセスメントあるいは支援計画作成段階）に評価項目を測定する。ここでは、評価項目を生活満足度とする。支援開始前の生活満足度の測定期間をベースライン期（Baseline）とよび、クライエント個人の生活満足度の現状を的確に把握するために、支援開始前に3回以上繰り返し生活満足度を測定することが望ましい。ベースライン期に生活満足度の状況を測定するのは、支援後の生活満足度の状況と比較分析を行うためであり、効果測定を行う評価のためには必要な手続きである。

ソーシャルワークにおいては、支援前に3回以上の測定が難しい場合が多いので、少なくとも1回の生活満足度の測定が必要となる。ベースライン期で生活満足度が測定できなかった場合には、クライエントの過去の記憶をもとにベースライン期の生活満足度の測定を補う方法がある。これをレトロスペクティブ・ベースラインとよぶ。レトロスペクティブ・ベースラインは、クライエントの記憶にもとづいて測定される生活満足度であるため、かなりゆがんだ情報である可能性が

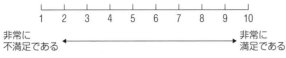

図5-2　セルフ・アンカード・スケールの例
「あなたは、今日1日の生活をどのように感じていますか。」

出所：筆者作成.

高いことも考慮して，その取り扱いは，かなり慎重に行う必要がある。

　具体的に，生活満足度を測定する場合，セルフ・アンカード・スケール（Self-Anchored Scale：ワーカーがクライエントと話し合いで作成する尺度で，ワーカーとクライエントがおおよその判断基準を決め，クライエントが主観的に現状を測定する尺度である）で，ワーカーがクライエントとともに，図5-2のような生活満足度に関する質問文と回答選択肢（10点満点：点数が高いほど生活に満足していることを示す）を考え，ワーカーは，クライエントとの話し合いの中で生活満足度の点数化の基準を決めておく。

　図5-3のような折れ線グラフに，ベースライン期の生活満足度の状況をクライエントに書き込んでもらうか，あるいは，支援前の支援計画作成時などの面接の際に，ワーカーが，クライエントに生活満足度の状況を点数で回答を求め，折れ線グラフに記入していく。支援の前後での比較分析を視覚的に行うために，図5-3にあるように，折れ線グラフ以外にも棒グラフを用いることで支援効果の判断が行いやすくなる。棒グラフで用いる数値は，ベースライン期の生活満足度の平均値（ベースライン期で示された生活満足度の点数の合計得点÷ベースライン期の測定回数）で示される。

❏ 第2段階

　支援が開始されれば，生活満足度に関するモニタリングがなされ，測定された数値の記録を行う。図5-3あるいは図5-4のように，ベースライン期で用いた折れ線グラフの続きで，グラフの支援期の部分に測定された生活満足度の数値を書き込み，数回以上測定された場合には，それぞれの点の間を線で結び，最終的な比較分析を行う。

❏ 最終段階

　最終段階では，支援期の生活満足度の平均値（支援期で示された生活満足度の点数の合計得点÷支援期の測定回数）を算定し，図5-3あるいは図5-4のように，支援期の平均値にもとづく棒グラフを作成する。図5-3のように，ベースライン期と支援期との比較分析において，

図5-3　支援が有効である可能性が高い例　　図5-4　支援が有効でない可能性が高い例

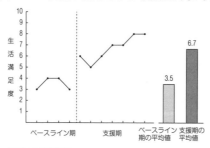 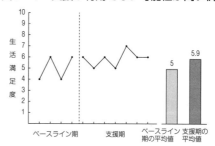

出所：筆者作成.　　　　　　　　　　　　　　出所：筆者作成.

　折れ線グラフのパターンや棒グラフで視覚的に明確な差が確認できれば，支援は効果的であった可能性が高い。また，ベースライン期より支援期の方が生活満足度で高い数値になっていれば，ワーカーが提供した支援は効果的であった可能性が高いと判断してもよい。ただし，単一事例実験計画法を用いた１事例だけの立証では，支援効果があったと明確に断定することはできない。

　一方，**図5-4**のように，ベースライン期と支援期との比較分析において，生活満足度の差が視覚的に明確でない場合には，ワーカーが提供した支援は，効果的でなかったという判断ができる。また，それ以外の解釈としては，ベースライン期でクライエントの生活満足度の変動がやや大きかったことから，クライエントの生活の不安定さがあると考えられ，ワーカーが支援計画や支援内容の見直しを適切に行えば，支援効果が期待できたかもしれないとも考えられる。

　さらに，ワーカーの情報収集不足などのために，クライエントの生活の不安定さをもたらす要因を適切にアセスメントできず，支援を開始した可能性もあると考えられる。このように，単一事例実験計画法は，支援の効果測定という評価の側面だけでなく，ワーカーの支援に関する反省点や振り返りなどの事後評価を促進することもできる。

❑ 単一事例実験計画法の長所と短所

　単一事例実験計画法の主な長所は，この方法を通じて支援開始前におけるクライエントの傾向の一部を把握できることや，支援開始後のクライエント個人の変化の状況を把握できることにある。さらに，評価プロジェクトを行う際に，ワーカーとクライエントとの共同作業が多くなり，ワーカーは，クライエント参加型の評価を実施できる点も，この方法の長所である。

　そして，一事例で評価が行える点や，統計的な分析を行う必要もなく，支援開始前後における評価項目（たとえば，生活満足度）における

視覚的な差の判断だけで評価を行うことができる点で，単一事例実験計画法は実用的であり，ソーシャルワークの現場でも活用しやすい方法である。

　ただし，ワーカーが単一事例実験計画法を用いて 1 事例における支援効果を証明できたとしても，単一事例実験計画法では，支援と効果の間に明確な因果関係を証明することが難しいため，ワーカーが行った支援が効果的であったと断定することはできない。

　ここで紹介した単一事例実験計画法は，ベースライン期（A 期）と支援期（B 期）の 2 つの時期の比較分析を行うため，この方法を単一事例実験計画法における AB デザインと呼んでいる。単一事例実験計画法では，他に，ベースライン期と支援期を交互に行う ABAB デザインなどがある。また，視覚的な差の判断だけでなく，統計的な手法で有意な差を確認する方法も開発されている。

◯参考文献

Barlow, D. H. & Hersen, M.（1984）*Single Case Experimental Designs*：*Strategies for Studying Behavior Change*（*2nd ed.*），Pergamon Press.

Birkenmaier, J. & Berg-Weger, M.（2017）*The Practice of Generalist Social Work*（*4th ed.*），Routledge.

Biestek, F. P.（1957）*The Casework Relationship*, Chicago：Loyola University Press.

バイステック，F. P.／尾崎新・福田俊子・原田和幸訳（2006）『ケースワークの原則——支援関係を形成する技法（新訳改訂版）』誠信書房.

Bloom, M., Fischer, J. & Orme, J. G.（1999）*Evaluating Practice*：*Guideline for the Accountable Professional*（*3rd ed.*），Allyn and Bacon.

Birkenmaier, J., Berg-Weger, M. & Dewees, M.（2011）*The Practice of Generalist Social Work*（*2nd ed.*），Routledge.

Cook, T. D. & Campbell, D. T.（1979）*Quasi-Experimentation*：*Design and Analysis Issues for Field Settings*, Houghton Mifflin Company.

Garber, P. A. & Grinnell, R. M. Jr.（1994）*Evaluation and Quality Improvement in Human Services*, Allyn and Bacon.

Hepworth, D. H., Rooney, R. H., Rooney, G. D. & Strom-Gottried, K.（2017）*Direct Social Work Practice*：*Theory and Skills*（*10th ed.*），Cengage Learning.

Nelson, J. C.（1981）Issues in single-subject research for non-behaviorists, *Social Work Research and Abstracts,* 17(2), 31-37.

Parker, J. & Bradley, G.（2010）*Social Work Practice*：*Assessment, Planning, Intervention and Review*（*3rd ed.*），Learning Matters, Exeter.

Poulin, J. & Matis, S.（2020）*Social Work Practice*：*A Competency-based Approach*, Springer.

Rossi, P. H. & Freeman, H. E.（1993）*Evaluation*：*A Systematic Approach*（*5th ed.*），Sage.

第6章

ソーシャルワークの実践モデルと
アプローチ

ソーシャルワークの発展と様々な理論

❏ 時代とともにあるソーシャルワークとその理論

　ソーシャルワークは，その時代や社会状況のなかで，人々の生活状況や人々が抱える生活問題に向き合いながら，今日まで発展してきている。その発展の歴史は，その時々のソーシャルワーカーの実践を導き支える，様々なソーシャルワークの理論を生み出してきた歴史でもある。そしてそのなかで開発，提唱されたソーシャルワークの理論は，多岐にわたるソーシャルワークの分野や領域のなかで，また対象となる人々とその状況に応じて，様々な実践モデルやアプローチとして適用されてきた。同時に，実践を通して検証され，問い直され，磨かれてもきた。

　人々がますます複雑化・多様化・複合化する生活問題を抱える今日的状況のなかで，個人とその家族や世帯，地域，そして生活問題の背景にある社会構造的な状況までを視野に入れて，支援を展開するソーシャルワークのあり方がいま問われている。

　ソーシャルワークは歴史的に，その時代の社会状況を背景に生じた生活問題とその問題を抱える人々に，どのように向き合い，かかわり，解決に向けた支援を展開しようとしてきたのか，そしてどのような実践理論とそれに基づいた実践モデルやアプローチを開発してきたのかを知ることは，現代社会で求められるソーシャルワークのあり方とそれを支える理論的支柱を見出し，より確かなものにすることになる。

　本章ではソーシャルワークの歴史のなかで，主に欧米で開発され，発展してきた様々な実践モデルやアプローチを学ぶことになる。この学びは，日本における今日の，そしてこれからの総合的かつ包括的な生活支援，地域支援としてのソーシャルワークを推し進めていく力ともなる。

❏ ソーシャルワークの理論と実践との関係

　ソーシャルワークは，様々な人々とその生活に係わる営みであり，人々が暮らす地域を支える営みであり，また生活問題を生み出す社会状況の改善に向けた働きかけを行う実践である。それは，ただ現場で経験を積めばできるというものでは決してない。多くの知識と技術の習得，さらに様々な研修や訓練，研修や研究を重ねることが求められ，

ソーシャルワーカーとしての資質や専門性の向上のための研鑽を積み重ねる専門職による実践である。そして，その専門性を構成する価値観や知識，方法や技術は，実践を通して評価され，検証され，そして発展的に継承されなければならない。

　ソーシャルワークが専門職による営みである以上，それが何を対象に，何のために，何をすることなのかについて説明できること，または，対象となるその状況に対して，なぜそのような支援や働きかけをするのかが言語化できることが求められる。自らの実践を説明できる理論を持つことは，専門職としての社会的信頼にもかかわることである。

　また，ソーシャルワークの実践では，複雑な生活問題を前に，解決の兆しが見えず，支援が上手く進まないことや，時には行き詰まることがある。そのようなときに，対象となる状況への理解や接近の助けとなる理論や，支援のあり方や方向性を導く理論，あるいは対人支援の専門職としての立ち返る場所や拠り所となる理論を，ソーシャルワーカーは持っていなければならない。

　一方で，ソーシャルワークにおいては，理論が適切な実践の妨げにもなり得ることを知っておく必要がある。ソーシャルワークの目的や役割は，あくまでも人々が抱える生活問題の解決や困難状況の改善である。したがって，その実践の出発点は常に当事者の個別で独自の生活状況でなければならない。しかしながら，何らかの理論の枠内だけで，あるいはその理論に適合する仕方のみで理解しようとすることで，誤った状況認識，そして誤った支援の展開にもなることが起こり得る。理論に頼りすぎて，先に理論ありきの実践に陥る可能性があることにも注意が必要である。

　理論とは，あくまでもソーシャルワークの目的の達成や役割の遂行のためのものであり，その意味では，理論そのものがソーシャルワークの目的ではない。ソーシャルワークとは，常に理論と実践とが車の両輪となって展開し，発展していくものであり，またそうあらねばならない。

❏ ソーシャルワークの理論と実践モデル・アプローチの多様性

　ソーシャルワークは人間とその生活，そしてその国や地域の社会的・文化的状況にもかかわるものであるがゆえに，その理論も，たとえば社会学や精神医学，文化人類学や学習理論など，ソーシャルワークや社会福祉に隣接する，あるいは異なる学問分野から取り入れたものも多くある。そして，それらの様々な理論に基づいて，これまで実

に多種多様な実践モデルや実践アプローチが開発され，様々な領域や分野でのソーシャルワーク実践に適用され，その有効性や有用性が検討されてきた。

　ここでいうモデルとは，ある営みの「型」「ひな型」「模範」などという意味であり，ある理論に基づいて描かれるソーシャルワーク実践の展開の模範やひな型が，実践モデルということになる。また，アプローチとは，「接近」を意味する言葉であるが，一定の理論に基づいたソーシャルワークの対象理解の仕方や，対象となる人や環境への接近方法のことである。

　今日では，多くのソーシャルワークの実践モデルやアプローチが日本でも紹介され，そのなかには広く実践現場に浸透し，活用されているのもある。本章では，数多くの実践モデルやアプローチのなかでも，代表的なものやソーシャルワーク全体に大きな影響を与えてきたものを取り上げて解説していく。

　表6-1は，本章で取り上げる実践モデルやアプローチを，それが主に提唱された年代順に整理したものである。これらは，どの実践モデルやアプローチが優れていて，どれが劣っているということは決してない。ソーシャルワークが行われる領域の広さやそこで求められるソーシャルワークの様々なあり方を示すものであり，ソーシャルワークの対象となる人間や生活の現実，そしてそれを取り巻く社会状況が，いかに複雑で多様なものであるかを表しているという理解が大切である。

　以下では，これらの様々な実践モデルとアプローチについて，治療モデルと診断主義アプローチ，生活モデルと生態学的アプローチ，ストレングスモデルとエンパワメントアプローチ，その他の様々なアプローチの，大きく4つに分けて解説していく。

表6-1　ソーシャルワークの主な実践モデルとアプローチ

名称（提唱された年代）	代表的な論者	特　徴
治療モデル（医学モデル） （1910年代）	リッチモンド（Richmond, M. E.）	医療における病気や怪我の治療の営みになぞらえて、対象への認識や支援の過程を描こうとする実践モデル。
診断主義アプローチ（1920年代）	トール（Towle, C.）， ハミルトン（Hamilton, G.）	精神分析学の知見を取り入れ、クライエントの心理的側面に焦点を当てた治療的な働きかけを行う。
機能的アプローチ（1930年代）	ランク（Rank, O.）， タフト（Taft, J.）， ロビンソン（Robinson, V.）， スモーリー（Smalley, R.）	意思心理学の考え方に基づき、クライエントの主体的な意思に着目し、そのニーズを支援機関の機能との関係で明確化する。
問題解決アプローチ（1950年代）	パールマン（Perlman, H.）	人間が生きて生活すること、すなわち人生そのものが問題解決の連続であるとして、長期的な視野に立った支援を行う。
心理社会的アプローチ（1960年代）	ホリス（Hollis, F.）	診断主義の考え方を継承し、「状況の中にある人」という視点から、クライエントの心理的および社会的側面を捉える。
危機介入アプローチ（1960年代）	ラポポート（Rapoport, L.）， キャプラン（Caplan, G.）	危機状態にあるクライエントに対して、早期介入と短期集中的な支援を行う。
課題中心アプローチ（1970年代）	リード（Reid, W.）， エプシュタイン（Epstein, L.）	クライエントの生活上の具体的・現実的な課題に焦点を当てて、あらかじめ期間を限定して短期での支援を計画的に行う。
行動変容アプローチ（1970年代）	トーマス（Thomas, E.）	行動理論（学習理論）の考え方に基づき、クライエントの特定の行動の除去や強化を通して問題解決を図る。
エンパワメントアプローチ （1970年代）	ソロモン（Solomon, B.）， リー（Lee, J.）	クライエントが自らの置かれた抑圧的な状況に気づき、自らの能力の認識と向上を通して、環境に働きかけることを支援する。
生活モデル（ライフモデル） （1980年代）	ジャーメイン（Germain, C. B.）， ギッターマン（Gitterman, A.）	生活者としてのクライエントとその生活の全体を視野に入れた問題状況の把握や対象認識に基づく実践モデル。
生態学的アプローチ（エコロジカルアプローチ）（1980年代）	ジャーメイン（Germain, C.）， ギッターマン（Gitterman, A.）， マイヤー（Meyer, C.）	生態学の考え方に基づき、クライエント個人と取り巻く環境との適合状態を目指すことで、生活問題の解決を図る。
ストレングスモデル（1980年代）	サリービー（Saleebey, D.）， ラップ（Rapp, C. A.）， ゴスチャ（Goscha, R.）	クライエント個人や家族、あるいは地域のもつ長所や強さに焦点を当てて、それを導き、あるいは活かしながら支援を行う。
解決志向アプローチ（1980年代）	バーグ（Berg, I.）， シェザー（Shazer, S.）	クライエントに、抱えている問題が解決した状態、すなわち具体的な解決イメージを持たせて、その短期間での実現を図る。
ナラティブアプローチ（1990年代）	ホワイト（White, M.）， エプストン（Epston, D.）	社会構成主義の考え方に基づき、クライエント独自の主観的な語りを重視しながら、新たな物語（現実への意味づけ）を描く。

出所：筆者作成．

2 治療モデルと診断主義アプローチ

☐ 治療モデル（医学モデル）

　ソーシャルワークの様々な実践モデルやアプローチがあるなかで，まずは実践モデルとして代表的な「治療モデル」と「生活モデル」，そしてそれぞれのモデルに基づくアプローチとしての「診断主義アプローチ」と「生態学的アプローチ」について述べることにする。

　「治療モデル」とは，文字通り，医療における病気や怪我の治療の営みになぞらえて，ソーシャルワークの対象への認識や支援の過程を描こうとする実践モデルであり，「医学モデル」とも言われる。医療が何らかの病気に対して，その病気を引き起こす「原因」を突き止めて，因果関係を明らかにし，その原因を除去したり，そこに治療を施して治すように，ソーシャルワークを展開していくというものである。すなわち，何らかの生活問題に対して，それを医療と同様に疾病と見なしつつ，その問題（疾病）を生じさせる原因を特定して，その原因となっている人や状況に焦点を当てて，働きかけるというものである。

　「ケースワークの母」と呼ばれるリッチモンド（Richmond, M. E.）は，医師による診断や治療の過程を模範とすることで，ケースワークを専門職による実践として確立させようとした。リッチモンドは，当事者が抱える生活問題とその原因との因果関係を探ることを「社会診断（social diagnosis）」と表現し，そこから展開するケースワークの過程を体系化した。

☐ 診断主義アプローチ

　リッチモンドの後の1920年代には，精神医学や精神分析学の影響を受けた「診断主義ケースワーク」（診断主義アプローチ）が当時の主流となっていくが，これも治療モデル（医学モデル）に依拠したソーシャルワークのあり方である。このアプローチは，人間の心理的側面やパーソナリティに焦点を当て，精神分析学の概念や治療的な接近方法が，特に個人への支援において有益であるという考え方に基づくものである。

　精神分析学は，クライエントに影響を与えている「無意識」の意味を理解し，クライエントの過去の経験が，いかに現在の行動様式や対処の仕方に影響を与えているかを知るために役立つ学問であり，ソー

シャルワーカーがクライエントの心理状態を理解し，治療的な支援の
際の助けになるとされた。

　今日では，次に述べる生活モデルが，ソーシャルワークの主流とな
っており，治療モデルや診断主義アプローチについては，生活問題に
対して病気と同じように特定の直接的な原因を探ることはできないと
か，そもそも生活問題を生み出している社会構造的な視点に欠けてい
るなど，批判的に語られることが多い。しかし，20世紀のはじめ，す
なわちソーシャルワークの歴史がまだ浅い時代に，専門職としての専
門性，さらに社会的な地位や信頼もある医学や医療，医者をモデルにし
て，ソーシャルワーク，ソーシャルワーカーのあり方が検討されたと
いうことには，ソーシャルワークを，専門職による専門性を備えた実
践として確立させるということにおいて意味があったと考えることが
できる。

　この伝統的な治療モデルや診断主義アプローチを出発点に，そこか
ら学び，それを問い直しながら，ソーシャルワークの専門性や専門職
としてのソーシャルワーカーのあり方が議論され，理論的・実践的に
今日まで発展してきたのである。

 ## ③　生活モデルと生態学的アプローチ

❏ 生活モデル（ライフモデル）

　次に治療モデル（医学モデル）を批判的に乗り越える形で発展して
きた「生活モデル（ライフモデル）」と生活モデルの発展に大きな影響
を与えた生態学的アプローチについて述べることとする。

　「医学モデルから生活モデルへ」といわれるほどに，生活モデルの
登場は，ソーシャルワークの歴史に転換期をもたらした。人々が抱え
る様々な生活問題に対して，たとえば，本人がもつ疾病や障害にその
原因を探る，あるいはこの家族の問題は家族のなかの誰かに原因と責
任があるというようなとらえ方ではなく，文字通り「生活」を基盤に
して，生活の全体を視野に入れた問題把握や対象認識を行うソーシャ
ルワークの実践モデルである。

　それは，病者や患者ではなく，「生活者」としての人間とその生活
そのものに対して，現実を全体的にありのままにとらえることを重視
しながらの支援の展開を図ろうとするものである。医療や心理療法な
どとは異なる，まさにソーシャルワーク自体の独自性や固有性，そし

て専門性を主張する実践モデルであるといえる。

　生活モデル自体は，1960年代から提唱され，また体系化が試みられていたが，ソーシャルワークの実践モデルとして広がりを見せるのは，1980年代に生態学理論が導入されてからである。生態学理論は，有機体が環境に適応するあるいは不適応を起こす状態や条件など，有機体と環境との適合状態や相互関係について研究する学問であるが，ソーシャルワークの対象となる多様で複雑な人間の生活をとらえるための枠組を与えるものであった。そしてそれは，人と環境との相互関係からなる生活への視点を重視する生活モデルに，学問的・理論的な基盤をもたらすことになった（本書第1章参照）。

　生活モデルでは，生活上に生じる問題や課題は，人と環境との相互関係の不調和や適合の不具合から生じているととらえる。そして，生活問題を抱える人とその人を取り巻く環境，すなわち家族や地域などとの関係に介入して，その人の環境との適合状態を踏まえつつ，両者の間を調整しながら，生活の立て直しや安定を図るということが，ソーシャルワークの役割として主張される。

□ 生態学的アプローチ（エコロジカルアプローチ）

　このような生活モデルにおけるアプローチとして，ジャーメイン（Germain, C.），ギッターマン（Gitterman, A.），あるいはマイヤー（Meyer, C.）らによって提唱され，体系化されたのが，「生態学的アプローチ（エコロジカルアプローチ）」である。生態学の考え方に基づくものであり，生活モデルとは切っても切り離せないアプローチといっても過言ではない。

　それは，人が生活を営む上で生じる問題や課題に対して，誰かとの関係やどこかの場所との関係，何かの出来事との関係など，常に環境との関係の状態から生じるという見方をする。そして，それゆえに問題や課題の解決のためには，人と環境との関係，すなわち両者が相互にかかわり合う接点に介入していくことで，関係調整や適合状態の改善を図ることが必要というアプローチである。人々の生活は，常に周囲の環境からの影響を受けつつ，その環境への適応を試みながらの営みであるという認識から，不適応状態や適応のバランスの不安定さ等が生活問題を生じさせているという理解の仕方である。そして，人と環境との相互の適合レベルの向上や関係の改善による問題解決に向けて，支援の方向性や具体的なあり方が導かれるという考え方である。

　生態学的アプローチの特徴としては，ソーシャルワークの対象となる生活問題や困難状況への認識において，原因と結果という直線的か

つ一方向的な因果関係による理解ではなく，様々な人や場所などの環境との多様な相互関係や相互作用の状態に焦点を当てること，それによって人々の生活を多面的，多角的に，かつ全体的，総合的にみるということがあげられる。

　ソーシャルワークにおいて，いかに支援を展開していくのかは，もちろん重要なことであるが，その前提として，人々の生活とそこで生じる問題や課題，困難状況をいかに認識し，理解するかということが重視されなければならない。生態学的アプローチは，常に環境との関係のなかにあり，様々な関係の総体としての人間の生活と，その個別性や多様性，そして現実に営まれる生活の複雑さへの認識や理解の枠組みをソーシャルワークに与えるものなのである。

 ## ストレングスモデルとエンパワメントアプローチ

☐ ストレングスモデル

　次に，近年のソーシャルワークで重視されている実践モデルとアプローチのなかで，双方に親和性の高いストレングスモデルとエンパワメントアプローチについて述べる。

　ストレングスモデルは，サリービー（Saleebey, D.），ラップ（Rapp, C. A.）やゴスチャ（Goscha, R.）らが提唱したことで有名であるが，今日ではソーシャルワークの実践において，対象が個人や家族あるいは地域であっても，それぞれがもつ「ストレングス」に着目することが重視されている。

　このモデルは，何らかの生活問題を抱える当事者や家族に対して，たとえば心身の病気や障害，能力の不十分さ，家族関係の問題ばかりに着目するものではない。本人や家族がもつ長所や強さ，その家族関係にある良さや可能性，また本人や家族とつながりのある人や場所の魅力などに焦点を当てながら，それらのストレングスを導き，そしてストレングスを活かすことで，支援の展開を図るソーシャルワークの実践モデルである。

　ストレングスモデルのソーシャルワークは，生活問題を抱える人や家族に対して，単に支援が必要な対象として認識するものではない。その人や家族があくまでもそれぞれの生活の「主体」として，そして支援やサービスを活用しながら問題を解決していく「主体」として認識されるのである。そして，ストレングスを見出していく視点は，個

人や家族のみならず，人々が暮らす地域や様々な事業所やサービス等の社会資源，グループや組織，さらにはそれらの相互の関係にも向けられる。したがって，ソーシャルワーカーには，人と環境および双方の相互関係のなかに，いかにたくさんの良さや強さ，つまりストレングスを見出すことができるのか，さらにそれらを支援の展開過程にいかに反映させ，活かしていくことができるのかが問われることになる。

◻ エンパワメントアプローチ

ソロモン（Solomon, B.）やリー（Lee, J.）らが提唱したアプローチとして有名であるが，特に，ソロモンによる1976年の著書『黒人へのエンパワメント──抑圧された地域社会におけるソーシャルワーク』によって注目を浴びるようになった。それは，当時のアメリカで黒人が置かれていた差別や抑圧的な状況に対して，人々がそのような状況を認識し，人々が自らの生活の主体として，剝奪された権利を回復すること，そして，そのような状況にある社会の変革を求めて行動することを，人々とともに協働して取り組むソーシャルワークのあり方である。

それはたとえば，障害者や高齢者，貧困家庭など，社会における抑圧的な状況のなかで無力化された（パワーレスの）状態にある人々が，その状態からの脱却を図ることが可能であることを自ら認識すること，そこから主体性の回復と問題解決に向けての行動を起こし，主体的な生活を取り戻すことができるように，ソーシャルワーカーがともに取り組むというアプローチである。

そのために，ソーシャルワーカーは，当事者同士のつながりや仲間づくり，当事者組織の立ち上げや運営等の支援，地域への働きかけや啓発活動の実施，あるいは当事者とともに制度や政策の改善を求めて自治体等に働きかけるなどの活動を行うのである。

エンパワメントアプローチの形成には，アメリカにおける1950年代から60年代の公民権運動や，1960年代の自立生活運動などの，人々が自らの権利の回復や抑圧的な状況からの脱却，さらには環境改善を求めた社会運動が影響を与えたとされている。そしてこのことは，伝統的なソーシャルワークのあり方やソーシャルワーカーの役割に対する問い直しを求めることになった。

それは，支援を一方的に受ける側としての対象者と，同じく一方的に提供する側としてのソーシャルワーカーとの関係ではなく，たとえ困難な状況にあっても潜在的な力や可能性をもつ生活の主体としての当事者と，問題解決に向けて協働するパートナーとしてのソーシャル

ワーカーとの関係のあり方である。そしてそのような両者の関係を基盤にして展開するソーシャルワークのあり方の主張である。

　生活問題を抱える当事者が，その問題の背景にある社会構造的な要因を認識し，ソーシャルワーカーや関係者と協働して，多様な社会資源を活用しながら，その解決に向けて主体的に取り組む過程を促すというエンパワメントアプローチの考え方は，今日様々な分野や領域，場所で実践されているソーシャルワーク全体を貫くものであるといっても過言ではない。

 ## その他の様々なアプローチ

☐ 機能的アプローチ

　当事者本人の意思を尊重して，その意思の力に基づく当事者自身による選択や決定の過程を重視する考え方から，その過程において支援機関が果たす「機能」の重要性を唱えたアプローチである。ランク（Rank, O.）の意思心理学を基礎として体系化されたものであるが，代表的論者としては，タフト（Taft, J.）やロビンソン（Robinson, V.），スモーリー（Smalley, R.）などがあげられる。

　人間は誰でも意思を持っているという考えに基づき，当事者の主体的な意思の力に着目してソーシャルワークを展開しようとするものである。当事者とその生活に対してどのようなサービスや支援が必要かについては，ソーシャルワーカーが所属する支援機関の機能との関係で明確化される。そして，その当事者の意思とその力に基づく選択によって，この機関でどのようなサービスや支援，すなわち機関の機能が利用されるべきなのかいうことに焦点を当てたアプローチである。

　このように，ソーシャルワークにおける支援機関の機能が持つ意味を重視したことから機能的アプローチ（機能主義アプローチ）と呼ばれているが，支援の対象となる状況にありながらも，当事者の主体性や意思の尊重，またその人が持つ潜在的な力や可能性への信頼に基づくアプローチは，ソーシャルワーク全体としても共有するべき重要な考え方である。そして，当事者が支援機関の機能を活用して，問題解決に取り組むことを支える仕組みや体制を構築し，維持していくこともこのアプローチにおけるソーシャルワーカーの役割なのである。

❑ 問題解決アプローチ

1950年代にパールマン（Perlman, H.）が体系化したアプローチであり，それは今日のソーシャルワーク全体に共通する基礎的な思想や方法を提供したといっても過言ではない。それまで，精神分析学の知見に基づく診断主義の考え方と，前述の機能主義アプローチの考え方とが，ケースワークのあり方を巡って議論を展開していたが，この両者の統合を図ったアプローチとしても位置づけられる。

パールマンは，人間とは生まれてから死ぬまでの生涯を通して，常に何かの問題や課題に直面しては，その解決に取り組み続けている存在であり，人生そのものが問題解決の連続であると主張した。その意味で，人々が生活していく上で何らかの問題や課題を抱えることは，それ自体決して特別なことではなく，誰の生活にも何時にでも起こり得ることであるという認識が，このアプローチの根底にある。

このアプローチでは，当事者自身がその問題を解決していく過程を重視するが，その過程では当事者が持つワーカビリティ（workability：支援を活用して問題を解決していく能力）に焦点が当てられる。このワーカビリティは，当事者の問題解決に向けた動機づけ（motivation），問題解決に活用できる当事者の能力（capacity），支援機関等によって提供される問題解決に取り組む機会（opportunities）から成り立つとされる。

支援に携わるソーシャルワーカーは，生じている問題の状況の把握と同時に，当事者のワーカビリティを見出して，活かしていくことが重要である。このことは，生活の主体としての当事者の主体性を尊重する支援ともなり，ソーシャルワーカーは当事者とともに，当事者と協働しての問題解決の過程を築くことになるのである。

❑ 心理社会的アプローチ

人々が抱える生活問題を，心理的要因と社会的（環境的）要因の相互作用から生じるものととらえ，当事者である個人への直接的な支援とともに，個人を取り巻く環境への働きかけの必要性や有効性を示したアプローチである。ホリス（Hollis, F.）やハミルトン（Hamilton, G.）を中心に体系化された。

何らかの生活問題や困難に対して，問題を抱えるその人自身の心理的側面のみに焦点を当てるのではなく，その人の心理状態に影響を与える人間関係や周囲の環境との関係や相互作用のあり方から生じているとするとらえ方から，介入の仕方や支援の展開を図るものである。

心理社会的アプローチの重要な視点として，支援の対象となる個人を，その個人を取り巻く全体の状況との関連でみるということがあげ

られる。「状況のなかの人（person-in-situation）」という概念で表されるこの視点あるいは人間観は、「個人」そしてその個人がおかれた「状況」および「両者の相互作用」という3つの側面の互いの関連性をとらえることで、当事者の体験している現実に迫ろうとするものである。

　たとえば、家族が個人にどのような影響を与えているか、またその逆はどうか、学校や職場の一員としてのその人はどのような状況にいるのか、地域の中でどのような環境や関係性によって孤立状態を強いられているのかなどという人と状況への理解の仕方である。人々が生活者として経験している現実を全体的、相互的にとらえようとするこのアプローチは、地域における社会生活支援としてのソーシャルワークに重要な知見を与えるものである。

☐ 危機介入アプローチ

　近年の日本では、いつどこで地震や台風などの自然災害が発生してもおかしくない状況にあり、日頃からの備えが欠かせない。特に大規模な災害時には命の危険はもとより、様々な悲しみや苦しみ、喪失感が被災者を突然襲うことになる。また、そのような危機状態は、災害時だけではなく、家族や友人との死別や何か重い病気を患うこと、あるいは犯罪や事故による被害など、様々な出来事を通して経験される。

　ここでいう危機状態とは、たとえば、これまで経験したことのない苦痛、今までのやり方で対処できない困難、先が見えない状況や、あるいは生きる意欲や生活意欲の喪失状態のことなどをいう。そして、そのような危機状態にある当事者に短気集中的に働きかけることで、少しでも早くに危機状態からの脱却を図るソーシャルワークのアプローチが危機介入アプローチである。有名な提唱者としては、ラポポート（Rapoport, L.）やキャプラン（Caplan, G.）などがあげられる。

　もちろん、危機状態に陥らないための予防的な取り組みや日頃からの心がけは重要である。しかし、人生においては予想外や想定外のことが起こり、時にそのことが危機状態をもたらすことがある。そして人間は誰でも、危機状態におかれると、通常の思考や判断能力、対処能力が損なわれることになる。眼前で起こった出来事を前に、ただ呆然とするしかないときもある。周囲の人々にとっては取るに足らないことであっても、その本人にとっては深刻な危機状態ということもある。

　危機介入アプローチは、そのような危機状態にある人々に対する早期介入のソーシャルワークとして、積極的なアウトリーチを行い、当事者の危機状態の緩和や安定、苦痛の軽減、心身の状態の回復などを図るものである。

課題中心アプローチ

生活上の具体的な課題に焦点を当てて，短期の支援によって問題解決を図るアプローチである。リード（Reid, W.）とエプシュタイン（Epstein, L.）によって提唱された。長期にわたる支援のあり方ではなく，最初の段階から短い期間での支援過程を想定しているということに特徴がある。

人々が抱える生活問題の多くは，様々な事情や出来事が互いに絡み合って問題となっているため，その問題の全部を一度に解決しようとすると大きすぎる話になりかねない。あるいはどうしても抽象的な，漠然とした議論になってしまい，問題解決のために何からどうすれば良いのかが明確にならないということも起こり得る。

このアプローチでは，当事者自身が現在抱えている問題を現実的・具体的にとらえることを重視している。そこから，当事者とソーシャルワーカーが，問題解決に向けて，優先すべき課題を明確にしながら，何をするのかを具体的に共有して取り組んでいこうとするものである。したがって，たとえば当事者の理解力を超えるような課題であるとか，精神医学的な側面での長期的な治療的支援が必要な課題などは，このアプローチの対象とはならない。

そして，何より当事者自身が，問題解決のためにその課題に取り組む意味を理解して，主体的に行動できることが重要である。そして，そのための様々な制度やサービスなど社会資源の活用や開発，すなわち当事者が問題解決に向けた課題に主体的に取り組める環境整備が，ソーシャルワーカーに求められる役割となるのである。

行動変容アプローチ

人間の行動は学習されることで表出され，また学習によって行動は変化するという学習理論の考え方に基づいたアプローチである。名前の通り，何らかの生活問題を抱える当事者の行動に焦点を当てる。表出される特定の行動のうち，望ましくない行動を減らす，もしくは消去して，望ましい行動を増やすことを促しながら，当事者の行動変容を図ることで，問題解決を図ろうとするものである。

このアプローチでは，問題となる現実的で具体的な行動の，学習による変容に着目することから，支援の目標や計画が設定しやすいということがあげられる。また当事者にとっても，具体的な目標が設定されることで，問題解決に向けて取り組みやすいということも言える。しかし，表出される行動とその変容のみに注目するあまり，そのような行動をもたらす環境や，あるいはそのような行動をせざるをえない

社会的な状況への視点を失うことのないようにしなければならない。

　ソーシャルワークで大切なことは，人と環境と両者の相互作用，すなわち人々の意識や行動に影響を与える環境や状況への視点である。生活問題を個人の意識や行動の問題とするのではなく，それをもたらす環境的な要因や社会構造的な要因があり，そこから生じる環境的，社会構造的な問題であるとする見方を手放してはいけない。人間の意識や行動は，現在や過去における様々な人や場所との社会関係の経験から様々な影響を受けて表出され，また影響を受けて変容するという理解が重要である。

◻︎ 解決志向アプローチ

　生活問題を抱える当事者が，その問題が解決された状態をイメージすることを通して，その解決状態の実現に向けて具体的に取り組むことを促すアプローチである。バーグ（Berg, I.）やシェザー（Shazer, S.）らによって提唱された。

　このアプローチで重視されるのは，当事者とソーシャルワーカーとのコミュニケーションであり，対話である。つまり，両者の面接のなかで，問題解決状態へのイメージが協働でつくられ，解決に向けた過程をともに歩むという支援のあり方である。

　このアプローチの根底にある考え方は，人々の生活は変化の連続のなかにあり，当事者は状況を良い方向に変化させる力を持っているということである。ソーシャルワーカーの役割は，その力を認めて，当事者自身が想像する解決状態の実現に向けて，当事者のペースでの取り組みを支えることである。そのためには，たとえ小さな変化であっても肯定的な意味があるという認識のもとで，その変化のための具体的で，実現可能な目標が設定されることが重要である。

　解決志向アプローチを特徴づけるものとして，質問の形式があげられるが，なかでも「ミラクル・クエスチョン」や「スケール・クエスチョン」は有名である。前者は，抱えている問題が解決した後の状態を当事者に想像させて，もしもそのような状態になったとすれば，それは今の状態と何が違っているのかについて，具体的に考えさせ，実行に移させるものである。後者は，生活問題を抱える当事者が，現状について，0点から10点までの点数で表すと何点になるかを考えさせる。そこから，点数が上がった状態，すなわち今よりも良い状態を想像させ，そのために役に立つことや必要なことなどを話し合いながら，解決に向けての具体的な方策を見出すのである。

❏ ナラティブアプローチ

ナラティブ（narrative）とは，「語り」や「物語」などを意味する言葉であり，このアプローチは，社会構成主義の考え方を理論的基盤としている。社会構成主義とは，私たちが経験している，あるいは見ている現実に対して，それが最初からそうあるのではなく，人々の間の対話によって社会的に意味づけられ，構成されたものとする認識の仕方や考え方である。人間は誰しも人生の物語（ストーリー）を持ち，現実を自分なりに解釈しながら自分自身の意味の世界を生きているとするのである。

このような考え方に基づき，このアプローチでは，当事者が抱えている生活問題や置かれている状況に対して，支援者側からの一方的な定義づけや解釈を押しつけるのではなく，あくまでも当事者による語りや当事者の物語，当事者による意味づけを大切にする。つまり，何らかの生活問題の渦中にある当事者が，その問題の原因となる出来事や，問題を抱える自分自身に対して，どのようなとらえ方や意味づけをしているのかという，当事者の主観的な物語に寄り添うことから，問題解決へ向けた支援が展開されるのである。

そして，その支援とは，当事者と支援者であるソーシャルワーカーとの対話，すなわち協働作業によって，新しい物語を構築することである。それは，当事者が抱える生活問題の現実と経験に対する新たな意味づけや解釈を見出すことであり，それによってたとえば，当事者を抑圧していた否定的な物語からの解放や，当事者が主体的な生活を取り戻す肯定的な物語への書き換えがなされることになる。

ナラティブアプローチとは，当事者が問題や現実への意味づけや解釈の変化による新たな人生の物語を，単独ではなく支援者との対話と協働で紡ぐことによって，主体的な生活や人生を取り戻して生きることを支えるものである。

 ## 6 実践モデル・アプローチの多様化と求められる共通基盤

❏ 実践モデルやアプローチの多種多様化の意義

ソーシャルワークは，その始まりから今日に至るまで，様々な理論に基づき，様々な実践モデルやアプローチを開発してきた。それは，ソーシャルワークが歴史的に，その時代を生きる人々の生活の現実にかかわり，向き合ってきたことの証である。そして，その時代で生じ

る生活問題とそれを抱える人々の現実が多様であるために，ソーシャルワークもまた，それらに対応するべく，多種多様な実践モデルやアプローチを開発してきた。このような実践モデルやアプローチの豊かさは，ソーシャルワークの幅の広さや守備範囲の大きさ，多様で複雑な生活課題に応じた支援の展開を可能にすると考える。

　日本では，今日の複雑化，多様化，複合化する生活問題に対して，総合的かつ包括的な支援が求められている。その展開のなかでは，ここで挙げたような様々な実践モデルやアプローチを，本人や家族あるいは地域の状況，そして生活問題の個別の具体的な状況に応じて，柔軟に組み合わせて活用しながら，状況にふさわしいソーシャルワークのあり方として展開させていくことが必要である。

　そして，その際に大切なことは，ソーシャルワークの出発点および実践の過程を導くのは，あくまで何らかの生活問題を抱える当事者とその状況への理解でなければならないということである。一人ひとりあるいは家族や地域によって異なる状況への理解があってはじめて，その状況やニーズ，場面に適した実践モデルやアプローチの組み合わせや具体的な実践場面での適用が意味あるものとなる。

◻ ソーシャルワークの「共通基盤」の必要性

　一方で，多種多様化する実践モデルやアプローチに対して，それらをソーシャルワークのモデルやアプローチであるとしてつなぎあわせるもの，あるいは様々なモデルやアプローチを貫く横ぐしのようなものが必要である。

　ソーシャルワークは，個人や家族，世帯へのかかわりから，地域への働きかけ，あるいは社会変革に向けた活動など，そのミクロからメゾ，マクロレベルに至る実践であり，その形態は多様である。また，児童や高齢者，障害者や生活困窮者など，その対象や分野，領域も多岐にわたる実践である。それらをソーシャルワークとして一つに束ねるもの，言い換えれば，「ソーシャルワークをソーシャルワークたらしめるもの」が何かを明らかにすることが必要である。それは言わば，ソーシャルワークの拠り所や立ち返る場所としての「共通基盤」の確立，および問い直しと継承ということになる。

　現代を生きる人々の，多様な生活とその現実，そして社会構造的に生じる様々な生活問題の現実に向き合いながら，ソーシャルワークに求められていることは何か，何にまなざしを向けるのか，何に対して何をなすべきか，何を手放してはいけないのかなど，その共通基盤を問い続けることが必要である。実践モデルやアプローチ，そしてソー

シャルワークが実践される分野や場所が多種多様化する状況にあるからこそ，その営みが欠かせない。そして，そのことが同時にソーシャルワークの全体を発展させることになるのである。

　ソーシャルワークは歴史的に，ケースワーク，グループワーク，コミュニティワークという，それぞれ個人や集団，地域に対する支援の方法として個別に発展してきた。しかし，今日それらはソーシャルワークとしての共通基盤をもとに統合化され，一体のものとしてとらえられるようになった。その意味で，個人，集団，地域に対するソーシャルワーク（social work with individual, group, community）として，相互に連動する方法であり実践として理解することが重要である。あわせて，今日普及しているケアマネジメントについても，あくまでもソーシャルワークとの関連で，ソーシャルワークとも重なる支援方法として理解することが求められる。以上を踏まえた上で，続く第7，8，9章で取り上げる，ケアマネジメント，そしてグループおよびコミュニティに対するソーシャルワークについて学んで欲しい。

◯参考文献 ────────

ハウ，D.／杉本敏夫監訳（2011）『ソーシャルワーク理論入門』みらい．
ヘプワース，D. H. ほか／武田信子監修／北島英治ほか監訳（2015）『ダイレクト・ソーシャルワークハンドブック──対人支援の理論と技術』明石書店．
Hollis, F. (1964) *Casework : A Psychosocial Therapy*, Random House. (＝1996, 本出祐之・黒川昭登・森野郁子訳『ケースワーク──心理社会療法』岩崎学術出版社)
ジャーメイン，C. B. ＆ギッターマン，A.／田中禮子・小寺全世・橋本由紀子監訳（2008）『ソーシャルワーク実践と生活モデル（上・下）』ふくろう出版．
岩間伸之・白澤政和・福山和女編著（2010）『ソーシャルワークの理論と方法Ⅰ』ミネルヴァ書房．
木村容子・小原眞知子編著（2019）『ソーシャルワーク論』（しっかり学べる社会福祉②）ミネルヴァ書房．
北島英治・副田あけみ・髙橋重宏・渡部律子編著（2010）『ソーシャルワーク実践の基礎理論〔改訂版〕』有斐閣．
久保紘章・副田あけみ編著（2005）『ソーシャルワークの実践モデル──心理社会的アプローチからナラティブまで』川島書店．
空閑浩人編著（2015）『ソーシャルワーク』（新基礎からの社会福祉2）ミネルヴァ書房．
社会福祉士養成講座編集委員会編（2015）『相談援助の理論と方法Ⅱ〔第3版〕（新・社会福祉士養成講座8）』中央法規出版．
東京社会福祉士会（2019）『ソーシャルワークの理論と実践の基盤』へるす出版．
Turner, F. J.(ed.)(1996) *Social Work Treatment : Interlocking Theoretical Approaches*, Free Press. (＝1999, 米本秀仁監訳『ソーシャルワーク・トリートメント──相互連結理論アプローチ』(上・下) 中央法規出版)

■第7章■

ケアマネジメント

① ケアマネジメントの定義

☐ ケースマネジメントとケアマネジメント

現在，日本でケアマネジメントと呼ばれている援助方法は，1970年代にアメリカの地域精神保健領域で生まれた。当時はケースマネジメント（Case Manegement）と呼ばれ，脱施設化を背景とする精神障害者の地域ケアの方法として取り組まれ，1980年代に理論的に整理されていった。このケースマネジメントは海外に紹介され，イギリスでは1990年制定のコミュニティケア法（National Health Service and Community Care Act）に取り込まれ，福祉サービスの利用においてケアマネジャーのアセスメントとプランニングを経るというシステムがつくられた。また，イギリスではケアマネジメント（Care Manegement）という呼称が用いられることになったが，両者は同義と理解してよい。

日本にケアマネジメントが紹介されたのは，1980年代中頃であった。最初は高齢者福祉領域で活用され，1990（平成2）年には在宅要介護高齢者に対するケアマネジメント機能を担う相談機関として在宅介護支援センターが制度化された。1990年代には障害者福祉領域においてもケアマネジメントの導入が検討されるようになった。

ケアマネジメントが本格的に社会制度の中に組み込まれるようになったのは2000（平成12）年の介護保険制度の創設による。介護保険制度の中には，要介護・要支援者が利用する各種の介護保険サービスを調整するためのサービスとして居宅介護支援が設けられ，ケアプラン（介護サービス計画）の作成を支援する専門職として介護支援専門員（通称ケアマネジャー）という資格制度が創設された。

障害者領域では，2003（平成15）年の支援費支給制度，2006（平成18）年の障害者自立支援制度において，単身で生活し自らサービス調整ができなかったり，障害が重度でサービス利用に必要な連絡調整ができない人に対してサービス利用計画費を支給するしくみが組み込まれることになった。しかし，介護保険制度のようにすべての利用者に担当ケアマネジャーを設け，ケアプラン作成を支援するわけではなく，大半の利用者には利用するサービス提供機関がサービス等利用計画を作成するという制度設計になっている。

児童・家庭領域においてはケアマネジメントのしくみが制度化されてはいないが，都道府県や市町村の独自事業としてケアマネジメント

の手法を参考にケアプランを作成しているものがある。⁽¹⁾

このように，ケアマネジメントは主として高齢者領域や障害者領域で制度に組み込まれ，実践されているが，それ以外も，児童養護，⁽²⁾低所得・⁽³⁾生活困窮，⁽⁴⁾がん，⁽⁵⁾保護観察⁽⁶⁾といった領域においても活用例が見られる。

❑ ケアマネジメントの定義

ここでは，いくつかのケアマネジメントの定義を見ておくことにする。

Encyclopedia of Social Work（『ソーシャルワーク事典』）において，最初にケースマネジメントの項目がつくられた18版（1987年）では，「複雑で複数の問題や障害を持つクライアントが必要なすべてのサービスをタイムリーかつ適切な方法で確実に受け取れるようにするサービス供給のアプローチ」⁽⁷⁾と定義されている。

The Social Work Dictionary（5th ed.）（『ソーシャルワーク辞書（第5版）』）（1999年）では，「クライアントに代わってさまざまな社会的機関およびスタッフから提供されるサービスを計画し，探しだし，およびモニターするプロセス」⁽⁸⁾と定義され，この定義は *Encyclopedia of Social Work*（20th ed.）（『ソーシャルワーク事典（第20版）』）（2008年）にも掲載されている。また，全米ソーシャルワーカー協会は *Standards for Social Work Case Management*『ソーシャルワーク・ケースマネジメント基準』（2013年）を定めているが，そこでもこの定義が引用されている。⁽⁹⁾

また，アメリカケースマネジメント協会は「患者の安全，ケアの質，費用対効果を高めるために，コミュニケーションと利用可能な資源を用いて，個人と家族の包括的な健康ニーズを満たすための選択肢とサービスについてのアセスメント，計画，計画の促進，ケアの調整，評価およびアドボカシーを行う協働プロセス」⁽¹⁰⁾と定義している。

日本において，ケアマネジメントを体系的に紹介した白澤政和は「対象者の社会生活上でのニーズを充足させることで，適切な社会資源と結び付ける手続きの総体」⁽¹¹⁾と定義している。

これらのいくつかの定義からは，ケアマネジメントの特徴を次のように理解することができる。

○ケアマネジメントの対象は，複数の多様なニーズを抱えており，複雑なサービス供給システムと自ら関わりを持って，必要とする資源を入手することが難しい人たちである。

○ケアマネジメントの目標は，これらの人達のニーズを充たすとともに

に，安全を確保する。また提供されるケアの質と費用対効果を高めることである。

○ケアマネジメントの機能は，これらの人たちのニーズを充たすことができる社会資源と結び付けることの支援である。そのためには，アセスメント，計画作成，計画の実施，モニタリング，評価，アドボカシー等が用いられる。

○ケアマネジメントは協働プロセスである。ケアマネジャーはクライエントとともにケアマネジメントのアセスメント，計画作成，実施，モニタリングといったプロセスをすすめ，同時に保健・医療・福祉その他の社会資源と協働でクライエントの支援を進めていく。

② ケアマネジメントの機能と役割

☐ ケアマネジメントの機能と目的

ケアマネジメントの目的は，ニーズの充足により利用者の地域での生活を継続することであり，その生活は自立と QOL の高いものとなることが重要である。この自立は生物・心理・社会的（バイオ・サイコ・ソーシャル）側面から多面的にとらえる必要がある。また ADL などの身辺自立，経済的自立，自分のことを自分で決めていく人格的自立（意思決定の自立）という側面でとらえられる[12]。もちろん，健康状態が安定していなければ心理・社会面でも充実した生活を送ることは難しくなる。

そのため，疾患の管理や健康状態の維持・回復のために主治医や医療機関と連携していくことは，自立の基盤を支えることになる。さらに，自身の必要とする支援を主体的に選び取っていく意思決定の自立，他者と良好な関係を築く中で自己肯定感を得る等の心理社会的な側面からの自立を考えることも重要である。また，そこには就労や社会参加といった面も視野に入れることが必要である。こうしたさまざまな自立の度合が高まるほど，QOL は高くなると考えられる。

WHO は QOL を「個々人が生活している文化や価値観の中で，また自分の目標，期待，基準，関心との関連において，自分の人生の状況についての彼らの認識」と定義し，身体的健康，心理面，自立性の程度，社会関係，環境，スピリチュアリティ／信仰／個人の信念といった領域からなるものと考えている[13]。

このように自立と QOL は多面的かつ個別的なものである。利用者

➡ QOL

生活の質（Quality of Life）。生命の質，人生の質と訳されることもある。WHO は QOL を「個人が抱く，その生活する文化や価値システムの文脈において，彼らが持つ目標や期待，基準，関心に関連して，人生における彼らの状況に対する認識」と定義している。このように，QOL には主観的側面が大きく影響するが，WHO は QOL を異文化間の QOL を測定するツールとしてWHOQOL-100を開発している。これにはQOL を構成する主要領域として身体的健康状態，心理的健康状態，自立度，社会的関係，環境，個人的価値と信条が含まれている。

表7-1　ケアマネジメントの3つのモデル（Ross, H.）

最小限モデル	コーディネーションモデル	包括モデル
アウトリーチ クライエントのアセスメント ケースのプランニング サービス提供者への送致	アウトリーチ クライエントのアセスメント ケースのプランニング サービス提供者への送致 クライエントのための弁護的機能 直接的ケースワーク 自然に存在するサポートシステムの開発 再アセスメント	アウトリーチ クライエントのアセスメント ケースのプランニング サービス提供者への送致 クライエントのための弁護的機能 直接的ケースワーク 自然に存在するサポートシステムの開発 再アセスメント 資源開発のための弁護的機能 サービスの質の監視 一般市民の教育 危機介入

出所：ローズ，S. M. 編／白澤政和・渡部律子・岡田進一監訳（1997）『ケースマネージメント
　　　と社会福祉』ミネルヴァ書房，51.

の自立と QOL を高めるためには，利用者の個別性の理解が不可欠だ
といえる。

☐ ケアマネジメントのモデル

　ケアマネジメントには，さまざまなモデルがある。それらはたとえ
ば，①ニーズと社会資源の接合をサービス提供機関間での調整により
行うというケアマネジメントの最も基本的な形である仲介（broker）
モデル，②フォーマルなサービスへの仲介・斡旋や権利擁護を伴うサ
ービス調整を行う拡張仲介（expanded broker）モデル，③仲介モデル
に加えてリハビリテーションの視点を持ち，社会資源との接合に加え
て利用者の機能回復を図ろうとするリハビリテーション
（rehabilitation）モデル，④ケアマネジャーが利用者に対して支援と技
能訓練を行うとともに環境に働きかける臨床型（clinical）モデル，⑤
利用者のストレングスや利用者を取り巻く環境側のストレングスに着
目し，それらを引き出すことに重点を置くストレングス（strengths）
モデル，⑥重度の精神障害のある利用者を対象とし，多職種チームで
24時間，365日医学的・心理社会的・リハビリテーション的なサービ
ス提供を行う**積極的地域内治療**（assertive community treatment：
ACT）モデルや，⑦仲介型と ACT 型の中間的な形をとる集中
（intensive）モデルなどである。[14]

　また，ロス（Ross, H.）はケアマネジメント・プログラムを3つのモ
デルに整理している（**表7-1**）。これによれば，最小限モデルは主と
して社会資源との仲介／送致までの機能を担うが，コーディネーショ
ンモデルではアドボカシーやインフォーマルな資源の開発などの社会

➡ ADL

Activity of Daily Living の略。一般的には起居・移乗・移動・食事・更衣・排泄・入浴・整容などの動作を意味する。また，掃除・料理・洗濯・買い物などの家事や交通機関の利用，電話対応などのコミュニケーション，スケジュール調整，服薬管理，金銭管理，趣味の活動といった生活を送る上での行動はIADL（Instrumental ADL）と呼ばれる。

➡ 積極的地域内治療モデル（ACT）

統合型とも言われ，重度の精神障害者の地域生活を支えるために，複数の職種がチームを構成し，24時間365日体制で医学的・心理社会的・リハビリテーション的サービスを提供するもの。日本においても2003年頃から日本版 ACT（ACT-J）として取り組まれている。

資源の質や量にまで，さらに包括モデルでは資源開発やサービスの質の監視，市民教育等まで幅広い範囲をケースマネジメントの中に含むものと整理されている[15]。

これについて白澤政和は，ケアマネジメントは個人支援にとどまるのか，地域支援までを含めるのかで機能が分かれるとし，包括モデルではソーシャルワークと重なる機能を持つものとなると指摘している[16]。近年，**地域包括ケアシステム**の構築，さらに地域共生社会の実現を図ることが大きな政策課題となってきていることを考えると，ケアマネジメントは仲介機能にとどまるのではなく，個別の支援からケアシステムの不備や不足を見つけ出し，地域ケア会議や地域自立支援協議会等を活用しながら，ネットワーク構築，社会資源開発，政策提言へと展開していくことが求められている[17]。

➡ 地域包括ケアシステム

医療と介護の統合・機能分化を図る integrated care の考え方を，日本の高齢者介護領域で政策課題化したもの。2014年の医療介護総合確保推進法において「地域の実情に応じて，高齢者が，可能な限り，住み慣れた地域でその有する能力に応じ自立した日常生活を営むことができるよう，医療，介護，介護予防，住まい及び自立した日常生活の支援が包括的に確保される体制」と定義されている。

---

③ ケアマネジメントの構成要素

　ケアマネジメントの中核的な機能はニーズと社会資源の接合である。このように考えると，ケアマネジメントの構成要素は①ケアマネジメントを必要とする利用者，②利用者の生活ニーズを充足する社会資源，③ケアマネジメントを実施する機関に配置されているケアマネジャー，④ケアマネジメントを実施していく過程の4つと考えられる[18]（**図7-1**）。ここでは，そのうち①，②，③について述べる。

☐ 利用者

　ケアマネジメントを必要とするのは，保健・医療・福祉やその他のさまざまなニーズを抱え，そのニーズを充たす社会資源を自らの力で探し出すことが難しい人達である。ホルト（Holt, B. J.）はこうしたケアマネジメントの利用者として，慢性疾患を抱える人たち，高齢者，HIV／エイズ患者，未婚の母親，10代の母親，精神保健サービスの利用者，退役軍人，発達障害のある人たち，児童虐待にかかる人（被虐待児と家族），児童・生徒，薬物依存症の人などをあげている[19]。

　また，利用者本人の生活は家族から大きく影響を受ける。その家族もまた健康面，介護負担面，経済面等々で援助を必要とする状態にあるとすれば，家族も含めてクライエントシステムであると考える必要が出てくる。さらに，近年では介護離職問題も深刻化しており，仕事

図 7-1　ケアマネジメントの構成要素

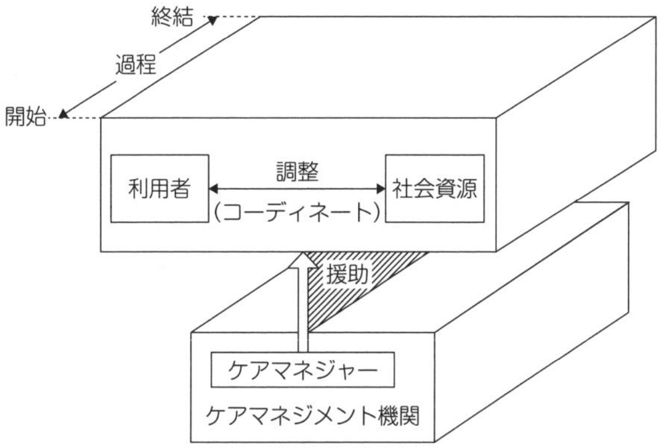

出所：白澤政和（1992）『ケースマネージメントの理論と実際』中央
　　　法規出版，13，を加筆修正.

　と介護の両立支援を行うことの重要性が認識されてきている。こうした例では，介護者である家族の就労を支えるニーズも見逃すことはできない。

　トゥイッグ（Twigg, J.）とアトキン（Atkin, K.）はインフォーマルな介護者の位置づけとして①主たる介護資源としての介護者（carers as resources），②専門職の援助の協働者としての介護者（carers as co-workers），③援助を必要とする人としての介護者（carers as co-clients），④介護者というとらえ方を超えた一人の市民（the superseded carers）という 4 つの類型を示している[20]。この観点に立てば，家族はクライエントの生活に大きな影響を与えるシステムであると同時に，家族もまた自身の自立や QOL に関するニーズを持った一人の人であるととらえる必要がある。

社会資源

　社会資源（social resourses）とは，利用者のニーズを充足するために用いられる「施設・設備，資金・物品，諸制度，技能，知識，人・集団などの有形，無形のハードウェアおよびソフトウェアの総称[21]」である。それらは人（専門職，非専門職等の幅広い人材），もの（制度・サービス，物品，ネットワーク等），金（補助金，寄付金等），とき（時間や機会等），知らせ（情報）などと整理される[22]。そして，利用者支援においてはクライエントのニーズ充足に使えるものはなんでも，すなわちサービス供給システムとして制度化されていないものも含めて社会資源と見なすことが重要である。

　また，社会資源の性質から考えると，①フォーマルな社会資源，②インフォーマルな社会資源，③利用者自身の内的資源，という分類が

できる。

① フォーマルな社会資源

　ある一定の要件に当てはまればどんな人でも利用が可能な，社会的に用意されたサービスのことをいう。これらのサービスの提供者はサービス事業所の職員である。そのため，提供されるサービスの専門性は高く，サービス提供の継続性も担保されやすい。しかし，それぞれのサービスは対象となるニーズの範囲や提供されるサービスの内容が明確に定められており，柔軟性には欠ける。また，それぞれの専門職は，その職種特有の考え方や価値観，仕事の仕方等の特徴を持っている。ケアマネジャーはそうした社会資源側の特徴を理解した上で，社会資源をコーティネートしていく必要がある。

② インフォーマルな社会資源

　家族・親族，近隣住民，ボランティアなどである。そこで提供される支援はフォーマルな社会資源に比べて専門性や継続性，安定性は低いかも知れないが，利用者との私的な関係性から生まれる安心感や満足感，また支援内容や時間，スケジュールの融通性は高くなりやすい。しかし，この関係性はインフォーマルな支援者側の利用者に対する「支援してあげたい」という気持ちによって成り立つものである。そのため，その気持ちがなくなってしまったり，あるいは支援そのものがインフォーマルな支援者の生活を圧迫するほどの負担となれば，インフォーマルな支援者は支援をやめてしまう。ケアマネジャーはインフォーマルな支援者と利用者との関係性やインフォーマルな支援者が感じていることを察知し，過剰な負担とならないように留意しながら関わりを求めていくことが必要である。また，こうしたインフォーマルな支援者を知識面，感情面等でも支えていく工夫も必要となる。

③ 利用者自身の内的資源

　まさに利用者その人が持っている力である。これはセルフケア力やストレングスといわれるものである。利用者自身が持っている力を発揮して生活ができることは利用者の自己効力感を高めることにもつながる。ケアマネジャーは利用者の持っている力をアセスメントし，その力を活用したり，高めていくことを意識する。そしてその力とフォーマル，インフォーマルな社会資源を上手く組み合わせて生活が成り立っていくように留意して，プランニングすることが求められる。

☐ ケアマネジャー

　誰がケアマネジャーかについては，ケアマネジメントシステムとケアマネジメント実践の両面から考える必要がある。

　ケアマネジメントシステムから考えると，ケアマネジャーとは制度からケアマネジメントを行う権限が与えられた専門職である。日本における介護保険制度では介護支援専門員が，障害者総合支援制度では相談支援専門員がケアマネジャーとなる。

　北米ではソーシャルワーカー，看護師・保健師や作業療法士がケアマネジャーとなっており，イギリスにおいては自治体職員がケアマネジャーである。日本では，居宅介護支援事業所の介護支援専門員の保有資格からみると，介護福祉士が72％，介護職員初任者研修（旧ホームヘルパー2級）が約43％，社会福祉士が約15％，看護師が約10％，残りはその他の資格保持者が占めている[23]。障害者相談支援専門員の場合は社会福祉主事任用資格，社会福祉士，介護福祉士等の資格保有者がそれぞれ3割台，精神保健福祉士が約2割（複数回答）となっている[24]。このように，ケアマネジャーの役割は現実的にはさまざまな職種によって担われていることになる。

　ケアマネジメント実践から考えると，ケアマネジャーは利用者のニーズと社会資源を結び付ける人であり，それは専門職の場合もあれば，利用者自身あるいはその家族である場合も考えられる。利用者自身がケアマネジメント機能を担う場合とは，文字通り利用者が自らの必要とする社会資源を調整するセルフ・マネジメントを行うことである。たとえば，介護保険制度や障害者総合支援制度ではケアプランの自己作成が制度上認められている。また，障害者ケアマネジメントにおいては障害者自身が自ら必要とする社会資源に調整するセルフ・マネジメントの重要性が指摘されてきた。また，イギリスにおいては個人予算（individual budget）という，利用者本人がプランを立て，自治体はそれを支援するしくみを導入している[25]。

 ## ケアマネジメントの支援プロセス

□ 入口（ケース発見，スクリーニング，エンゲージメント）

① ケース発見

　ケアマネジメントの支援プロセスは**図7-2**のように循環構造をもっている。

　ケース発見とは，文字通りケアマネジメントを必要とする人を発見する段階である。このケース発見は，(1)当事者が専門機関を訪れて支援を求める場合，(2)関係者が当事者を見つけ，専門機関に相談するこ

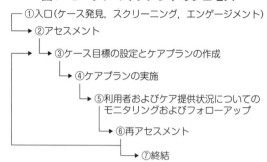

図7-2　ケアマネジメントのプロセス

- ①入口(ケース発見，スクリーニング，エンゲージメント)
- →②アセスメント
- →③ケース目標の設定とケアプランの作成
- →④ケアプランの実施
- →⑤利用者およびケア提供状況についての
　モニタリングおよびフォローアップ
- →⑥再アセスメント
- →⑦終結

出所：白澤政和（1992）『ケースマネージメントの理論と実際』中央法規出版，17，に加筆.

とでケース発見がなされる場合，(3)ケアマネジャーがアウトリーチによって発見する場合がある。

　また，こうしたケース発見をどの機関が担うかは制度によって異なる。介護保険制度では市町村や地域包括支援センターが地域の総合相談窓口として，障害者総合支援制度では市町村や相談支援事業者が基本相談支援としてこの機能を担うことになる。

②　スクリーニング

　スクリーニングとは，サービス供給システムが本来対象とする人たちを選別することである。介護保険制度や障害者総合支援制度では，要介護認定，障害支援区分認定がこの機能を担う。

　また，当該制度の対象とはならないが，別のニーズがある場合，より適切な支援が提供できる機関に送致（refer）する場合もある。送致にあたっては，単に他の相談窓口を紹介するだけにとどまらず，その人が適切にその相談窓口で支援が受けられるように担当者に連絡を取ったり，場合によっては同行する等，必要な対応を行うことが大切である。

③　エンゲージメント

　エンゲージメントとは，「約束」「契約」などと訳されるが，ケアマネジャーが支援を要する人と出会い，問題の解決への歩みを協働で行う関係を築いていくことである。その内容は，ケアマネジャーとしての自己紹介，役割の説明，情報の提供（ケアマネジメントプログラムの説明，苦情申し立ての手順），連絡先の提示などだとされている[26]。

□ アセスメント

①　アセスメントで収集すべき情報

　アセスメントとは情報を収集し分析するプロセスである。ケアマネ

図7-3　利用者の生活の全体像を把握するための枠組み（ICF）

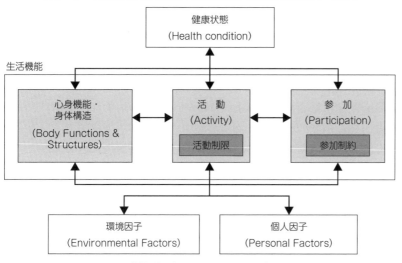

出所：障害者福祉研究会編（2002）『ICF 国際生活機能分類：国際障害分類改訂版』中央法規出版，17.

ジャーはクライエントの生活の中で何が，なぜ起こっているのかを理解していかねばならない。人の生活はその人の持つ力と周囲の環境との交互作用によって構成される（**図7-3**）。それゆえ，アセスメントにおいては個人と環境の両面から情報を収集する必要がある。

　こうしたアセスメント情報の種類としては，一般的に，主訴，現在の問題状況，身体的・精神的な健康状態，日常生活動作，心理・社会的機能，経済状況，志気，価値観，および対人関係の持ち方，家族・近隣・友人に関する情報，世帯構成，居住状況，利用者の自助能力やプログラムに対する積極性，現に利用しているサービスやサポート，サービスの資格要件，経済状況，居住場所等があると考えられる。(27)

　たとえば，介護保険制度では課題分析標準項目として23の領域が定められている。障害者であればアセスメント領域は，生活基盤，健康，日常生活，家族支援，コミュニケーション・スキル，社会生活技能，社会参加，教育・就労といった領域が想定されている。(28)生活困窮者であればアセスメント領域は健康，住まい，仕事・就労，生活管理，収入・経済状況，地域との関わり・社会参加，家族の問題・家族関係，DV・虐待，子どもの状況・子どもの問題，国籍・言語，基礎的な能力，生育歴・生活歴，本人の力・支援者の有無といったものが想定されている。(29)

　また，ストレングスモデルでは，家／日常生活，財産・経済／保険，就労／教育／専門知識，支援者との関係性，快適な状態／健康，レジャー／余暇，スピリチュアリティ／文化といった領域について，現在

のストレングス，願望・熱望，過去に活用してきた資源を把握することが求められる。[(30)]

　② 情報の収集の仕方とアセスメントシートや支援ソフトウエアの活用

　情報収集と分析を助けるツールとしてアセスメントシートがある。シートを活用することで，(1)経験の浅いケアマネジャーであっても最低限必要な情報収集ができる，(2)シートに組み込まれた仕掛けにより情報の分析が助けられる等のメリットがある。その反面，シートに依存すると，利用者とケアマネジャーの協働作業という性質が弱くなる。そのため，ケアマネジャーには適切なアセスメントを行うためにシートという道具を上手に活用する力が求められる。

　また，情報は利用者から得ることが基本であるが，主治医やリハビリテーション専門職等，他の専門職のアセスメントも統合し，利用者の生活問題を包括的にとらえることが重要である。こうしたアセスメントは，日本の介護保険制度においては介護支援専門員が行うが，たとえばイギリスやオーストラリアのように，医師，看護師，ソーシャルワーカーや他の医療・ケアの専門職などから構成される多職種チームがアセスメントを行うというケアマネジメントシステムをとっている国もある。[(31)]

　さらに近年，高齢者領域では AI を用いたケアプラン作成支援ソフトウエアが研究されており，一部実用化されているものある。将来，こうした AI によるアセスメント・プランニング支援ソフトウエアが本格的に実用化されると思われる。その際には，ケアマネジャーにはこうしたソフトウエアを，利用者と協働でケアマネジメントプロセスを進めていくための有効なツールとして活用する能力が求められると思われる。

　③ ニーズに関する合意

　アセスメントによってニーズが把握されるが，支援の初期では利用者が感じている／表明しているニーズと，ケアマネジャーがとらえているニーズ（規範的ニーズ，比較によるニーズ）は乖離していることが多い。ケアマネジャーは信頼関係を構築しながら，「何が」「なぜ起こっているのか」を利用者とともに考えていくことを通して，ニーズに関する摺り合わせを行っていく。そして，ニーズに関する合意が形成されたときに，「では，そのニーズをどのような方法で充足していくか」という解決策，すなわちケアプランの作成を利用者と協働で行うことができるのである（アセスメントにおけるニーズに関しては本書第3章の第1，2節参照）。

表7-2　人間の基本的諸欲求と関連する資源システム

人間の諸欲求（human needs）	関連する資源システム
肯定的自己概念： 　アイデンティティ，自尊心，自信	重要な意味を持つ他者 （親，親族，教師，仲間）
情緒的欲求： 　他者から必要とされているという感情， 　人との交わり，帰属感	親，配偶者，友人，兄弟，文化的準拠集団，社会的ネットワーク
個人的実現欲求： 　教育，レクリエーション，達成感，美 　的満足，宗教	教育，レクリエーション，宗教，雇用等の社会制度・組織
物理的欲求： 　衣食住，健康，安全，保護	経済，法，社会福祉，警察等の社会制度・組織，災害救済組織等

資料：副田あけみが Hepworth, D. H., Rooney, R. H. & Larsen, J. A. (1997) *Direct Social Work*, Brooks/Cole pub. をもとに作成.
出所：久保紘章・副田あけみ編著（2005）『ソーシャルワークの実践モデル』川島書店，143.

❑ プランニング

　合意形成されたニーズを充足するための社会資源のパッケージングを行うのがプランニングである。ただし，実際にはアセスメントとプランニングは同時に進んでいく。

　ニーズと資源の対応関係について，副田らはヘップワース（Hepworth, D. H.）の考え方をもとに整理している（表7-2）。これを見れば，利用者の物理的なニーズを充たすためにはフォーマルな社会資源は有効であるが，心理的なニーズや自己実現ニーズ等を充足するには他者との関係性が不可欠であることがわかる。たとえば，自分が必要であると感じさせてくれる相手との関係の中で，そうした心理的なニーズは充足されるのである。

　プランニングにおいて，ケアマネジャーはともすれば，活用できる制度やサービスの側からニーズをとらえがちになる。しかし，利用者の生活は多面的なものであり，利用者の側から考えようとしたときに初めて，既存の制度やサービスだけでは充足できないニーズの存在を認識することができるのである。

❑ 実　施

　ケアプランに位置づけた各種の社会資源を，実際に利用者に結び付けるのが実施の段階である。それぞれの社会資源にサービス提供依頼を行い，資源を動員する。その際，単に「何を，どの程度（回数，時間）」という依頼だけでなく，そのサービス提供が利用者のどのような生活の改善を目指すものであるのかという目標や，利用者その人の理解に関わる情報も同時に提供され，サービス提供機関やインフォー

マルな支援者とケアマネジャー，もちろん利用者との間で，目標や利用者理解の共有が図られることが重要になる。

その際，インフォーマルな支援者の感情面や負担に注意すること，利用者自身が持つ内的資源の活用に留意することも大切である。

❏ モニタリング／再アセスメント／プランの修正

モニタリングは，ケアプラン通りにサービスが提供されているかを監視すること，提供されているサービスが支援目標の達成に向けて効果を上げていることについて評価することである。もし，それができていなければ，ケアマネジメントは社会資源側にサービス提供方法の修正を求め，あるいは社会資源を変更する必要がある。また，利用者の心身の状況や利用者の周囲のシステムの状態や関係性は変化することがある。そうした変化をキャッチし，その時々で最良の社会資源との結びつけを行うために，再アセスメントを行いケアプランの修正へと展開していくこともモニタリングの重要な機能である。

また，どのような変化が起こりえるかを予測できる場合には，その情報を本人，家族，サービス提供機関と共有しておくことで，そうした変化が起こった際にケアマネジャーに情報がフィードバックされ，再アセスメント・ケアプランの修正を適宜行っていきやすくなる。こうしたリスクマネジメントの視点を持っておくことも重要である。

❏ 終　結

利用者の死去，長期入所施設への入所，他府県への転居等によって利用者の支援は終結する。ただ，入所先や転居先で新たに担当するケアマネジャーに対して，それまでのアセスメント・プランニング等の情報が適切に引き継がれ，切れ目のない支援（シームレスケア）が実現できるように留意する必要がある。

また，家族全体が複合的な課題を抱えている8050世帯等であれば，利用者は死去してケアマネジメントは終結するとしても，家族の生活問題は残っている。そのため，残された家族に対して適切な支援が提供されるように関係機関と調整を図ることも，終結時の課題となる。

ソーシャルワークとケアマネジメント

□ ケアマネジャーに求められる相談支援力

　ケアマネジメントには，アセスメント・プランニング・モニタリング，コーディネーションなどの機能が主に用いられる。こうしたケアマネジメントプロセスを展開していくにあたり，ケアマネジャーにはさまざまな力量が求められる。

　① 高いコミュニケーション能力

　ケアマネジャーは利用者や家族との間に信頼関係を構築し，利用者・家族と協働して生活問題の解決に取り組む。また，それが緩和・解消された先にどのような暮らしを目指そうとするのかを一緒に考えていくためには，高いコミュニケーション能力が求められる。そのためには，相手の話を傾聴・受容し，問題の理解と解決策を協働で探索し，また解決のための動機づけを高め，行動を促していくためのスキルが必要である。こうしたコミュニケーションは，各種の社会資源（専門職，インフォーマルな支援者）との関係においても同様に求められる。

　② 調整能力

　ケアマネジメントはさまざまな立場の異なる機関や人をつなぎ合わせ，利用者のための支援ネットワークを組み立て，動かしていくものである。しかし，それぞれの価値観や考え方が食い違い，足並みが揃わないということは多々起こりうる。たとえば，医療機関は利用者の疾患の悪化を防ぎ，維持・回復を優先的に考える。それに対して福祉サービスは利用者の生活の継続やどのように暮らしたいかという思いとその実現を重視しようとする。インフォーマルな支援者には利用者に対するそれぞれの思いがある。

　このようにさまざまな立場の人達が利用者支援に関わるチームを多職種チームというが，チームメンバー間で起こる信念対立を克服し，互いに補い合い，有効に機能すると総体としての支援力は高まる。そのためにチームメンバー間で状況と目的の共有を図り，自らの意見とは異なる意見があることを意識すること（相対可能性）と双方に違いがあっても共通目標のために協働できること（連携可能性）を確保し，互いの違いを認め合った上で，利用者のために協力し合う関係をつくっていくことが求められる。[32]

③ 人権に関する敏感性

　ケアマネジメントの利用者は，その人が社会生活を送る上で必要な資源との関係づけが欠けている状態にある。これは何らかの権利が侵害されている状態とみることができる。ケアマネジャーは，サービス供給システムの側から，その枠の範囲内に収まるニーズだけを充足するようなニーズと資源の結び付け方をするのではなく，利用者の側からのものの見方を重視し，アドボカシーやエンパワメントを重視する実践を行うことが求められる。ケアマネジャーにはその時代の社会規範や社会システムがニーズと認める範囲内で支援を行うことが求められる一方，そうした社会規範を修正・拡大していく役割も持っている[33]。一人の利用者の権利を擁護する働きかけは，同様のニーズを持っている人達の存在と，その社会システムの側の限界をあぶり出すことにもなる。また，そうした人が多数いることが知られてくることで，制度の修正や新たな社会資源の必要性が認識されるようになるかも知れない。ケアマネジメントが持っているニーズ優先アプローチの重要性は，ミクロ実践だけでなく，メゾ・マクロ実践に対しても重要になるのである。

④ 多様な社会資源についての知識とネットワーク形成力

　利用者は多様なニーズをもつ存在であり，それは介護保険制度や障害者総合支援制度のような制度が用意している社会資源の範疇に収まるものばかりではない。そのため，ケアマネジャーには地域，社会の中にあるさまざまな制度，あるいはインフォーマルな支援システムについて，多くの知識を持っていることが求められる。それは高齢者の場合，保健・医療・福祉や金銭管理，住宅等であるかもしれないし，障害者や生活困窮者であれば就労や趣味・娯楽，他者とのつながりを生み出す社会的準拠集団に関する知識かも知れない。支援対象となる利用者が抱えるニーズに応じて，地域の中になる多様な社会資源を知り，それを活かしていく知識を持っていることが求められる。

　しかしながらケアマネジャーは，実際には既存の支援システムの枠外のニーズを持った人と出会ったとき，あらかじめそうしたニーズに対応する社会資源をすべて知っているわけではない。たとえば，若年性認知症の人の「働きたい」という願いや，障害者の趣味を楽しみたいという思い，施設入所にあたって飼っていたペットの世話をどうするか等の問題は，こうしたことの一例であろう。こうした場合，必要な社会資源についての情報を持っている人をどう探すか，その人とどうつながっていくかというネットワーク力が求められる。

❏ ソーシャルワークとケアマネジメント

先に，ケアマネジメントのコーディネーションモデルや包括モデルの機能がソーシャルワークと重なってくると述べた。ここでは，ケアマネジメントがクライエントを取り巻くさまざまな環境システム，特にサービス供給システムへの働きかけまでも行う必要があることについて触れておく。

副田あけみは，オースティン（Austin, C. D.），カーン（Kane, R. A.），ロス（Ross, S. M.）らの先行研究を整理し，ケアマネジメントには利用者指向モデルとシステム指向モデルがあると指摘している[34]。利用者指向モデルとは，利用者が地域で安定した自立生活を維持できるように，利用者自身の生活をマネジメントしていく能力や技法の発展を支援することを目的とする。これに対して，システム指向モデルは地域を基盤とした諸サービスの効果的・効率的で統合的なサービス提供を通して入院・入所をできるだけ回避し，医療・福祉費用の抑制を図るサービス供給システムづくりを目的とする。また，岡田進一はケアマネジメントのさまざまなアプローチをニーズ主導アプローチとサービス主導アプローチ，専門職主導と利用者主導という二軸を用いて，ケアマネジメントを4つの象限で整理している[35]（図7-4）。

この両者の指摘から興味深いことは，ケアマネジャーが利用者の側を向いているか，サービス供給システムの側を向いているかということである。もちろん，対人援助の方法であるケアマネジメントは一人ひとりの利用者の支援を行うための方法である。その一方で，社会資源との接合によって支援を行うことを中心的な機能とするため，サービス供給システム側からさまざまな制約を受ける。

サービス供給システムは，それぞれのサービスが対応するニーズの範囲を定め，サービス供給のルールを作成することで成立する。また，サービス供給システムの持続可能性という点からも制約を受ける。その一方，個別支援の観点から，ケアマネジャーは利用者の個別性を理解し，それに応じて利用者の健康，安全，QOLの向上を実現する支援を提供しようとする。その際，既存のサービス供給システムの制約があればあるほど，それら既存のサービスとの結びつけだけでは済まず，それを超えた支援を行うことが求められる。それはたとえば，サービス側の利用者に対するとらえ方の変容を求める働きかけであったり，利用者とサービスの調整，社会資源の開発，あるいは利用者や家族のセルフケア力の向上かもしれない。こうした働きはアドボケイト機能といえる。

また，利用者のニーズを十分に充足できないサービス側と利用者側

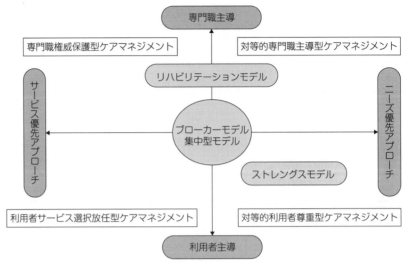

図7-4　ケアマネジメントの実践枠組みから
みた4つのケアマネジメントモデルの位置

出所：岡田進一（2011）『ケアマネジメント原論』ワールドプランニング，27.

➡ジレンマ
一般的には「二つ，あるいはそれ以上の相反する事柄や価値の板挟みになる状態」をいう。対人専門職は，たとえば本人と家族，利用者の希望と制度の制約，異なる専門性を持つ専門職同士等さまざまな相反する価値の間で葛藤状態に陥ることが多い。こうした状態は「倫理的ジレンマ」と呼ばれる。

➡アドボケイト
クライエントが自らの権利を主張，行使できないとき，クライエントに代わって権利を代弁し，必要な資源を確保し，また周囲のシステムの変容を求めるなどの行動を取ること。ソーシャルワーカーにとって重要な役割の一つ。個人に対するものをケース・アドボカシー，集団や社会階層に対するものをクラス・アドボカシー（コーズ・アドボカシー）という。

の間に立って両者の調整を図る作業は，ケアマネジャーにジレンマ➡やストレスを与える。その際，既存のサービスとの結びつけという，いわゆるルーティン的な範疇を超える対応を行える実践力を備えていなければ，ケアマネジャーは制度が想定している枠の中だけでしか利用者のニーズをとらえない支援をしてしまう。すなわち，システム指向のケアマネジメントのみを行ってしまうことが危惧されるのである。

　この点について，岡田進一はケアマネジャーは一つのケアマネジメントの類型にこだわるのではなく，利用者，家族，地域社会などに対する適切なアセスメントを行い，その状況に応じてケアマネジメントの類型を組み合わせて実践を行うことが求められると指摘している。[36]利用者の自立とQOLの向上を目指すとき，既存のサービス供給システムの活用だけで済むのか，アドボケイト➡を行ったり，社会資源を開発することまで求められるのかは，状況によって異なる。このように利用者の状況を見極め，単なるサービス供給を行うだけでなく，利用者や環境にも変化をもたらす働きかけを行う相談援助力を備えたケアマネジャーが社会に求められているといえる。

◯注 ————————

⑴　橋本真紀（2019）「子ども家庭福祉領域におけるケアマネジメント」白澤政和編著『ケアマネジメント』ミネルヴァ書房，99-100.

⑵　辰己隆（2007）「児童養護におけるケアマネジメント——児童家庭支援センターを中心に」『聖和大学論集Ａ・Ｂ教育学系・人文学系』35.

⑶　畑亮輔（2007）「核家族，低所得高齢者のケアマネジメント」『老年精神医学雑誌』28(3).

⑷　西村健二（2016）『生活困窮者の支援方法と連携の仕方——ケアマネジメント事例集』日総研出版.

⑸　市橋亮一・荒木篤・若林英樹（2015）『がん患者のケアマネジメント——在宅ターミナルをささえる７つのフェーズ・21の実践』中央法規出版.

⑹　神原一也（2016）「ケアマネジメント技法を用いた連携について」『更生保護』67(9).

⑺　*Encyclopedia of Social Work*（*18th ed.*）Vol. 1, (1987), NASW PRESS, OXFORD UNIVERSITY PRESS, 212.

⑻　Barker, R. L. (2003) *The Social Work Dictionary* (*5th ed.*), NASW PRESS.

⑼　National Association of Social Workers, (2013) *NASW Standards for Social Work Case Management*, 13.

⑽　Case Manegement Soceity of America (2016) *Standards of Practice for Case Management, Revised*, 11.

⑾　白澤政和（1992）『ケースマネージメントの理論と実際』中央法規出版，17.

⑿　介護支援専門員テキスト編集委員会編（2018）『八訂 介護支援専門員基本テキスト』長寿社会開発センター，8.

⒀　WHO, WHOQOL：Measuring Quality of Life（https://www.who.int/healthinfo/survey/whoqol-qualityoflife/en/index4.html）

⒁　三品桂子編（2003）『利用者主導を導く精神障害者のケアマネジメントの実践技術』へるす出版，25-27；岡田進一（2011）『ケアマネジメント原論』ワールドプランニング，20-22.

⒂　ローズ，S. M. 編／白澤政和・渡部律子・岡田進一監訳（1997）『ケースマネージメントと社会福祉』ミネルヴァ書房，51.

⒃　白澤政和（2019）『ケアマネジメントの本質』中央法規出版，76-77.

⒄　福富昌城（2019）「地域包括ケアシステム構築のための地域ケア会議の活用とケアマネジャーの役割」『日本在宅ケア学会誌』22(2)，29-31.

⒅　⒃と同じ，41-49.

⒆　ホルト，B. J.／白澤政和監訳（2005）『相談援助職のためのケースマネジメント入門』中央法規出版，208-215.

⒇　木下康仁（2007）『改革進むオーストラリアの高齢者ケア』東信堂，139-140.

㉑　小笠原慶彰「社会資源」『現代社会福祉学レキシコン〔第2版〕』雄山閣出版，164.

㉒　市川一宏（2006）「社会資源」『新版地域福祉事典』159.

㉓　『居宅介護支援事業所及び介護支援専門員の業務等の実態に関する調査研究事業報告書』（2018）エム・アール・アイリサーチアソシエイツ.

㉔　神奈川県障害者自立支援協議会研修企画部会（2017）『平成28年度 相談支援専門員の業務等の実態に関する調査結果報告書』.

㉕　河口尚子（2009）「イギリスのケアマネジメント最新動向 個人に現金を支給，プランはセルフ・マネジメントで「インディビジュアル・バジェット（個人予算）」が施行（後編）」『月刊ケアマネジメント』20(5)，68.

(26)　CCMC's Case Management Body of Knowledge, Commission for Case Manager Certification（https://www.cmbodyofknowledge.com/content/introduction-case-management-body-knowledge）.

(27)　(16)と同じ，62.

(28)　障害者相談支援従事者初任者研修テキスト編集委員会編（2013）『三訂 障害者相談支援従事者初任者研修テキスト』中央法規出版，62.

(29)　自立相談支援事業従事者養成研修テキスト編集委員会編（2014）『生活困窮者自立支援法自立相談支援事業従事者養成研修テキスト』中央法規出版，120.

(30)　ラップ，C. A.・ゴスチャ，R. J.／伊勢田尭ほか訳（2014）『ストレングスモデル──リカバリー志向の精神保健福祉サービス』金剛出版，137.

(31)　日本介護支援専門員協会（2019）『ケアマネジメントの公正中立性を確保するための取組みや質に関する指標のあり方に関する調査研究事業報告書』80，130.

(32)　京極真（2012）『チーム医療多職種連携の可能性を開く信念対立解明アプローチ入門』中央法規出版，38-69.

(33)　(16)と同じ，176.

(34)　久保紘章・副田あけみ編著（2005）『ソーシャルワークの実践モデル』川島書店，163-167.

(35)　岡田進一（2011）『ケアマネジメント原論』ワールドプランニング，22-31.

(36)　(35)と同じ，31.

■第8章■

グループとソーシャルワーク

① グループワーク

▢ グループの分類と共通要素

　グループに対するソーシャルワークはグループワークともいわれ，グループ活動を通して所属するメンバーを支援する活動とその方法である。一口にグループといっても，そのグループが意図的に作られたものか，または自然発生的なものかの2つに大きく分類される。前者は，何らかの目的のために，同じような状況にあるなどの共通の要素を備えたメンバーが集まったグループである。ソーシャルワークにおけるグループワークは，主にこのような意図的に形成されたグループでの活動を通して発展してきた。

　一方，後者については，たとえば同じ地域で暮らす高齢者の集まりや，子どもが保育所に通い出したことをきっかけに自然と生まれた母親同士の集まりなどである。これらは，特に何かの目的をもって集まったグループではないが，人々の日々の暮らしを支える大切な場や機会となっていることもある。今日のソーシャルワークの実践では，このような自然発生的なグループがもつ意義や可能性なども大切にしながら，地域支援や地域づくりが行われている。

　グループは，同じような境遇や生活困難状況にあるなど，何らかの共通要素をもったメンバーによって形成される。たとえば，認知症高齢者と暮らす家族のグループや，働きながら育児を行うシングルペアレントのグループ，また発達障害をもつ人々のグループなど，その種類は多岐にわたる。いずれにしても，グループに所属するメンバーに共通する要素としては，以下の5つが挙げられる。

　　①　所属するメンバーの間に，何らかのつながりや交流がある。
　　②　周囲からは，その集団が一つのグループとしてみなされている。
　　③　所属するメンバーが，自分たちのことを一つのグループとみなしている。
　　④　メンバーには共通の関心があり，考え方や価値観等を互いに分かち合う関係にある。
　　⑤　グループの共通の課題や目的のために，メンバーは活動をともにする。

　このように，共通の生活課題や困難を抱える当事者同士が交流を深め，情報交換や相互に支え合う機会や場づくりとして，グループワー

クの取り組みが行われている。

❏ グループワークの目的と特徴

　グループワークは，グループでの取り組みを通して，そのグループに所属する個々のメンバーの問題解決やその生活を支援するソーシャルワークの実践と方法である。同じような状況にあったり，共通の趣味や関心など，何らかの共通点をもったメンバーが集い，交流を深めることで，そのグループはメンバーにとって社会的な「居場所」となる。そのなかで，メンバー同士が相互に支え合い，主体的な生活を獲得していく過程を支援するのがグループワークの目的である。

　グループの主体はあくまでもグループに所属するメンバーであり，グループワークを行うソーシャルワーカーは，メンバー同士の相互交流を促しながら，個々のメンバーが，共通の生活課題の解決や自らの主体的な生活を獲得していく過程を支援することになる。その実践では，個々のメンバーとグループ全体との両方に対して焦点が当てられる。

　グループワークにおいて，支援目標を達成するための手段としては，メンバーとワーカーとの間の支援関係，メンバー間の相互支援関係，プログラム活動，社会資源という４つが活用される。グループを活用[(1)]した支援といっても，所属する個々のメンバーとソーシャルワーカーとの１対１の信頼関係に基づく支援関係は重要である。そのうえで，多様なプログラム活動を通して，またフォーマル・インフォーマルな様々な社会資源を活用しながらグループでの取り組みを行っていく。その活動を通してグループ全体の成長が促され，メンバー個々人の成長や問題解決につながっていく。

　そして，グループワークにおいては，メンバー同士が互いに支え合う「相互支援関係」を促すことがワーカーに求められる。この相互支援関係の構築が，グループが形成される過程において重要な意味を持ち，グループワークに大きな効果をもたらすことになる。グループメンバー相互の交流や支え合いがあること，それをメンバーそれぞれの支援につなげていくことがグループワークの特徴である。そのためにも，メンバー一人ひとりがそのグループのなかでの自分の存在意義を見出し，自己を表現し，グループ活動への主体的な参加を可能にしていくことが大切である。

❏ グループワークの歴史的展開

　ここでは，グループワークの源流から今日に至るまでの歴史的展開

について，大きく5つの時期に分けて説明していく。

① グループワークの源流（1860〜1920年代）

　グループワークの源流は，イギリスとアメリカにおける次のような活動にある。イギリスでは，18世紀後半から19世紀にかけて産業革命が起こるが，その後に発展した資本主義社会のなかで，貧困や犯罪などの様々な社会問題が発生した。これらの問題への対応と人々を支援する活動として，セツルメント運動やキリスト教会での日曜学校，あるいはYMCA等の教育活動，またボーイスカウト等の青少年活動などが，グループワークの源流としてあげられる。アメリカにおいても，19世紀後半から20世紀初頭にかけてのYMCAの活動や，セツルメント運動が源流とされている。

② 専門教育の始まりと専門職団体の誕生（1920〜1940年代）

　その後，グループワークは，とりわけアメリカにおけるソーシャルワーク専門職教育の動向と深く関わりながら発展した。アメリカでは，1920年代になるとグループワークの専門教育が行われるようになった。たとえばウエスタン・リザーブ大学社会事業大学院では，グループワークの母と呼ばれるコイル（Coyle, G.）らによって，グループワークを学ぶカリキュラムが導入された。

　この時期のアメリカでは，戦時状況下におけるグループ活動への参加促進等の施策が行われ，関連して子どもや若者への教育論も展開された。このような影響も受けながら，グループワークの実践と理論が発展した。1946年には，グループワークを行う専門職の団体として，全米グループワーク協会（AAGW）が結成され，さらにその専門性が高められていった。

③ 実践領域の拡大と方法の発展（1940〜1960年代）

　アメリカでは，様々な分野や場所で活動するソーシャルワーカーの全国組織である「全米ソーシャルワーカー協会（NASW）」が，1955年に結成された。このNASWの見解において，グループワークは，ケースワーク，コミュニティー・オーガニゼーションと並んで，ソーシャルワークの方法として位置づけられた。

　それ以降，ソーシャルワークとしてのグループワークの一層の理論化と様々な実践現場への適用が推進されていくことになる。たとえば，第二次世界大戦後に精神疾患を抱える傷病軍人に対する支援として，グループワークは有効な方法であると認識された。従来のセツルメント運動や若者を対象とした教育的活動において活用されていたグループワークの意義や有効性が，一層の拡大をみせていった時期である。

④　ジェネリックな方法としての理論化（1960〜1970年代）

その後，グループワークは様々な分野や場所において活用されるようになる。内容的には当時のケースワークと同様に，当事者の診断および治療を目的にした方法が中心を占めていた。したがって，グループワークを精神分析的ないし心理療法的に用いることも推奨された。

一方で，診断や治療目的にとどまらないグループワークの考え方や方法も主張されるようになった。シュワルツ（Schwartz, W.）が提示したように，この時期には様々な論者が，グループワークをその目的や方法によって分類し，理論や実践のモデルとして提示している。このような動きは，当時のグループワークへの注目の高さと発展を示し，また同時に様々な分野と対象に対するジェネリックなソーシャルワークの方法としての展開を表している。

⑤　様々な理論モデルの展開（1970年代〜現在）

グループワークの理論および実践に関して，多くの論者による研究成果が蓄積され，今日に至っている。グループワークは，当事者やクライエントへの直接的な支援方法としてのみではなく，コミュニティワークの理論および実践方法としても位置づけられるようになった。地域には地域住民等による様々な組織や団体等の活動があるが，それらのグループ活動を通して地域づくりを行うという，メゾ・マクロレベルのソーシャルワークの展開である。

また，この時期，グループワークの専門雑誌である *Social Work with Groups* がアメリカで発刊された。このような動きは，アメリカ国内に限らず，世界各国のグループワークやソーシャルワークの研究者や実践家にも影響を与えていった。

☐　グループワークの諸モデルの概要

ここでは，グループワークの有名な理論モデルとして，社会的諸目標モデル，治療的モデル，相互作用モデルの3つを紹介する。

①　社会的諸目標モデル

コイルが代表的な論者としてあげられ，グループワークを主に教育的活動として位置づけている。グループでの話し合いや民主的な合意形成，共同作業等の経験を通して，所属するメンバー個々人の成長と発達を図る。それと同時に，メンバーが社会への参加や社会に貢献する活動が行えるなど，社会的に望ましい目標に向けて，グループ活動を行うというものである。

②　治療的モデル

主に，ヴィンター（Vinter, R. D.）によって提唱されたモデルで，言

葉の通り，何らかの課題をもつメンバーを対象にした治療的な働きかけを目的としたグループワークである。メンバーがグループ活動を通して，心理的あるいは社会的に望ましい変化をなすよう支援するものである。メンバーに対する治療的効果を視野に入れてのグループの構成や，ワーカーによる介入が行われる。

③　相互作用モデル

シュワルツなどによって提示されたモデルで，「媒介モデル」とも呼ばれる。グループワークの意義は，問題解決のための「相互支援システム」の構築にあるとして，個々のメンバーとグループとの関係を，双方に意味あるものとしてつなぐ（媒介する）ことがワーカーの役割であるとする。ワーカーは，個々のメンバーとグループ全体という両者への働きかけを行いながら，相互作用を促していく役割を担う。

❏ グループワークにおける価値

グループワークの実践は，以下に示すような多様な価値観の影響を受けることとなる。たとえば，グループメンバーそれぞれの価値観，ワーカーの個人的な価値観，ワーカーの専門職としての価値観，グループを支える機関や組織の価値観，そして社会の価値観など，それらは多様で重層的である。

そして，これらの価値観が交わることで，グループ活動に葛藤が生じ，メンバーやワーカーにジレンマとして体験される場合もある。その際にワーカーは，直面するジレンマがどのような価値観の葛藤から生じているのかを見極めることが大切である。さらには，自分自身の価値観についても，十分に振り返りの作業を行いながら，グループワークを進めていくことが求められる。ワーカーは，無意識に自分の価値観をグループに押しつけてしまわないように，自分自身の価値観に対して自覚的でなければならない。グループワークを行うワーカーにも，自己覚知が求められる所以である。

さらに，ソーシャルワークとは価値に基づく実践であるが，特にグループワークの実践に求められる価値について，コノプカは以下の5つを示している。[2]

①　様々な皮膚の色，思想・信条，性別，国籍，および社会階層間の相違を越えた，人々の参加と積極的な関係性を認める価値。

②　参加による民主主義の原則において，共同性を具体化し，合意に基づく意思決定を重視する価値。

③　グループ内での個人の自主性を重んじる価値。

④　個々のメンバーあるいはグループ全体に対する考えを表現し，

　　グループの意思決定過程にメンバーが積極的に参加する権利を持
　　つことを含め，メンバーの自由な参加を重視するという価値。
　⑤　個々のメンバーの固有の関心が提起できるよう，グループの中
　　でのメンバーを個別化するという価値。
　グループワークを行うワーカーには，これらの価値についての理解
を深めるとともに，自らの実践に反映させていくことが重要である。

□ グループ・ダイナミクス（集団力動）の理解

　グループでは，所属メンバー間の関係のあり方（たとえば誰と誰が
仲が良いとか悪いとか，あるいは全体として協力的な雰囲気かそうでな
いかなど）によって，特定のメンバー同士やグループ全体で，様々な相
互作用やグループの動きが生じる。これを「グループ・ダイナミクス
（集団力動）」という。グループワークでは，支援者がこのグループ・
ダイナミクスを意図的に活用することによって，グループ全体の成長
とともに，個々のメンバーの成長やそれぞれが抱える問題状況の改善
を促しつつ，安定した生活の維持や回復を支えることになる。以下で
は，グループ・ダイナミクスを構成する要素として，①グループの凝
集性，②グループ内の規範と役割，③グループの文化とグループの雰
囲気の3つに分けて説明する。

①　グループの凝集性

　グループの凝集性とは，メンバーが抱くグループへの所属意識に基
づくグループ全体のまとまりのことである。自らがこのグループのメ
ンバーであることを好ましく思ったり，それぞれのメンバーがグルー
プ活動への期待を持つことからなる。グループの凝集性は，メンバー
の感情の表現を豊かにし，メンバー同士が互いの思いや語りを受け止
め合う関係（相互支援関係）の構築につながる。また，グループ全体と
しての課題達成に良い結果をもたらす。

　しかし一方で，グループのまとまりを優先しすぎると，個々のメン
バーの自由な意思の表出を妨げてしまうことも起こりうる。また，グ
ループに対するメンバーの過度な依存をもたらすことにもなりうる。
ワーカーには，グループ全体の凝集性の向上とメンバーそれぞれの個
別性の尊重とを両立させるための働きかけが求められる。

②　グループ内の規範と役割

　規範とは，グループのメンバーに受け入れられ，共有されている有
形無形のルールや言動の規準のことであり，グループ活動の全体を安
定させる要素にもなる。グループの規範は，活動が継続するに伴って，
メンバーの様々な言動に対する他のメンバーからの承認や賞賛，ある

いは反対に批判や抵抗などから生まれる。グループの規範から逸脱することが必ずしもマイナスではなく，活動が新しい方向へ向かう転機となる場合や新たな規範のあり方への検討につながるなどのプラスに働く場合もある。

　また，グループが発展するにつれて，個々のメンバーに役割が与えられるようになる。この役割は必ずしも明文化されるとは限らず，個々のメンバーに対して，他のメンバーから付与される期待であるともいえる。たとえばリーダー役やサポート役，人間関係の調整役や場をなごませる役など，そのあり方はグループによってさまざまである。このように，グループ内での規範やメンバーの役割をワーカーが把握することは，グループ・ダイナミクスを理解するためにも重要である。

③　グループ文化とグループの雰囲気

　グループ文化とは，メンバーによって共通して守られている価値観や慣習，行動様式などを示し，グループ活動が継続するにつれて形成される。メンバーの同質性が高いグループの場合には，似たような生活体験や共通の価値観などが，早い時点でグループ文化として共有される。反対に，メンバーの異質性が高いグループの場合には，このようなグループ文化を形成すること自体が，グループワークの目標ともなる。いずれにしても，グループ文化は個々のメンバーの価値観や言動に強く影響を及ぼすものである。その意味でも，メンバーの個別性の尊重，グループ内での公平性や多様性の尊重など，ソーシャルワークの価値に基づくグループワーク実践が重要となる。

　また，グループにはその時々に応じた雰囲気がある。和やかな雰囲気や緊張感がある雰囲気，また時には険悪な雰囲気のときもあるかもしれない。メンバーが自覚している雰囲気もあれば，ワーカーの立場から感じられるものもある。グループワークの実践の際に，その都度のグループの雰囲気やその変化に敏感であることは，ワーカーがグループの状況や発展の段階を把握するためにも必要である。

🔲 グループワークのコミュニケーションスキル

　グループ活動においては，個々のメンバー間やワーカーとメンバー間，またグループ全体で，多様なコミュニケーションが展開される。グループを理解するためには，それらのコミュニケーションの内容が共感的なものか，あるいは対立的なものなのか等についての把握が重要である。グループワークを実践するワーカーに求められるコミュニケーションスキルとして，以下の４つがあげられる。[3]

①　メンバー間の相互理解を促すスキル

具体的には，メンバーの発言に対する明確化や言い換え，あるいはグループでの話し合いの際の焦点づけ，またメンバー個々人の意見の反映や具体的・現実的な検討のための助言や働きかけなどである。メンバーが自身とグループの課題に適切に向き合うことを支えるとともに，目標やその達成のための課題をわかりやすい形で整理するなどして，メンバーの相互理解やグループ活動の展開を促す。

②　メンバーへの共感的理解を図るスキル

グループ活動のなかで，メンバーは様々な感情を抱く。ワーカーには，そのような感情に共感するスキルが求められる。たとえば，うまく言葉にできないようなメンバーの気持ちに寄り添い，その言語化を支援する。グループへの参加に抵抗感を抱くメンバーの思いや考えを傾聴する。グループ内に生じる葛藤を受け止めるとともに，グループとともに共有する姿勢などがあげられる。

③　グループの凝集性を高め，規範を形成していくスキル

具体的には以下のようなスキルである。活動内容やメンバーの言動に制限を設定すること。メンバー間の共通点や相違点を共有しながら，相互の関係づくりを促すこと。メンバー個々の発言の要約や，相互の橋渡しなどをしながら，グループ全体としての意見のまとまりを促すこと。また，グループ活動の目的やゴールの設定と，それらをグループ全体で共有するための働きかけなどがあげられる。

④　問題解決のスキル

グループワークとは，メンバーが抱える生活上の問題や課題の解決を目的としたソーシャルワークの実践である。それはメンバーがグループ活動を通して，それぞれの問題や課題を解決していく過程であり，この過程をワーカーに支援する営みである。ワーカーに求められるスキルとして，まずはグループ活動の実施に向けた準備や段取り，個々のメンバーのニーズの確認や明確化があげられる。さらに活動内容に関する選択肢をグループに示したり，問題解決に向けた取り組みの範囲や優先順位に関する話し合い，意思決定を促す働きかけなどがあげられる。

☐ ワーカーに求められるリーダーシップ

グループワークにおいて，ワーカーは様々なかたちでリーダーシップを発揮することになる。リーダーシップとは，あくまでソーシャルワークの価値に基づいたグループとメンバーへの支援の展開のために，ワーカーに求められる姿勢や言動のあり方である。また，ここでいう

リーダーシップとは，ワーカーが常にグループの先頭に立ち，その活動を導くことではない。リーダーシップというと，ワーカーが卓越した能力を持っているとみられがちであるが，決してそうではない。グループワークにおいてワーカーに求められるリーダーシップとは，メンバーにとっての意義あるグループ活動となるためのものであり，それはあくまでグループメンバーからの信頼を基に成り立ち，メンバーと分かち合われるものである。

　リーダーシップのあり方は，ワーカーが担当するグループやその目的によっても異なり，それが発揮される形も多様である。また，ワーカー自身の人柄やパーソナリティにもよるであろう。ワーカーは，自らのリーダーシップのスタイルを知っておくことも大切である。リーダーシップの基本を習得するためには，組織におけるリーダーとメンバーとの関係や，様々なリーダーシップのあり方などについての理解が必要である。また，ロールプレイングなどによる体験的な学習も有効である。

□ グループワークの展開過程

　グループワークの展開過程として，①準備期，②開始期，③作業期，④終結期・移行期の４つの段階に分けられる。ワーカーは，グループの特徴やその時々の状況を把握しながら，それぞれの段階における支援の展開を行っていくことになる。

① 準備期

　グループワークを開始するにあたっての準備の段階である。この段階では，主に次の２つの作業が求められる。一つ目はグループ計画の作成である。グループの目的やメンバーの構成や人数，活動の開催期間や頻度，開催場所や経費などについて検討する。いつでも入会や出席ができるオープンなグループにするのか，あるいはメンバーを限定，固定化したグループにするのかについての検討も必要である。

　二つ目はメンバーの募集と選考である。上で述べた計画に沿って，メンバーの募集の仕方を工夫したり，必要に応じて応募者の属性等を考慮した選考を行う。さらにこの段階では，あらかじめ参加メンバーに関する情報をふまえつつ，予想されるグループの雰囲気や様子を事前にイメージするなどの「波長合わせ」の作業がワーカーに求められる。

② 開始期

　参加メンバーも決まって，グループでの活動が開始される段階である。メンバー同士，個々のメンバーとワーカー，そしてグループ全体

の出会いの段階であり，相互の関係性が形成されていく時期である。ワーカーには，個々のメンバーが安心感をもって活動に参加できることと，自らがグループの一員であると感じられるように働きかけることが求められる。

　開始期では，メンバーの紹介，グループの目的の共有，秘密を守るなどの約束事の確認が行われる。また具体的な活動の進め方などに関することの詳細がメンバー間で共有される。この段階は，メンバー同士が初めて顔を合わせる時期でもあり，グループの凝集性が高まるまで，メンバー間に緊張や葛藤が生じる時期でもある。しかしそれは一概に否定されるものではなく，グループやメンバーの成長にとって必要な経験でもある。ワーカーには，そのようなグループ・ダイナミクスの状況を受けとめるとともに，メンバーとの対話を重ねつつ，メンバー間の相互支援関係の構築に向けての介入や支援が求められる。

③　作業期

　グループの凝集性が高まり，グループ全体の目標やメンバーの課題の達成に向けて，グループ活動が促進される時期である。グループワークの大きな特徴としての，メンバー同士が互いに支援し合う相互支援関係が構築される時期である。ワーカーは，そのグループがメンバー中心のグループになるように，側面的に援助していくことになる。そのためにワーカーには，個々のメンバーの参加を促しながら，活動の展開およびグループとメンバーの成長を見守ることが求められる。また，グループの目標や課題に応じて，必要とあれば何らかの制度やサービス，地域の様々な社会資源とつなぐことも，この時期のワーカーに求められる役割となる。

　この時期は，たとえばワーカーがリーダーシップを発揮しながらグループを導く開始期での役割から，グループの主体性を尊重しながら活動を見守る役割へと，求められるワーカーの役割が変化する時期でもある。もちろんメンバー間に対立が起こったり，特定のメンバーが孤立するような状況にある時などは，ワーカーの積極的な介入や働きかけが必要となる。その意味でも，個々のメンバーの状況やその時々の感情を継続的に把握することは，グループワークの展開過程の全体を通して重要である。

④　終結期・移行期

　終結期は，これまでのグループ活動が終了する時期である。終結の理由としては，グループの目的が達成された場合やグループ計画で予定していた回数や期間を経過した場合などがあげられる。また，終結に伴って，関係機関やサービス等の社会資源への橋渡しが必要な場合

もある。終結期では，グループでの今までの取り組みの総括を通して，グループでの経験がメンバーの今後に生かされていくということが課題となる。そのためにもワーカーには，活動の全体をメンバーとともに振り返り，その成果を互いに共有する場や機会の設定が求められる。

　そして，メンバーにとってこの時期は，自らが参加してきたグループでの経験を糧として，次の経験や場所，新たな生活へと移っていく「移行期」でもある。ワーカーには，メンバーがその後の生活にスムーズに移行していけるように支援することが求められる。この時期のメンバーは，達成感や安堵感をもって終結を迎える場合もあれば，その反対に喪失感を覚えて，関係性の継続を望むこともある。ワーカーは，このような複雑な感情を受け止め，メンバーが互いに分かち合えるような働きかけを行う。メンバーがこのグループでの経験から得たことを今後にどうつなげていけるかを，ともに考えることが大切である。

② セルフヘルプ・グループ

☐ セルフヘルプ・グループとは

　セルフヘルプ・グループは，自助グループともいい，特定の要因から，生きづらさを経験している人々が，同じような生活状況にあるからこそ互いに高い共感性をもちうるという前提のもとに「分かち合い」と呼ばれる集まりを自発的かつ継続的，主体的にもつ集団である。

　生きづらさをもたらす要因は，障害や疾病はもちろん，死別体験，ひとり親家庭であること，セクシュアルマイノリティであることなど多岐にわたっている。分かち合いでは互いの感情が表出され，批判されることなく受容されることが原則になる。また感情だけではなく生活状況をめぐる役立つ情報が交換され，状況そのものをどう理解していくかという考え方について話し合われる。

　分かち合いで感情，情報，考え方のどれに重点が置かれるかは，グループに集う人々の生活状況による。たとえば，これまで恐怖や不安から自分の気持を誰にも表出できなかった人々であれば，感情の分かち合いに重点がおかれるかもしれない。希少難病を患うなどの希な生活状況にある人は役立つ情報の分かち合いを重視するだろう。社会からの差別や偏見によって自己否定に追い込まれている人は，一般社会に流布されているものとは異なる考え方を分かち合いのなかで深め

ていくことになる。

　セルフヘルプ・グループと似て非なるものとしては，趣味の会やキャリアアップのための勉強会がある。たとえば自分は英会話が上手になりたい。しかし，なかなか上手になれない。それで悩んでいる人が集まってもセルフヘルプ・グループとは呼ばない。なぜなら，その状況は本人の選択の結果であるからである。一方，セルフヘルプ・グループに集まる人々が共通にもつ生活状況は，たとえ本人が望んでも，そこから脱することはできない。病気や障害は本人が選択したものではない。子どもが引きこもりという状況は親が望んだ結果ではない。したがって患者会や障害者の会，引きこもりの子どもをもつ親の会はセルフヘルプ・グループであるが，英会話の勉強会はそうではない。

　このように，生活状況は本人が望んだものではないのだが，一方でグループに所属することは自発的に選ぶというのが，セルフヘルプ・グループである。たとえば入居施設の利用者が，ほぼ全員で構成する入居者の団体があったとしても，それはセルフヘルプ・グループとは呼ばない。なぜならその団体に入ることは形式的には自発的だとされていても，実際には慣例にしたがって加入しているにすぎないからである。同様の理由で特別支援学校の親たちは同じような生活状況にあったとしても，それぞれの子どもが通う学校の PTA はセルフヘルプ・グループとは言わない。

　また継続的にグループの活動が行われていることも重要である。たとえば避けがたい困難な状況を人々が共有することがある。震災などの非常時がそうであるが，そこで生じた一時的な相互扶助の活動はセルフヘルプ・グループとはみなさない。また入院中，たまたま同じ病気で手術する人が集まり，深く共感しあったとしても，それは一時的な集まりであって，セルフヘルプ・グループではない。セルフヘルプ・グループは，長期間にわたって継続されるものなのである。

　そして主体的にグループが運営されていることも必須の要件になる。ソーシャルワーカーは，グループワーク終了後，そのメンバーが自主的，定期的にグループワークが行われた同じ場所に集まることを勧めることがある。これはサポートグループと呼ばれる。サポートグループとセルフヘルプ・グループは混同されがちだが，サポートグループでは，メンバーの自主的な活動として運営されていても最終的な責任は専門職にある。病院内で運営されている患者会がその例である。患者が自主的に運営していても，会場や運営費が病院から提供され，患者会で講師を外部から呼んでくるときには病院を通して行うなど，一つの病院という枠のなかで活動が行われる。それに対してセルフヘル

プ・グループはメンバー以外の誰からも独立していることが必要なのである。

□ ヘルパーセラピー原則

　セルフヘルプ・グループがソーシャルワークで注目されるようになった一つの契機は，1965年に全米ソーシャルワーカー協会のオフィシャル・ジャーナルである『ソーシャルワーク』に掲載された一本の論文であった。それはアメリカでセルフヘルプ・グループの運動を推進していたリースマン（Riessman, F.）によって執筆された。彼は「人は援助を受けるよりも，援助者になることによってより大きな利益を得る」と主張し，それをヘルパーセラピー原則と呼んだ。

　たとえば，ある重い身体障害のあるAさんは，身体障害者のセルフヘルプ・グループに入ると，やはり重い身体障害のある若いBさんに出会う。そのときAさんが自分自身の身体障害者としての体験によってBさんを助けることができるとしたら，そこにヘルパーセラピー原則が働く。つまりAさんには，Bさんの援助者（ヘルパー）になることが自分自身の「治療」（セラピー）になるのである。どうしてだろうか。

　まずAさんは，Bさんに出会う前は「自分は何の役にもたたない」と思い込んでいたかもしれない。ところが自分の障害者としての経験が，Bさんに役立つことを知る。障害者として生きてきたからこそ，AさんにはBさんの気持ちを理解することができ，Bさんを助けることもできる。セルフヘルプ・グループを通してBさんのような人にAさんは何度も出会うだろう。Aさんは自分が役にたたないどころか，自分が障害者としての体験をもっているからこそ，この社会で悩み苦しんでいる多くの障害者やその家族を助けることができることを知る。自分に対する否定的な感情は消えあるいは和らぎ，社会のなかで自分が占める重要な役割や自分自身の大きな可能性に気づくこともできる。これを「治療」（セラピー）と呼ぶのである。

　リースマンは，この原則があるからこそ，セルフヘルプ・グループには大きな可能性があると主張した。セルフヘルプ・グループに参加することによって，いままで社会のなかで差別され，自ら抑圧し，誰かの助けを待っているだけだった人々が，同じ社会のなかでこんどは周りの不特定多数の人々を助ける側になっていく。そのことによって自らエンパワメントしていく。その結果，セルフヘルプ・グループは，社会で抑圧されてきた人々の市民運動として社会を変革していく力になると考えたのである。

☐ 体験的知識

　リースマンの「ヘルパーセラピー原則」に続き，セルフヘルプ・グループの可能性の社会的認知をいっそう高めたのは，ボークマン（Borkman, T.）が提唱した「体験的知識」という概念である。セルフヘルプ・グループには同じような体験をした人たちが集まっている。だからこそ，その体験によって得られた知識が，そこに蓄積されている。そこにセルフヘルプ・グループの強みがあるとボークマンは主張したのである。

　この「体験的知識」が注目されるまで，知識は専門職（professionals）だけが持つものであり，専門職以外は知識のない素人とみなされた。セルフヘルプ・グループは，素人の集まりであるとみなされ，知識はもっぱら専門職だけが所有するものだと考えられていた。ボークマンは，それに対して専門職がもつのは「専門的知識」であり，知識は専門的知識に限らないと指摘する。セルフヘルプ・グループのメンバーは自らの体験を通して得た別の知識をもっている。それを「体験的知識」と呼び，専門職の「専門的知識」にも劣らない重要なものだとしたのである。

　この体験的知識には3つの重要な特徴がある。①集団によって形成された知識であること。②ナラティブ（物語）の形をとっていること。③「分かち合い」によって広がるということである。順に説明しよう。

①　集団によって形成された知識であること

　たとえば，がんになった，だからがん患者のとしての「体験的知識」があるということではない。それは一個人の体験にすぎず，他の人にも役立つとは限らない。つまり普遍性に欠けるのである。

　ここでいう「体験的知識」は，セルフヘルプ・グループのなかで同じような体験をもつ多くの人々が，その体験を分かち合い蓄積した結果，生み出される。セルフヘルプ・グループの活動には継続性が不可欠だと先に述べたが，その理由の一つに，この体験的知識がかかわっている。つまり結成されたばかりのセルフヘルプ・グループには，メンバーの体験が未だ十分に蓄積されていない。したがって，そこには体験的知識は形成されておらず，セルフヘルプ・グループもその可能性を十分に展開してはいない状態なのである。

②　ナラティブ（物語）の形をとっていること

　グループの活動は，はナラティブ（物語）の形でメンバーの間に定着していく。言い換えれば，体験談としてメンバーの記憶に残るのである。ある病気になった，そしてそこからの回復した人が何％だったかという数字が，グループのメンバーへのアンケート調査によって得

られたとしても，それは体験的知識とはみなされない。あるいは退院後，在宅生活で何が必要になったか，それをリストアップして一覧表にまとめたものは，メンバーにとって非常に役立つものになるだろうが，これも典型的な体験的知識とは言いがたい。知識といっても専門職の教科書に掲載されているような数字や項目の列挙という形では示されないのである。

　そうではなく，たとえば次のような自分の体験を具体的に物語的に語るところに体験的知識はある。

　「私は去年の夏に退院しました。中学生と大学生の子どもたちは，私の食事療法を理解してくれましたし，妻が幸い栄養士なので，その点はとても恵まれていると思います。それで，さっそく職場復帰ができたものの当初は自分の病気をどのように職場の同僚や上司に説明していいのか悩みました。説明の仕方によっては，もう自分にはやりがいのある仕事が回ってこないのではないかという心配もありました。しかし，まずは自分のほうから，こういうことはできますが，これは難しいですとはっきりと伝えることが大事だと思い，上司に相談し，伝えたところなんとかわかってもらえたように思います。」

　このような体験談が，ある疾患をめぐるセルフヘルプ・グループの集まりで話されたらどうだろう。独身で一人暮らしのメンバーや，そもそも病気のために職に就けなかった人は，自分には関係がないと思う部分もあるかもしれない。しかし，セルフヘルプ・グループの体験談はもともと，そういう性質，つまりそのまますべての人に役立つという形にはなっていない。

　セルフヘルプ・グループは「同じような生活状況」にある人の集まりであると冒頭に述べたが，人々が多様な生き方をしている現代の日本社会において，全く同じ生活状況にある人などいない。同じ病気を患い，同じような悩みをもちつつも，恵まれた家庭環境にある人もいれば，そうではない人もいる。経済的に恵まれ余裕がある人もいれば，明日の生活にも不安がある人もいる。そんななかで物語の形で述べられる体験的知識が，生きる力につながるのかという疑問も出てくるかもしれない。

　③　「分かち合い」によって広がるということ

　そこで第三の特徴，つまり分かち合いのなかで体験的知識は共有されるという意味が重要になる。物語の形で提供される体験的知識は，たとえば教室のなかで教師が一方的に生徒に教えるように与えられるのではない。セルフヘルプ・グループのリーダーが前に立ち，ポイントを押さえるように話し，他のメンバーがその重要項目をノートに取

るという，そういう形ではないのである。分かち合いは，通常円の形
になり（つまりどこが上席というわけではなく）誰が教える役，誰が学
ぶ役ということもなく自分の体験談を語っていく。聴いている人は，
それについて自分に直接当てはまることにも，そうではないことにも
耳を傾ける。そうすることによって状況をより深く理解できるように
なると考える。たとえば，先の述べた例を再度つかえば，仕事に就い
ていない人が，就職さえできれば問題は解決すると思っていても，就
職すればまた別の問題があることに気づくことができるし，またその
問題の解決方法の例も学ぶことができるのである。

　もちろんセルフヘルプ・グループでは体験的知識のみが重視されて
いるわけではないことには注意が必要である。医療や福祉の専門職を
招いての講義または講演のような形でグループのメンバーが学ぶこと
も頻繁に行われている。ソーシャルワーカーもまた専門職として専門
的知識をセルフヘルプ・グループに提供する機会が多い。そんなとき
もセルフヘルプ・グループでは，専門的知識とは違った形の知識が，
専門職の教育とは違った方法で生み出され，また分かち合われている
ことを覚えておきたい。

❏ ナラティブ・コミュニティ

　体験的知識はナラティブ（物語）として形成されるが，その物語の
多くは，苦しい状況で始まり，そしてそこから解放されて，あるいは
幾分苦しい状況が緩和されて終わるという形になる。この物語が，分
かち合いのなかで何度も繰り返し語られることになる。新しくグルー
プに参加したメンバーは，その物語を繰り返し聴くことによって，自
らの体験についても，その物語のパターンに沿って語ることができる
ようになる。これに注目したのが，ラポポート（Rappaport, J.）であり，
彼はセルフヘルプ・グループを物語（ナラティブ）を共有するコミュ
ニティと理解した。

　たとえば，アルコール依存症者のセルフヘルプ・グループの分かち
合いの場では，多くの体験談が語られる。そして，細部は異なってい
ても大筋のところでは，どこかで聴いたことがあるような物語が繰り
返されることになる。典型的には次のようなものである。
「酒を飲み始めたときは楽しく飲んでいたが，だんだん酒の量が多く
なり，家族や友人，職場の同僚に心配されるようになってきた。やが
て身体の調子も悪くなり周囲の人々にも迷惑をかけるようになる。そ
れでも酒を止めることができない。ついに精神病院に入院して治療を
受けることになるが，一時期酒を止めることができても，また再飲酒

になってしまう。セルフヘルプ・グループのミーティングに出席し続けることだけが，酒を止める方法なのだと教えられ，最初は半信半疑だったが，だんだんそれが本当かもしれないと思い始めた。そして実際に酒が止まると，身体の調子も良くなり，いままで家族にどれほど助けられてきたことかと感謝できるようにまでなった。こういったことに気づくことができたのは，すべてこのグループのおかげだ」。

　アルコール依存症者に限らず，セルフヘルプ・グループにこれから参加しようとする人々は，苦しみ，混乱している状態にあることが多い。苛立ちや悲しみ，怒り，絶望と孤独といった感情が混沌となってその人を襲い，何をどう考えていいのか，自分はいまどういう状態にいるのか，どうしてそうなったのか，またこれからどうなるのかわからなくなってしまっている。そういう混乱した状態で分かち合いの場に出ることで，いろいろなメンバーの物語を聴くことになる。確かにその細部は異なるものの，主な流れはメンバーに共通している物語を聴き続けることになる。そして，自分の体験に当てはまる部分を取り込むような形で自分自身の物語を作っていく。その結果，セルフヘルプ・グループは，メンバーが似たような物語を語る人々のコミュニティとして現れるのである。

□ 役割モデルの習得

　物語には始まりと終わりがある。そしてセルフヘルプ・グループの物語の根底には，自分がどのように変わったのかという主題が流れている。その主題に合わせるように，グループには苦しみのなかでグループに参加したばかりの人から，グループに何年もいて徐々に変わっていった人，そしてグループに長くとどまり，かつてそれほど苦しんだとは見えない落ちついた人などがいる。そして，グループに参加したばかりの人は，グループに流れる物語に自分を重ね合わせはじめる。それによって，数年後に自分はどのような状態になるのか，さらにはグループに参加し続けることによってどういう生き方ができるのかを，グループのリーダーや古参のメンバーとの出会いやかかわりによってイメージできるようになる。それが「役割モデルの習得」である。

　つまり単に自分が陥った難しい生活状況を乗り越えていくノウハウを学ぶのではなく，自分自身が直面している難しさ，生きにくさを，自分の人生にどのように取り入れて前向きに生きていくのか，そのモデルを他のメンバー，特に前からグループのメンバーとして活動している人に求めるのである。これによってセルフヘルプ・グループは同じ生活の困難さをかかえる人の集まりであるだけではなく，それをど

のように乗り越えて，また自分の生き方の中に組み入れていくかという方向性，あるいは物語を共有するナラティブ・コミュニティとなる。

❑ セルフヘルプ・グループとソーシャルワーカー

　セルフヘルプ・グループに対して，ソーシャルワーカーはどのような役割を果たしていくべきだろうか。この問いに対しては，セルフヘルプ・グループの本質的な特徴の理解が前提となる。ここでは再びセルフヘルプ・グループとは何かを振り返りつつ，ソーシャルワーカーができる支援について考察しよう。

　まず，セルフヘルプ・グループは，文字通り「セルフヘルプ」（自助）を行うグループであり，そのグループに属するメンバーが自助を行うだけではなく，グループそのものも自助が原則としていることに注意したい。すなわちセルフヘルプ・グループは，その定義から広く知られているように自発的な集団であり，外部からの支援に頼って活動しているものではない。ソーシャルワーカーや医療専門職等の援助がなくても活動が展開できるのが，セルフヘルプ・グループなのである。もしも，そういった専門職の支援なくしては活動できないのなら，それはセルフヘルプ・グループではなく，サポートグループと考えてよい。

　とはいえ，セルフヘルプ・グループに，ソーシャルワーカーの支援がとても役立つことがある。以下にその例を，ソーシャルワーカーの役割から述べてみよう。

❑ セルフヘルプ・グループに対するソーシャルワーカーの役割

①　社会的認知を与える役割

　先述したようにセルフヘルプ・グループは専門職から独立して運営されている。またメンバーは，しばしば社会的に差別を受けていたり偏見をもたれていたりする人々である。したがって行政機関やマスコミ，地域住民から信頼を得ることが難しい場合がある。たとえば，かなり以前には，アルコール依存症者のセルフヘルプ・グループが公民館でミーティングを開こうと申し込んだら「酔った人々」が集まるのかと警戒されたという。アルコール依存症者のセルフヘルプ・グループは日本でもっともよく社会的認知を得ているグループであるから今日では考えられないことだが，以前にはそのような誤解があったという。それがなくなってきたのは，病院や保健所がセルフヘルプ・グループに社会的認知を与えてきたからである。

　病院や保健所にセルフヘルプ・グループのリーダーが招かれ患者や

当事者と語る機会が設けられ，逆にセルフヘルプ・グループのプログラムに病院や保健所のスタッフが講師として参加することによって，セルフヘルプ・グループは社会的に認められていく。社会的に認められれば，テレビや新聞等にもその活動が紹介され，当事者の代表として行政の政策立案のプロセスに加わる機会も増えていく。要するにソーシャルワーカーは，セルフヘルプ・グループが，たとえ専門職から独立して活動していても，専門職と連携し，当事者の福祉の向上に役立つのだということを社会的に示していくことができる。それがセルフヘルプ・グループの発展につながるのである。

②　セルフヘルプ・グループと連携するという役割

セルフヘルプ・グループは自発的な集団であり，まだメンバーではない人でも同じ困難な生活状況にあれば進んで支援していこうとする。その意味で当事者を支援するボランティア・グループであると言える。ソーシャルワーカーは，セルフヘルプ・グループを「パートナー」としてソーシャルワークを実践することができる。

たとえば，ソーシャルワーカーは勤務時間内にしか当事者を支援できないかもしれないが，セルフヘルプ・グループによっては時間に拘束されずに当事者に支援の手を差し伸べることができることもある。ソーシャルワーカーには想像できないような状況を，それを体験している当事者は混乱して言語化できないかもしれないが，セルフヘルプ・グループはそれを整理しながら，いろいろなバリエーションも含めて解説してくれるだろう。ソーシャルワーカーは，クライエントをどのように援助し支援すればいいのか，それをセルフヘルプ・グループから学ぶことも可能なのである。

☐ ソーシャルワーカーとして注意が必要な役割

本章の最後に，ソーシャルワーカーの役割として期待されがちであるが，必ずしも成功しない例を二つあげておきたい。

①　ソーシャルワーカー主導による，セルフヘルプ・グループの結成への援助

同じような生活の困難を抱えたクライエントに出会う機会が多いソーシャルワーカーは，クライエントたちが集まれば，新しくセルフヘルプ・グループができるのではないかと期待しがちである。しかし，それはすでに述べたサポートグループの結成にはつながるかもしれないが，高い自発性が必要とされるセルフヘルプ・グループが生まれることは難しい。ただしソーシャルワーカーが提案する以前に，当事者がセルフヘルプ・グループの結成に強い意欲をすでにもっている場合

は，成功する見込みは大きいだろう。

②　セルフヘルプ・グループへのクライエントの紹介

　セルフヘルプ・グループと参加するクライエント双方に不満が残ることがある。なぜなら専門職による支援を受けることに慣れたクライエントは，セルフヘルプ・グループが自分に多くのこと（たとえばメンバーとしての積極的な活動への参加）を求められることを意外に思うだろうし，セルフヘルプ・グループは送られてきたクライエントの消極性に失望するかもしれないからである。

　これらは，セルフヘルプ・グループが自発的な活動であることを軽視した結果であるといえる。セルフヘルプ・グループは，特定の要因により同じような生活の困難をかかえた人々を助けたいというボランティア・グループなのである。その活動を維持するのも，また活動に参加するのにも高いボランタリズムが求められる。ソーシャルワーカーは，その点を留意してかかわることが重要である。

◯注

(1)　福田垂穂・前田ケイ・秋山智久編（1991）『グループワーク教室──集団の活用による人間性の回復を探る』有斐閣，77.

(2)　Konopka, G.（1963）*History of Social Group Work, Social Group Work：A Helping Process*, Englewood Cliffs：Prentice-Hall.

(3)　次の文献を参照してまとめている。Shulman, L.（2015）*The Skills of Helping Individuals, Families, Groups, and Communities*（8th ed.）, Cengage Learning；Toseland, R. W. & Rivas, R. F.（1998）*An Introduction to Group Work Practice*, Allyn and Bacon.（＝2003, 野村豊子監訳／福島喜代子・岩崎浩三・田中尚・鈴木孝子・福田俊子訳『グループワーク入門──あらゆる場で役にたつアイデアと活用法』中央法規出版）

◯参考文献

第1節

Brandler, S. & Roman, C. P.（1991）*Group Work：Skills and Strategies for Effective Interventions*, The Haworth Press.

Crawford, K., Price, M. & Price, B.（2015）*Groupwork Practice for Social Workers*, London：Sage Publications.

保田井進・硯川眞旬・黒木保博編著（2005）『福祉グループワークの理論と実際』ミネルヴァ書房.

福田垂穂・前田ケイ・秋山智久編（1991）『グループワーク教室──集団の活用による人間性の回復を探る』有斐閣.

黒木保博・横山穰・水野良也・岩間伸之（2003）『グループワークの専門技術──対人援助のための77の方法』中央法規出版.

野村豊子・田中尚・北島英治・福島広子（2000）『ソーシャルワーク・入門』有斐閣.

Northern, H.（1988）*Social Work with Groups*（2nd ed.）, Columbia

University Press.

大利一雄（2006）『グループワーク――理論とその導き方』勁草書房.

Ortega, R. M. & Garvin, C. D.（2019）*Socially Just Practice in Groups*：*A Social Work Perspective*, Sage Publications

Reid, K. E.（1981）*From Character Building to Social Treatment*, Greenwood Press.（＝1992, 大利一雄訳『グループワークの歴史――人格形成から社会的処遇へ』勁草書房）

Schwartz, W.（1971）Social Group Work：The Interactionist Approach. *The Encyclopedia of Social Work*, NASW.

Schwartz, W. & Zalba, S.（eds.）（1972）*The Practice* of Group Work, Columbia University Press.

Shulman, L.（2015）*The Skills of Helping Individuals, Families, Groups, and Communities（8th ed.）*, Cengage Learning.

Toseland, R. W. & Rivas, R. F.（1998）*An Introduction to Group Work Practice*, Allyn and Bacon.（＝2003, 野村豊子監訳／福島喜代子・岩崎浩三・田中尚・鈴木孝子・福田俊子訳『グループワーク入門――あらゆる場で役にたつアイデアと活用法』中央法規出版）

Tropp, E.（1971）*Social Group Work*：*The Development Model, The Encyclopedia of Social Work*, NASW.

Vinter, R.,（ed.）（1967）*Readings in Group Work Practice*, Campus Publishers.

Yalom, I. D.（1985）*The Theory and Practice of Group Psychotherapy（5th ed.）*, Basic Books.

第2節

Borkman, T.（1976）Experiential knowledge：A new concept for the analysis of self-help groups. *Social Service Review, 50(3)*, 445-456.

Borkman, T.（1999）*Understanding self-help/mutual aid*：*Experiential learning in the commons*, New Brunswick, N. J.：Rutgers University Press.

Kurtz, L. F.（1997）*Self-help and support groups*：*A handbook for practitioners*, Thousand Oaks, CA：Sage.

Rappaport, J.（1993）Narrative studies, personal stories, and identity transformation in the mutual help context. *Journal of Applied Behavioral Science, 29(2)*, 239-256.

Riessman, F.（1965）The "helper" therapy principle. *Social Work*, 10(2), 27-32.

第9章

コミュニティとソーシャルワーク

ソーシャルワークにおけるコミュニティのとらえかた

コミュニティとは何か

① 基礎自治体を圏域とした地域社会というとらえ方

　コミュニティの見方は多様である。マッキーヴァー（Maclver, R. M.）はコミュニティを共同生活の行われる生活空間と規定し，地域性と共同性をコミュニティの特性としている。しかし，それは，必ずしも地理的範囲にこだわらない。それに対して，ソーシャルワークにおけるコミュニティをとらえるならば，「地域社会」としてとらえることが適切である。森岡清は，地域社会を今日の地域社会問題に対応しつつ自治をめざす拠点として，広義には居住地を中心に広がる一定範囲の空間—社会システムを意味し，より具体的には**基礎自治体**の範囲を最大の空間範域とし，その空間の内に居住することを契機に発生する種々の共同問題を処理するシステムを構成要素として成立する社会としている。

　すなわち，ソーシャルワークにおけるコミュニティとは，現実に生活する個々人の地域での暮らしの課題としての地域生活課題に働きかけるメゾ・マクロのソーシャルワーク実践の場である。具体的には，地域とそれに所属する，組織，機関，および基礎自治体の施策が対象となる。なお，**セルフヘルプ・グループ**のような必ずしも「地域」に限定しない**アソシエーション型組織**や社会保障や教育・環境・平和の問題など基礎自治体内で収まらない社会問題を都道府県・国レベルに働きかけることも，地域社会とつながるマクロなソーシャルワークの実践としてとらえておく必要がある。

② 重層的な地理的な圏域のとらえ方

　生活の場である基礎自治体内における地域はそれぞれの地理的範囲の特質に応じて住民組織のつながり方や社会資源の配置のあり方が異なってくる。図9-1は基礎自治体内における地域福祉の視点からみた重層的な地理的な圏域のイメージである。

　図9-1によれば，基礎自治体を5層の圏域にわけ，それぞれの住民福祉活動の特質や社会福祉施策を例示している。たとえば，1・2層の自治会域では住民同士による見守り活動が展開されやすく，3層は小学校圏域として歴史的にも地域団体が連携する基盤となっている。4層はおよそ中学校区圏域として，地域包括支援センターや地域密着

➡基礎自治体
市区町村のことで国の行政区画の最小単位をさす。市町村と東京23区（特別区）がこれにあたる。

➡セルフヘルプ・グループ
それぞれの人が抱える障害やそこから派生する生活問題と社会との関係で生じる多様な生きづらさを共通項に集まるグループである。そのなかで，専門職や社会から理解されない苦しみをメンバー相互に分かち合いながら，その無理解，偏見，差別から自らを解き放ち，解放するという自己変革の機能と自分たちを苦しめる無理解，偏見，差別に対する社会変革の機能がある。

➡アソシエーション型組織
共通の関心や目的で集まった機能的な集団。セルフヘルプ・グループ，ボランティアグループなど。自治会など地縁で集まる組織（地縁型組織）の対義語。

図9-1　重層的な圏域設定のイメージ

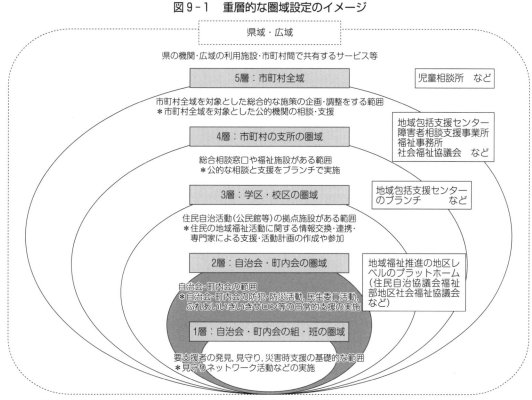

出所：厚生労働省（2008）「これからの地域福祉のあり方に関する研究会報告書」.

型サービスなどの専門機関を整備・連携する圏域である。しかし，この圏域では地域住民のつながりは薄い。

　もちろん，これらの圏域は各自治体の地域特性によって異なってくるが，ソーシャルワークとして地域生活の支援や住民同士の共同性への働きかけ，住民と専門職の協働を進めるうえでは地域社会を重層的にとらえておくことが重要である。また，この地域の重層性は各圏域が閉じられているのではなく，地域住民が生活の必要に応じて自由に行きかうように，相互に開かれ関連しあっているという地域認識が必要である。

❏ ソーシャルワークにおけるコミュニティアプローチの視点

　ソーシャルワークはクライエントと環境の交互作用への介入実践である。したがって，その環境の内，暮らしの基盤である地域社会の特性を理解し働きかけることはソーシャルワーク実践の基本的な視点といえる。ここでは，コミュニティにアプローチする上での3つの視点について述べておく。

①　福祉コミュニティ形成の視点

　ソーシャルワークは生活課題を対象にするが，多数の住民が関連す

る生活課題に対して少数の福祉課題に着目して働きかける。具体的には，何らかの要因により地域から孤立し社会参加できないでいる障害者，ひきこもりの人の生活課題や，8050問題やダブルケア，老々介護で苦しんでいる家族の問題などである。

これらの生活課題を抱えた当事者とその共感者によって生み出されるサービス・支援や施策，そのための計画づくりなどの機能をもったアソシエーション型のつながりを福祉コミュニティと呼ぶ。なお，福祉コミュニティとは「ひきこもり」を例にとれば，ひきこもりの人と親の会というセルフヘルプ・グループ，その当事者を支援するボランティアグループ，行政・専門機関も参加したひきこもり支援ネットワーク，というように多様に形成されるアソシエーションである。

このように，地域社会にある多様な福祉課題に対応する福祉コミュニティが形成される必要がある。それらの福祉コミュニティとしてのつながりが，多様性尊重の福祉社会・地域共生社会の形成基盤となる。

② 個人への支援と福祉社会の形成の統合的な実践への視点

このように地域社会という場におけるソーシャルワークは，必然的に個々人の地域生活への支援と福祉コミュニティ形成を一体的，統合的に取り組む実践となる。

また，地域社会という生活の場は子どもから高齢者までの多世代が暮らす場であり，家族を形成する場である。そこには，さまざまな価値観や福祉意識をもった住民が関係しあって生活する場である。したがって，多様な地域住民の利害関係の調整と属性・制度横断的な対応がソーシャルワークに求められる。また，その実践領域では基礎自治体域におけるミクロ・メゾ・マクロの統合実践（くわしくは，本シリーズ第4巻『ソーシャルワークの基盤と専門職』第8章参照）が必然的に求められることになる。それらはジェネラリストソーシャルワークとしての実践がコミュニティの場では求められることを意味する。

③ 予防的対応と開発的対応への視点

地域社会は生活課題が具体的な暮らしの問題として現れる場である。たとえば，ホームレスの問題は仕事と住居の喪失という労働政策，社会保障政策の不備から起こる国レベルの問題である。しかし，実際の地域社会では，近隣住民の排除や地域での就労，居住確保の問題，また家族形成ができない単身者の孤立の問題として現れる。そして，地域社会はこれらの問題に対して早期発見・早期対応という初期的・予防的な対応を可能にする場でもある。

また，地域での問題発生は基礎自治体域における制度やしくみが不備な場合に起こる。たとえば，ひとり暮らしの認知症高齢者の問題は，

生活問題だけをとらえれば，それに対応する制度やしくみ・サービスがないために地域生活が送れないということである。その問題に対応するためには既存の制度やしくみを超えて，多様な関係者の連携・協働による新たな社会資源を創造する開発や実践が求められる。

 ## ソーシャルワークとコミュニティワークの関係

地域生活支援とコミュニティワークの関係

　コミュニティワークについては次節で詳細に述べるが，端的にいえば，住民や関係者による地域生活課題の解決のための協働を支援する方法である。いわば，地域づくり・まちづくりの方法論である。したがって，社会福祉分野だけでなく広く使用される方法である。ソーシャルワークにおいてはメゾ・マクロ領域の中核的な実践方法である。

　しかし，地域生活課題が一般に広がっている今日においては，地域におけるソーシャルワーク実践も，他の分野における地域づくりと協働して取り組む必要性が高まってきた。その意味では，コミュニティワークはソーシャルワーカーが他の生活関連領域の関係者と協働して地域づくりに取り組む際の共通の方法として，その必要性が高まってきているといえよう。その場合，ソーシャルワーカーが実践するコミュニティワークは，当然ながら社会福祉の視点からのアプローチということになる。それは，個別支援であるミクロ実践としての地域生活支援と関連したメゾ・マクロ実践である。

３つの場面でみる地域生活支援とコミュニティワーク（地域づくり）の関係

　図 9-2 は，地域生活支援とコミュニティワーク（地域づくり）との関係を表した図である。二重円の中央が，地域生活支援における当事者とソーシャルワーカーの援助関係である。しかし，その当事者はソーシャルワーカーとの関係以前に，地域社会という現実の地域社会関係の中で生活しているという視点が必要である。ソーシャルワーク実践をニーズの発見，支援，終結という３つの過程でとらえた場合，地域生活支援とコミュニティワーク（地域づくり）の関係は，「Ａ：ニーズの入口」「Ｂ：ケース対応」「Ｃ：ニーズの出口」という３つの実践場面が想定される。

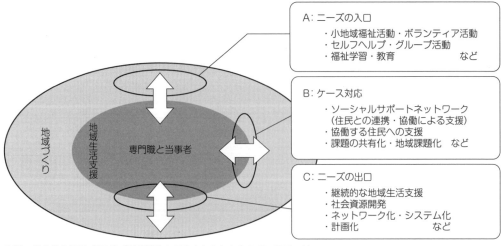

図 9-2　地域生活支援と地域づくりの関係

A：ニーズの入口
・小地域福祉活動・ボランティア活動
・セルフヘルプ・グループ活動
・福祉学習・教育　　　　　　など

B：ケース対応
・ソーシャルサポートネットワーク
　（住民との連携・協働による支援）
・協働する住民への支援
・課題の共有化・地域課題化　など

C：ニーズの出口
・継続的な地域生活支援
・社会資源開発
・ネットワーク化・システム化
・計画化　　　　　　　　　　など

地域づくり

地域生活支援

専門職と当事者

出所：藤井博志編著（2019）『地域福祉のはじめかた』ミネルヴァ書房，10.

①　A：ニーズの入口──ニーズを顕在化させるコミュニティワーク

　地域における福祉ニーズの特質の一つは，ニーズが潜在化することである。地域でのニーズ発見は，問題が深刻化してはじめてニーズが顕在化し相談機関とつながるなど，事後的対応である場合が多い。そのため，ソーシャルワーカーには早期発見・早期対応をはじめとした予防的対応のために地域に出向く実践が必要となる。

　一般に，ソーシャルワークにおけるアウトリーチとは，個別支援において自宅や地域の場に出向くことやクライアントへの支援に関連して周辺地域に働きかける実践を意味する。しかし，当事者のニーズが潜在化し，どこにいるわからない場合はこのようなアウトリーチは困難である。したがって，個別支援のアウトリーチではなく，潜在化したニーズが表出しやすい地域づくりや，そのニーズを発見する取り組みが必要となる。これらの実践はコミュニティワークである。

　一般に，ニーズが潜在化しやすい要因には，「地域社会の偏見や差別」，「セルフネグレクト」，「自己のニーズの認知不足や欠如」，「情報やサービスの**アクセシビリティ**▶（接近性）の低さや社会資源の不足」が考えられる。

　地域社会に偏見や差別があれば，当事者は声をあげにくい。むしろ，自らのニーズを隠すであろう。偏見や差別の解消のためには人権教育や社会教育・生涯教育を基盤にした福祉教育などの学習活動が地域づくりの基盤となる。また，孤立状況にある当事者が，当事者同士でつながり，自らをエンパワメントし，社会に訴えかける機能をもつ組織をセルフヘルプ・グループという。ソーシャルワーカーは，セルフヘ

▶**アクセシビリティ**
社会福祉では，社会資源の利用しやすさの度合いをいう。サービスの質，手続き，利用要件，情報などのサービス利用の接近性を表す言葉。

ルプ・グループの特質を理解し，その活動に伴走することが必要である（くわしくは本書第 8 章第 2 節参照）。

　また，セルフネグレクトや一人暮らしの認知症高齢者のように自己のニーズの認知不足や欠如があれば，自らのニーズを発信しないし，相談機関へも近づかない。この場合は，近隣や友人などによる発見と関わりが必要である。このためには，**小地域福祉活動**やボランティア活動によるニーズの発見と専門機関へのつなぎが必要である。そもそも，当事者に情報が届かなかったり，サービス資源がなかったり使えないという社会資源へのアクセシビリティが低ければ，それは当事者にとってサービスがないのと同様でありニーズは顕在化しない。

　以上の状況に対応して，ニーズが早期に顕在化しやすい地域社会での福祉土壌づくりが地域生活支援の基盤として求められる。

　②　B：ケース対応――ソーシャルサポートネットワーク

　具体的な個別の援助実践である地域生活支援では当事者の社会関係への支援を重視する。このため，「専門職―当事者」という関係だけでなく，当事者の地域社会関係を広げるための専門職と近隣，ボランティア等との協働が求められる。このような実践をソーシャルサポートネットワークと呼ぶ。

　ここで大切なことは，ソーシャルワーカーと地域住民，ボランティアの関係性である。ソーシャルワーカーにとって社会資源の活用が重要な実践であることから，ボランティアも社会資源の一つとして「活用」しようとする傾向にある。この場合の社会福祉の専門用語の用法として，「活用」という表現は必ずしも間違っていない。しかし，実際の実践においては，制度・サービスという社会資源は活用できても地域住民やボランティアは活用できない。なぜなら，地域住民やボランティアは仕事や契約ではなく当事者との共感関係のなかで自発的意思や信頼関係にもとづき当事者とかかわっているからである。地域住民やボランティアは住民同士として「関わってきた人」や「関わりたい人」にしか関わらないのである。同じ地域の仲間として，また，将来の「私」も孤立せずに安心して暮らせる地域をつくりたいという願いが活動の動機である。この自発性や内発性を活用して消費するとそのエネルギーは減退する。自発性や内発性は当事者・住民・ソーシャルワーカーの各主体間の相互の協働（協同）的活動によって醸成されるものである。そのことをソーシャルワーカーは生活者としての視点から自らを省察しつつ，地域との協働関係を築いていくことが求められる。

　また，ソーシャルワーカーは地域住民やボランティアと協働するだ

➡ 小地域福祉活動
住民が日常生活の共同の基盤のある自治会域や小学校区圏域のなかで，地域課題の発見とその共有を通して，生活課題の解決のために行う，福祉的な自治活動。地域調査や小地域福祉計画策定，見守り活動や生活支援活動など，地域で行われる多様な活動がある。コミュニティ・オーガニゼーションの地域開発モデル。

けでなく，住民活動の継続性への支援やそこで気づいた地域生活課題を地域が共有していくための支援がソーシャルワーカーとしては求められる。

③　C：ニーズの出口──開発的な2つの出口

地域生活支援には開発的な2つの出口がある。

一つめは，支援した個人への継続的な対応である。地域生活支援では，その人が望むなら最期まで地域で暮らすことを支える実践が求められる。この実践はサービスや機関に「つなぐ」だけでなく，継続的に関わり続けること自体が支援であるという実践方法として注目されている。この場合においても，当事者の生活の継続への支援は，介護，保健，医療専門職などの多機関協働による在宅ケア・サービス，民生委員や小地域福祉活動による見守り活動や友人としての関わりなど，専門職と住民との息の長い地域生活支援としての協働実践の方法開発が求められている。

二つめには，個別の課題を含めて類似の課題をもつ人々のニーズを集合的にとらえ，そのための社会資源開発やシステム化，計画策定とその進行管理を行う実践である。

☐　3つの場面の実践を総合的に蓄積する地域づくり

以上の説明した3つの場面は，一つのケースを通してA⇒B⇒Cというように単線的なプロセスが展開される実践ではない。高次機能障害者の家族の相談からセルフヘルプ・グループの活動がはじまったり（B⇒A），10年前に始まったふれあいいきいきサロンのボランティアが，今，支援を必要とする認知症高齢者の支援を地域包括支援センターと始めたり（A⇒B），地域福祉計画において「ひきこもり対策」が計画化され，そのための地域学習が始まったりする（C⇒A）など，地域においては同時多発的に多様な活動や実践が展開されるのである。

大切なのは，それらの福祉的な取り組みをできる限り把握し，地域社会という場で関連させ，全体として地域の福祉土壌を高めていく視点である。このことを地域住民の主体形成や地域の福祉力，福祉的な住民自治形成などと呼ぶ。一方，地域力の向上と関連して，専門職，行政側にも専門的な問題解決力やそのための社会資源を見出す力，連携・協働力を高めていくことが大切である。このように，ソーシャルワークと関連した地域づくり・コミュニティワークは，住民と専門職・行政双方が相乗的に福祉の対応力や実践力を高めていく視点が重要である。

③ コミュニティワークの歴史と理論・理念

　日本の社会福祉実践としてのコミュニティワークは，アメリカとイギリスの影響を受けつつ，日本の文化風土と日本の独自概念である地域福祉に位置づけられながら形成されてきた。ここでは，両国の実践やその概念を概観しつつ，日本のコミュニティワークの変遷を解説する。

□ アメリカの影響

　ここでは，社会福祉ニーズと社会資源との調整や，インターグループワークという地域の団体リーダー間の合意による地域運営方法の実践をへて，日本に影響を与えた統合化説とその後の多様化したコミュニティ・オーガニゼーションの理論としてのコミュニティ・インターベーションについて解説しておく。

① 統合化説

　「地域社会が自ら，そのニードと目標を発見し，それらに順位づけて分類する。そして，それを達成する確信と意思を開発し，必要な資源を内部・外部に求めて実際行動を起こす。このようにして，地域社会が団結・協力して実行する態度を養い育てる過程である」

　このロス（Ross, M. G.）による統合化説はコミュニティ・オーガニゼーションの体系的な方法論モデルを**コミュニティ・ディベロップメント**，コミュニティ・オーガニゼーション，**コミュニティリレーション**とした。このモデルは，地域課題の解決過程における民主的な協議と協働する住民の力の養成を重視する過程重視（プロセス・ゴール）の実践モデルである。日本においては，住民の主体形成と地域の全体的調和や合意形成を図る小地域福祉活動として，これまでの日本の風土とマッチして決定的な影響を与えた。

② コミュニティ・インターベーション

　ロスの地域社会での全体的調和や合意形成を重視するプロセス指向では，人種間，階級間の葛藤が激しい地域社会では有効に機能しないのではという批判から，ロスマン（Rothman, J.）は，これまでのコミュニティ・オーガニゼーション実践モデルを「地域開発モデル」「社会計画モデル」「ソーシャル・アクションモデル」の３つに体系化し，その目標や技術を示した。地域開発モデルはロスの実践モデルである。

▶コミュニティ・ディベロップメント（地域社会開発）

イギリスを中心に旧植民地や発展途上国の開発から発展した地域活動の方法。地域住民の連帯と参加を通して，地域生活の問題解決や福祉の向上を図る方策や手続きの一連の過程。

▶コミュニティリレーション

地域にある組織が地域との良好な関係づくりを意図的に行うための取り組み。地域の協議の場への参加や広報活動やサービス提供などの一連の活動をいう。社会福祉施設と地域との関係づくりや地域に理解のない少数の問題を地域で受け止めてもらうための活動に活用される。

社会計画モデルは，地域の多様な社会問題に対する専門職主導の計画的な課題解決指向の実践モデルである。ソーシャル・アクションモデルは，社会的に不利な状況に置かれている人々のために，地域での権力構造を変革し，社会的公正の実現をめざす実践モデルである。

日本においては先述したように，地域開発モデルの実践が小地域福祉活動として今なお主流であるが，近年の日本においても1990年代半ばから顕在化した貧困の格差による社会的排除や孤立の問題など，ソーシャル・アクションモデルや社会計画モデルの実践を日本的に応用する状況が出てきている。なお，これらのモデルの特徴は，どれかを単一的に採用するのではなく，コミュニティの状況に応じて適時選択したり移行または混合使用するものである（ソーシャルアクションについては，本シリーズ第6巻『ソーシャルワークの理論と方法Ⅱ』第4章参照）。

またその後，ロスマンはこの3モデルに政策実践モデルと管理運営モデルを加えたマクロ・ソーシャルワークや，最初から3モデルを混成して混合活用するコミュニティ・インターベーションを提案している。むしろ，日本の実践においては，コミュニティワークの実践モデルが確立しているわけではなく，地域開発モデルを中核に，最近では地域福祉計画における小地域エリアでの小地域福祉計画づくりや復興住宅での支援など，生活課題の複層化や複雑化から無意識的に混合的なアプローチをしているともいえる。その意味でも，日本の未分化な混成した実践を分析する上で，ロスマンのモデル化や包括的アプローチの考え方は参考になる。

❏ イギリスの影響

コミュニティワークはイギリスの用語である。イギリスにおいてコミュニティワークは，慈善組織協会（COS）やセツルメントの流れを汲みながら，植民地統治や国内の住宅改良地域などにおけるコミュニティ・ディベロップメントの発達，失業者運動や婦人参政権運動などにおける集合的運動（collective action）の影響を受けながら発展してきた。この前者の歴史にみるパターナリスティック（父権的保護主義的）な側面と後者の歴史に見る権利要求運動のラディカルな側面の2つの特性をイギリスのコミュニティワークは有するとされる。

これは，日本においても明確な対立はないまでも，地域での助け合いの推進による互助のみの強調が，結果として社会問題の要因や政策に無批判な住民活動を育成し，公的資源の不足を補う資源として誘導してしまうという批判もある。一方，障害当事者とともに地域自立生

活運動を進めるボランタリーな活動や，公害追放運動から地域ケア活動を進めた自治会活動など，新たな公共性という共助の発展や，公的施策に結びつく当事者や住民運動の組織化活動もみられる。日本においてもこの2つの側面は，コミュニティワークにおいて常に問われている。

□ 日本におけるコミュニティワークの再注目

日本のコミュニティワークは，戦後のGHQによる民間福祉活動の育成策として，共同募金とともに，社会福祉協議会の実践方法としてのコミュニティ・オーガニゼーションがアメリカから輸入された。その後の戦後復興と社会保障の基盤ができた1959年から始まる保健福祉地区組織育成中央協議会の実践によって，日本的な地域組織化活動の本格的な展開をみた。

それは，都市部では予防的な公衆衛生活動であるカ・ハエをなくす運動であり，農村部では貧困の中での農村婦人の健康問題と乳児死亡率の高さへの対応などが代表的な取り組みであった。このような地域に共通する地域課題の解決に対応する地域保健活動と地域福祉活動の連携活動から，日本のコミュニティ・オーガニゼーションの実践が住民主体の活動として展開していくのである。

1970年前後の高度経済成長期による公害等の都市問題と過疎の進行への対応による地域社会開発とコミュニティの再生が注目され，コミュニティ・オーガニゼーションが，地域福祉論によって，地域ケアと予防的社会福祉が一体となった組織化活動として位置づくことになる。1970年後半以降は，高齢化社会の進行とともに単身高齢者や要介護高齢者への在宅福祉活動や在宅福祉サービスの資源開発の組織化が社会福祉士におけるコミュニティ・オーガニゼーションの課題となる。この頃からコミュニティ・オーガニゼーションに代わり，コミュニティワークという呼び名が普及しだした。これらの高齢化への対応は，現在も深刻な課題として継続している。

それと重なって，バブル経済崩壊後の新自由主義の社会経済構造の変化は，1990年代半ばから労働問題をともなう貧困問題と社会的孤立・排除の問題を深刻化させてきた。これらは，子どもの貧困の深刻化や，そもそも介助・介護問題と社会的排除や差別問題を二重に背負ってきた障害者問題の一般住民への普遍化として広がっているといえる。

❏ 現在の日本におけるコミュニティワークの特質と課題

　これらの背景をもとに，当事者・住民の自発的・内発的な生活防衛活動として，コミュニティワークは福祉以外の領域からも注目されてきている。また，ソーシャルワーク実践では「個別支援（地域生活支援）」とともに，その地域の福祉土壌をつくる「地域支援」という用語でコミュニティワークが再注目されている。さらに，地域共生社会の形成という，社会福祉の社会目標像である共生社会を地域という生活の場で実現していく実践が社会福祉における地域づくりとして政策的にも注目されている。

　以上，今日的に求められているコミュニティワークの特質と課題は以下の4点があげられる。

　①　コミュニティワークは一定の地域社会における地域生活課題を対象にして，基礎自治体の地域福祉施策を促進する。

　②　コミュニティワークの働きかける主体は，当事者を含む地域住民および団体であるが，今日の地域ケアの課題を重視して，専門職間のネットワーク化や住民・団体と行政や専門機関の協働を図れるような媒介的・調整的介入を両者に行う。

　③　コミュニティワークは，地域共生社会をめざす地域づくりの観点から不平等な地域の権力構造に対して民主的な関係を形成する福祉的な住民自治としての地域づくりを重視する。

　④　コミュニティワークは社会福祉以外の全般的な地域づくり・まちづくりも視野に入れながら，地域での生活と仕事づくりまでを射程とした社会資源開発を重視する。

コミュニティワークの定義と目標

　ここまで学んだ特質から，日本における今日的なコミュニティワークを次のように定義しておく。

❏ コミュニティワークの定義

　コミュニティワークとは，当事者，地域住民による地域生活課題の解決を目的として，地域の組織化や専門職等の関係者の地域への参加を促進するために，専門職や地域リーダーが使用する地域援助の方法である。今日的には次の3点を目的とする。

　①　誰も排除しない地域共生社会の形成を，住民自治による福祉の

まちづくりとしてすすめる。

② 当事者・地域住民の主体形成および地域の福祉力を高める。

③ 地域生活課題に対する暮らしに必要な地域ケア資源や活動，まちの環境を創り出す。

□ コミュニティワークの３つの目標

コミュニティワークには，次の①〜③の３つの目標がある。また，この３つの目標は相互に関連し，活動展開によって重点が違ってくる。

① プロセス・ゴール（住民の問題解決力の向上）

地域課題解決の過程を重視する考え方である。課題解決の過程で，基礎的活動を重視して地域の福祉力を地域が形成することを目標にする。単的にいえば住民の協議力と協同力の形成を重視する考え方である。

② タスク・ゴール（課題達成）

具体的な課題達成の度合いを評価する目標である。「孤立死ゼロのまちづくり」など，定量的な評価が可能となる目標設定である。住民参加を促進する上でも，小さな成功体験の積み重ねや，成果を可視化することは重要である。

③ リレーションシップ・ゴール（良好な地域コミュニケーションの形成・権力構造転換）

地域の民主的で対等な関係性を形成する目標である。地域は何らかの個人，団体の権力的な関係で成り立っている。たとえば，「自治会の役員は男性，活動は女性」というジェンダー問題や，「一人暮らし高齢者の見守りは話し合われるが，障害者の見守りはとりあげられない」という少数の当事者への社会認識や福祉認識などが有形，無形に働いている。これらの住民相互の関係性を変革する目標である。それは，地域団体・リーダー間の良好なコミュニケーションの形成であり，権力関係を平等な関係にしていく取り組みである。

□ コミュニティワークを支える思想・理念

コミュニティワークは，主として次の４点の思想・理念をもとに実践される。

① 住民主体／当事者主体

② 草の根民主主義／近隣基盤

③ 住民自治／ローカルガバナンス／ボランタリズム

④ ノーマライゼーション／ソーシャルインクルージョン／社会変革

コミュニティワークが背景とする思想や理念の中核に住民主体・当事者主体がある。住民は基本的人権の尊重とそのうえでの連帯，共生の暮らしをつくる主体であり地域生活の権利主体である。また，その中でも生活課題に直面し，そのことを認識している主体を当事者主体という。これらは，生活を担う主体（主役）であり，コミュニティワークの中核的主体である。

　その主体の協同（共同）基盤として，近隣での住民同士の直接的な対話や話し合いを進める直接民主主義としての草の根民主主義（grassroots democracy）が重視される。日本では小地域福祉活動が代表的である。

　また，地方自治においては福祉的な住民自治の形成が目標となる。近年では住民，事業者，行政が協働して地方自治を進める「協治」としてのローカルガバナンスを地域福祉から進める住民参加の方法としてもコミュニティワークが位置づけられている。

　もちろん，これらの地域づくりは，住民の自発性に基づくボランタリズムを起点とし，その行動の先にあるノーマライゼーションやソーシャルインクルージョン（社会的包摂）社会を地域共生社会として形成する地域での社会変革を目標とする。

☐ コミュニティワークの担い手

　コミュニティワークの担い手は，社会福祉関係者だけでなく，他業種にも及ぶ。ここでは，コミュニティワークの担い手を3分類して説明する

① 社会福祉におけるコミュニティワークの方法を必要とする専門職

　地域社会において社会福祉実践を行うには，ジェネラリストソーシャルワークとして，どの社会福祉実践現場においても状況に応じてコミュニティワークの方法を使うことが求められる。

　その中でも，個別支援の延長として地域づくりを進める住民と協働する立場（主に，ケアワーカーやソーシャルワーカー等の地域生活支援を担うワーカー）と，活動組織の組織化やネットワーク化を側面的に援助するコミュニティワークを主として使う立場（主に，ソーシャルワーカーや生活支援コーディネーター）に大別される。

② 地域リーダー

　最も広範な担い手として，地域リーダーやボランティアリーダー，協同組合員などの無給の担い手がいる。これらのリーダーが，社会的な問題に対して一般住民に働きかけ，社会活動や運動を進めるための組織化の方法として使われる。とくに，当事者・市民自身による組織

化を近年ではコミュニティ・オーガナイジングと呼び日本でも着目されている。

③　社会福祉分野以外でコミュニティワークを必要とする専門職

　コミュニティワーク自体が本来の職務ではないが，コミュニティワークの価値や技術を必要とする職種として，都市計画コンサルタントや一級建築技師，地域支援員，地域おこし協力隊，また労働組合，生活協同組合などの社会的協同組織の職員などがいる。また，保健師や各種の療法士などの対人援助職も地域生活支援の一環として地域づくりのためのコミュニティワークが使われる。

☐　コミュニティワークの技術

　コミュニティワークの技術には以下のようなものがあげられる。

　地域診断（アセスメント），当事者・住民組織化，ネットワーキング（専門機関間の連携促進や住民と専門機関の連携促進），社会資源開発，ソーシャルアクション，地域福祉計画・地区計画の策定，地域福祉活動記録と評価，など。

　また，関連技術には以下のようなものがあげられる。

　地域生活支援，組織マネジメント，活動資金調達，サービス評価，地域福祉計画・福祉政策運営，政治的スキル，など。

　専門職の役割には，代弁者，仲介者，調整者，資源活用・調整・開発，促進者，側面的援助者，コーディネーター，アウトリーチ援助，革新者，組織者などがある。

⑤　コミュニティワークの実践過程

　コミュニティワークの実践過程は詳細に分けられるが，ここではより実践的に，3段階に分け，5つのプロセスとして順に説明する（図9-3：本文中の（a）〜（e）は図中のものをさす）。

☐　第1段階：地域との信頼関係づくり

【（a）地域の理解と信頼関係の構築】

【（b）地域づくりの構想を描く】

　第1段階は主として専門職が対象地域に入り住民や地域リーダーと信頼関係を形成するとともに，地域診断（アセスメント）し，その地域の望ましい姿と実践方法を大まかに構想する段階である。専門職とし

図9-3　コミュニティワークの実践過程

| ①第1段階
地域との信頼関係づくり | (a) 地域の理解と信頼関係の構築 |
| | (b) 地域づくりの構想を描く |

▼

| ②第2段階
立ち上げ支援 | (c) 組織の立ち上げ |

▼

| ③第3段階
運営支援 | (d) 課題の明確化と共有化（課題把握） |
| | (e) 協同活動と評価（計画策定・実施・評価） |

出典：藤井博志編著（2019）『地域福祉のはじめかた』ミネルヴァ書房，71.

表9-1　地域診断の4つの領域

診断の領域	診断の内容
地域特性	地域の特徴・個別性
社会資源	• 社会資源の充足状況・連携状況／社会参加のための資源 • 地域住民のつながり・共同性（リーダー，地域組織の連携状況）
生活課題・福祉課題	• 地域自立生活ニーズ（個人・少数／集団） • 地域の生活課題（多数／集団）
地域住民の協同力	地域住民の主体形成・地域の福祉力の到達度

注：活動の「主体」，「内容」，「課題」に応じ，圏域ごとに把握する。
出所：図9-3と同じ，90.

表9-2　地域特性の内容

1. 地理的，地勢的状況（坂道が多い，人口が密集している　等）
2. 気候状況（温暖である。冬は豪雪である　等）
3. 交通の状況，手段（移動，外出のしやすさ）
4. 人口動態，家族形態の状況と推移
5. 産業，経済の状況（農村地域，商業地域，住宅地域　等）
6. 住民の所得状況（所得水準，被保護率，就業率　等）
7. 健康状況（疾病特性，健康診断の受診率　等）
8. 政治，文化，教育状況（その地域の歴史，政治意識や議員の政党別構成，文化・娯楽施設の状況，教育方針　等）
9. その他

出所：図9-3と同じ，90.

ての担当地域への実践仮説を立てる段階であるといえる。この段階は主として専門職が主体となった実践である。

　担当地域の関連データ収集とフィールドワーク（地域探索）から地域の生活実態や生活課題を探り，専門職としての地域診断を行う。この場合は，専門分野によって地域診断の領域は異なるが，たとえば地域福祉という観点からは**表9-1**のように4つの診断領域がある。

　地域診断では地域特性の把握が前提である。**表9-2**の各内容とも重要であるが，とくに地域住民による問題解決を支援するには，地域

の権力構造や政治状況を把握することが重要である。それと関連して，それに対する地域住民の問題意識や解決力を「地域住民の協同力」として診断することが重要である。

　調査の方法は質的調査と量的調査があるが，コミュニティワークは地域に入るフィールドワークと対話を重視する。専門職は住民（リーダー）との対話の中で，地域や住民への理解と住民からの学びを深める。一方，住民は専門職との対話を通じて，本来の願いが呼び起こされたり新たな気づきが得られ，住民同士の目標の合意形成など次の段階へ向かう意識が醸成される。

☐ 第2段階：立ち上げ支援

【(c) 組織の立ち上げ】

　第2段階として活動主体の組織化のために組織を立ち上げる。この場合の組織を立ち上げる主体は原則的には当事者や地域住民である。または，地域住民と専門職などの関係者である。この段階から専門職は組織メンバー（地域リーダー）への側面的援助や協働という立ち位置になる。

　コミュニティワークは住民・団体を中心とする協働（共同）活動であるので，活動組織の存在があることが前提となる。その場合，地域課題に適した団体がある場合は，その活動のスタートに新たな組織化の必要はなく，その後の活動の展開の深度とその必要度によって新たに活動主体の組織化を展開していくのである。

　たとえば，専門職が認知症高齢者の介護問題が地域で深刻化していると感じたとしよう。その問題を地域に投げかける場合，セルフヘルプ・グループとしての認知症高齢者の介護者家族会や介護ボランティアグループがあればそれらの団体に個別に問題を投げかけることもできる。また，問題の広がりや深刻度が予想される場合は，社会福祉協議会に「認知症高齢者支援を進める委員会」を新たに組織してもらい，広く関係者の参加を呼びかける方法も考えられる。その場合においても，参加者との十分な協議や情報提供を通して，その問題解決のために主体的に参加する問題意識の喚起や動機づけなどの働きかけが大切である。

　また，近年では問題の多様性や複雑性に柔軟に対応するために，既存の代表者主義ではなく，緩やかなネットワーク型，個人参加型の協議の場として**ラウンドテーブル**➡方式や**プラットフォーム**➡型のネットワーキングの方法（本シリーズ第6巻『ソーシャルワークの理論と方法Ⅱ』第5章第1節参照）も注目されている。

➡ **ラウンドテーブル**
文字どおり円卓会議をさす。上下の関係を持ち込まず，肩書を外した対等な関係の中で，自由な立場と発想を保障されて協議する，ワークショップの方法。

➡ **プラットフォーム**
台や舞台，乗降場をさす。市民活動では，駅のプラットフォームのように，多様な人が行きかう場をイメージし，ある目的のために個人資格で多様な主体が自由に交流できる場とその協議の方法を意味する。

□ 第３段階：運営支援の１

【(d) 課題の明確化と共有化（課題把握）】

　活動組織が立ち上がれば，その組織メンバーによる地域課題の明確化とその課題を他の地域住民と広く共有化し，問題解決への賛同者と協力者の拡大を図る過程である。

　そのため，この段階の問題把握は組織メンバーが企画する地域調査によって住民自身が地域診断を行う過程でもある。また，その過程において，調査者の拡大や調査結果の話し合いや広報・学習活動を進める。地域住民による調査を原則とするのは，地域住民が問題を共有化し，「みんなの問題」とならなければ地域生活課題の解決に向かわないからである。

　専門職はこの一連の組織メンバーの活動を援助する。すなわち，調査方法やそのまとめ，広報活動や学習活動の企画援助などである。そのために，既存資料分析，アンケート調査，福祉マップづくり，フィールドワーク，住民座談会，ワークショップとファシリテーションなどの方法を駆使する必要がある。

　この段階の住民による地域の調査活動として，次の５点に留意する必要がある。

　①　調査は問題解決や活動に必ずつなげることを意識して，その方法を選択すること。

　②　問題把握の全過程に関係する当事者，住民が必ず参加できるように配慮する。地域の問題を住民自らの問題としてとらえるためには，その調査の企画段階から当事者，住民が調査主体として参加しておく必要がある。また，そのことによって専門職が気づいていない問題が把握されることも多い。

　③　在宅要援護者への地域ケアの問題が主要課題となる今日では，生活諸要因が複雑でみえにくく潜在化している点に着目する必要がある。

　④　住民の実際行動を起こすための調査であるから，問題の把握とともに，地域が潜在的にもっている地域力を発見し，それを引き出すためのエンパワメントアプローチを採用する。

　⑤　一見して個人の問題にみえる課題が地域生活課題として住民，関係者間に共有化されて，初めて地域の組織的な活動に展開する。そのために，地域住民の気づきの過程としての学習会や調査報告会，広報宣伝など，発見された問題を広く周知する過程が重要である。

☐ 第3段階：運営支援の2

【(e) 協同活動と評価（計画策定・実施・評価）】

① 計画策定の段階

　計画策定にはおよそ二つの策定がある。一つは「ふれあいいきいきサロンの開設」のように比較的短期間での単一プログラムの計画づくりである。もう一つは，「地域の孤立防止対策」のように，「地域の資源調査」「居場所づくり」「見守り活動」のように中長期にわたる複数プログラムの策定である。地区計画づくりに相当する。

　後者の計画策定の段階は，把握された問題や課題に対しての解決策の提案に対して，それに優先順位をつけて活動，事業の体系化を図る作業である。とくに，コミュニティワークの場合，論理的には既存資源で対応できていないがゆえに問題が発生するわけであるから，住民の自発的な協働促進をとおして行政，専門機関の力をさらに引き出す戦略が採用される。とくに住民が選ぶ活動，事業は必ずしも専門職がアセスメントした地域生活課題の客観的な深刻度に対応した活動，事業とは限らない。

　地域住民は，地域（コミュニティ）の問題状況とともに，参加の意向，取り組みやすさ，効果（具体性・波及性）などを総合的に判断して活動を選ぶ。とくに，地域リーダーの立場からすれば，地域住民の活動の達成感や地域貢献の満足度などが次の活動意欲を生み出す。したがって，参加しやすさや波及効果は重要な活動選択のポイントである。ソーシャルワーカーは地域リーダーが客観的な問題状況，活動主体の力量，地域住民の育ちと反応などを総合的に判断することを支援するのである。

② 計画実施の段階

　計画の実施においては，地域リーダーによるリーダーシップと民主的な会議運営が生命線となる。コミュニティワークにおける社会資源は地域愛や共感感情にもとづく自発的な活動が多い。そのような感情を創出する実施運営を支援する必要がある。また，実施段階そのものが活動組織の組織運営サイクルを日常的に循環させる実践といえる。実施段階の実践場面においては地域リーダーが組織運営を PDCA サイクルとしての循環に留意しながらその循環過程の中で，さらに即応的に問題把握，広報，話し合い（協議），人づくりを組み入れていくのである。このような組織運営の循環が実施過程で営まれることにより，状況変化に合わせた問題把握や即時的なプログラム開発とその実施が創発的に生じることが期待される。その組織運営支援はソーシャルワーカーの重要な役割である。実践は生き物である。ソーシャルワーカ

ーは住民が基本的人権から逸脱しない限り，住民の試行錯誤の動きに柔軟に寄り添いながら支援することが大切である。

③ 評価の段階

評価の段階においては問題把握や計画策定における留意点や視点がそのまま当てはまる。あくまでも評価は住民，関係者が次の実践展開の見通しのために実施するものであるから，計画の達成度や活動組織の成長，住民の参加度や関心の高まりなど，進展した実績を最大限に評価しつつ，残された課題の点検を行うことが大切である。また，そのことを，地域リーダーの一部が共有するのではなく，報告会の開催など，関係住民が共有するためのコミュニケーションをともなった情報伝達や協議の場づくりも合わせて設ける必要がある。

また，そのような住民自身の自己点検評価と並行してソーシャルワーカーによる客観評価を行い，住民の評価と摺り合せる必要がある。プロセス・ゴール，タスク・ゴール，リレーションシップ・ゴールからの評価や，プログラム評価を中心とした計画内容の評価などを行うのである。なお，この評価は計画策定の段階で住民にわかりやすい表現で評価項目を設定するなどの工夫が必要である。すなわち，住民による自己点検項目とソーシャルワーカーの客観評価項目をなるべく一致させる協議を地域リーダーと協議しておく必要がある。

さらに，ソーシャルワーカー自身の実践評価としては，住民支援のあり方に対する実践評価とともに，所属する機関，団体で設定した目標と住民活動の成果との差異を評価するなどのスーパービジョンや業務点検を活用した評価が求められる。

なお，この評価において組織の改善が必要な場合は第2段階に戻って組織の見直しを図る。地域生活課題の解決が不十分な場合は第3段階の問題の把握に戻る。

▢ コミュニティワークの実践過程の特徴と援助の留意点

以上のコミュニティワークの展開過程における留意点と，そこで使われる技術を以下にまとめておく。

① 地域活動は信頼関係と合意形成で成り立つ

コミュニティワークは，地域との信頼関係を結ぶ第一段階が大切である。これは地域リーダーと住民との関係においても同様の支援が必要である。

② らせん状に実践過程は進む

実際の実践過程は，過程の段階を飛ばしたり戻ったりしながら紆余曲折するものである。しかし，全体として「前に拓けていく」ものと

して，地域リーダーを勇気づけながら，らせん状に向上するイメージをもてるように支援することが大切である。

③　基礎的活動は常にどの段階でも行われる

実践過程の「話し合い（協議）」「地域診断」「学習・広報」「関係者や協力者の呼びかけ」「企画・計画づくり」「振り返り・評価」などの地域の福祉力をつけるための活動はどの実践過程でも行われる基礎的・日常的な活動として支援する。

④　専門職は対話を通した住民との関係を省察する

ソーシャルワーカーと地域住民との対話は，単なる会話ではなく，住民の奥底にある生活者としての願いを意識化し表出すると同時に，ソーシャルワーカーも住民の思いへの気づきを深める相互変容過程である。そのためには，住民との共感の中で生活者としての自分を省察することが大切である。これが地域住民とソーシャルワーカーが相互にエンパワメントされるという協働関係における基本的な態度や姿勢である。

❏ コミュニティワーク実践の記録

ソーシャルワーカーの実践過程に必要なコミュニティワーク，記録について触れておく。

社会福祉における記録とは，実践の事実を客観評価するための第三者への事実の提示と次の実践に役立てるための道具といえる。したがって，コミュニティワークの実践記録は，その実践過程を分析できる記録でなければならない。しかし，個別支援がクライエントごとのケース記録として記されるのに対して，コミュニティワークの場合は，コミュニティワークの特性でもある，実践期間の認識の曖昧さや，支援する主体の同時多発性がコミュニティワーク記録の整備を遅らせてきたといえる。現在においても「コミュニティワーク実践の記録」の確たる体系はないといえるが，前項の分析視点を明らかにする記録として次に示しておく。

①　ワーカーの行動記録

ワーカーの行動記録は，コミュニティワークにおける支援経過を分析する基礎資料である。ケースワーク記録における経過記録にあたる。通常，日報として，日時，地区名，相手，事業・会議名・内容・ワーカーのかかわり，ワーカーの意図，思い，を記載する。最近の工夫では，エクセルで電子情報化し，1日にかかわった地区が3か所であれば，3つに区分して記載する。そのことによって，働きかけた対象ごとのまとめや分析に必要な期間を自由に区切ったデータを抽出できる

ようになるのである。また，記録は継続性が絶対条件なので，この記録に要する時間は1日，15分以内に留めておくことが肝要である。

　②　会議記録

　コミュニティワークは住民・関係者の協議（話し合い）の運営が基本である。したがって，会議記録はコミュニティワーク記録の基本である。

　会議記録は協議の場の記録である。したがって，地区名（相手方），日時，場所，参加メンバー，テーマ（内容），課題・成果，次への展望，専門職として対応すべきこと，などを項目化する。これは，ワーカー行動記録からポイントとなった会議等の場面を発見し，振り返るものである。また，日常の支援において，ソーシャルワーカーが場への意図的な働きかけ方を意識するための記録である。したがって，この記録には会議の基本情報とともに，メンバー間のその場での関係性やワーカーの次の働きかけ方の考察などが簡易に記載されておく必要がある。

　③　事業企画・評価記録

　ソーシャルワーカーの所属機関の支援プログラムに関する記録である。企画段階の仮説と評価項目の設定，事業終了後の仮説に対するプログラム評価，および次年度への改善点なのを記載するものである。なお，住民・関係者の選択した活動については，別途，評価項目を住民とともに設定し協働して評価することが必要である。

　④　その他の記録

　その他の記録としては，(1)地区別基礎データ表と(2)長期経過記録などが必要である。

　(1)地区別基礎データ表

　地域プロフィールとも呼ぶもので，地区診断の基礎データとして毎年更新するものである。また，記載データは地域アセスメントの基礎データとなるものであるから，「地域特性」「社会資源状況」「福祉ニーズ」の3領域の基礎データが記載されておく必要がある。とくに，社会資源は要援護者に必要なものだけでなく，地域社会に参加するための活動者のニーズとして，拠点や地域団体の連携状況なども記載しておく必要がある。

　(2)長期経過記録

　地域と所属機関の長期にわたる支援経過記録である。とくに，地区の歴史は地区別データ表の集積で補えるが，所属機関の地域支援展開のプロセス記録が重要である。このデータをつかって，ソーシャルワーカーが現時点でかかわっている地域支援の状況が所属機関の支援の

歴史のどの段階での展開かを認識することが重要である。

　なお，これらはコミュニティワーク分析を意識した記録のエッセンスであるが，それ以外にも，各種の事業綴り，地域福祉活動計画書と策定関連綴り，単年度事業計画，報告書，写真・映像記録，記念誌などさまざまな記録が組織には蓄積されているはずである。それらのデータ整理や保管方法などの取り決めも記録に関する重要な事項である。

☐ これからの課題

　ソーシャルワークにおけるコミュニティワークの実践に関して，これからの課題を 3 点あげておきたい。

　1 点目は，日本におけるソーシャルワークの統合的実践が提唱されて久しい。それは，ケースワーク，グループワーク，コミュニティワーク（コミュニティ・オーガニゼーション）の状況に応じた応用的実践である。また，コミュニティへの介入としては，「個別支援」と「地域支援」の一体的支援がコミュティソーシャルワークとして提唱されてきた。しかし，日本におけるソーシャルワーク教育の実際においては，グループワーク，コミュニティワーク教育が近年においてほとんどなされてこなかったという経緯がある。その意味では，個別支援と地域支援のバランスを欠いたソーシャルワーク教育と実践がされてきたといえる。今後，グループワークも含めコミュニティワーク理論，実践の強化が望まれる。そのことは日本におけるメゾ・マクロソーシャルワーク実践の強化につながる課題である。

　2 点目は，近年の社会問題の深刻さから，制度，組織の制約を強く受けるソーシャルワーカーなど専門職による地域支援ではなく，当事者自らが私の問題を私たちの問題として組織化し問題解決を行う，ソーシャルアクション・社会変革志向のコミュニティオーガナイジングが社会福祉領域外で注目されている。今後，ソーシャルワークにおいても，コミュニティワークとコミュニティオーガナイジングの併用が必要となってくるであろう。

　3 点目は，地域の衰退と生活様式の多様化と合わせて少数の地域生活課題が多様に広がりをもつ今日では，一般のまちづくり施策と連携したソーシャルワークでの地域アプローチが必要となっている。ソーシャルワークが広く環境に働きかける視点の広さを，コミュニティワークが媒介して，一般のまちづくりにまで広げていくことが求められる。

❍参考文献 ─────

ガンツ, M.（2020）『リーダーシップ, オーガナイジング, アクション』コミュニティ・オーガナイジング・ジャパン（http://communityorganizingu.jp/）.

原田正樹・藤井博志・渋谷篤男（2020）『地域福祉ガバナンスをつくる』全国社会福祉協議会.

平野隆之（2003）「実践プロセスからみた地域福祉援助技術」高森敬久ほか『地域福祉援助技術論』相川書房.

藤井博志（2009）『社協ワーカーのためのコミュニティワークスキルアップ講座──事例検討法と記録法』全国社会福祉協議会地域福祉推進委員会.

藤井博志編著（2019）『地域福祉のはじめかた──事例による演習で学ぶ地域づくり』ミネルヴァ書房.

韓国住民運動教育院／平野隆之・穂坂光彦・朴兪美（2018）『地域アクションのちから──コミュニティリフレクションブック』全国コミュニティライフサポートセンター.

加納恵子（2000）「コミュニティワーク」山縣文治ほか『社会福祉用語辞典』ミネルヴァ書房.

Maclver, R. M.（1917）*Community：A Sociological Study*, Macmillan.（＝1975, 中久郎・松本道晴監訳『コミュニティ』ミネルヴァ書房）

森岡清編（2008）『地域の社会学』有斐閣.

ロス, M. G.／岡村重夫訳（1968）『コミュニティ・オーガニゼーション──理論・原則と実際』全国社会福祉協議会.

Rothman, J.（2001）Approches To Community Intervention. Rothman, J., Erlich, J. & Tropman, E.（eds.）, *Stratugies of Community Intervention（6th ed.）*, F. E. Peacock Publishers.

渡部剛士（2017）『地域福祉のすすめ──東北からの発信』全国コミュニティライフセンター.

■ 第10章 ■
ソーシャルワークの記録

① 記録とは

☐ 記録の意義

　ソーシャルワーカーが作成する記録の意義を考えるにあたり，まず記録はどんなときに作成する必要があるか，誰が読むことを想定して書くか，を整理してみよう。

　あなたが実習先や勤務先で，利用者さんや患者さんと直接話したとする。面接室や病室でソーシャルワーカーとして話した内容は，記録する必要があるのは明確である。受付でばったり会って，挨拶だけして別れた場合は，記録はおそらく必要ない。では，受付で会ったときに，「ちょっと聞いてください」と呼び止められ，そのまま10分近く立ち話してしまった場合はどうだろうか。話の内容が，単純に前の日のニュースに関する話であれば，特に記録する必要はないだろう。しかし，たとえばそのニュースが交通事故のニュースで，それを見て自分の体験を話したくなったと涙目で語られれば，改めて面接の約束を取り付けて，そのやり取りそのものも記録に残す必要があるだろう。

　ただの挨拶や，ニュースの話だけをする場合，その関わりは，ソーシャルワーカーとして，というよりも，知人としての関わりである。一方，利用者さんや患者さんが動揺して，何らかの支援を求めている時には，ソーシャルワーカーとして関わることが必要になる。記録を作成する必要があるのは，後者のように，専門職として関わった場合である。

　そして，記録は誰が読むことを想定して書けばよいだろうか。面接内容のメモ書きをイメージすると，自分のための備忘録と考えがちだが，実は記録は第三者に読まれるためのものである。ソーシャルワーカーの関わりは，形として残らないし，われわれが関わったからといって，患者や利用者，家族がハッピーになるとも元気になるとも限らない。すると，後になって「あの時何をやったのか」「その時点でなぜそれをやろうと思ったのか」ということは，残された記録でしか確認できないのである。

　つまり，ソーシャルワーカーにとっての記録は，専門職としての関わりを，第三者に理解してもらうためのツールだと言える。

　近年，ソーシャルワーカー含め，相談援助に携わる専門職の記録に対しては，社会的責任が非常に厳しく問われるようになってきている。

介護保険や生活保護の現場では，担当ワーカーが作成した記録を見たいという本人からの開示請求に対して，行政がいったん黒塗りで開示を拒否した部分も開示するよう，裁判所が判断するといったことが起きている。それだけ，われわれが記録を残す責任が求められているともいえるが，記録そのものの価値が高まっているともいえるだろう。[1][2]

☐ 記録媒体と種類

① 媒　体

ソーシャルワーカーを含め，相談支援の記録は長らく紙で管理されてきたが，最近では記録のデジタル化が急速に進んでいる。厚生労働省は2001年に保健医療分野における情報化推進として「情報化に向けてのグランドデザイン」を策定し，それ以降，病院等医療機関の電子カルテ化が徐々に進んでいる。医療分野のソーシャルワーカーはいち早く，相談記録を電子カルテで管理するようになった。それに伴い，それまで院内の他職種には積極的に共有されていなかった困窮相談やスタッフに対するクレームなどをどのように記録するか，という新たな課題が浮上している。医療分野以外でも記録をコンピューター上で作成・管理する現場が増加している。情報セキュリティなどスタッフのIT リテラシーの向上と同時に，紙とデジタルをどのように使い分けるかが課題である。

② 種　類

ソーシャルワーカーの記録の種類については，本章第4節「記録のフォーマット」を参照のこと。主に面接中に作成する記録と面接後に作成する記録に分けて説明している。

2　記録の目的

☐ ソーシャルワークの質の向上

カデューシンとハークネス（Kadushin, A. & Harkness, D.）によると，記録は，データ収集の技術，診断的技術，介入技術，面接技術に並んで，ソーシャルワークプロセスに必要な技術であるが，記録はあくまでやらなければならない，面倒な作業だと，日本だけでなく欧米でも長年，思われてきたとサイデル（Sidel, N.）は記している。[3]しかし，適正な記録を作成することで，ソーシャルワークの質は向上する。文章にしようとすることで，漠然と考えていたことが整理され，文字にす[4]

ることで自分の言動や判断を客観視できるようになるのである。記録は，支援の付属品ではなく，あくまで援助活動の一部である。ここでは，ソーシャルワークの過程（プロセス）に沿って，記録の目的を見直す。

❏ アセスメントと支援計画

　支援を開始するにあたって，まず問題を把握して状況を判断し，介入方法を決定する必要がある。自分が選んだ支援計画と，なぜその計画が良いと判断したかの裏付けになるアセスメントを明確に記録に示して，自分自身のソーシャルワーカーとしての関わりが妥当であると伝えるのが記録の役割である。

　利用者の病態や生活状況，問題の性質が違っていても介入が似ていたり，似たような問題を抱えた利用者に対して全く違う介入をしたりする，ということは，ソーシャルワークでは頻繁にみられる。利用者の問題をどのように見立て（アセスメント）たのか，なぜその支援計画が適正と判断したのかを第三者に伝えるために，記録を活用したい。

❏ サービスの提供

　ソーシャルワーカーが提供するサービスは，たとえば実際に売買されてあとに残る商品などと違って，目に見えないものである。そのため，サービスが提供されたかどうかも，時間が経つと確認できなくなってしまいかねない。さらに，ソーシャルワーカーの専門性は，それを受ける人には非常にわかりづらい。コミュニケーションや心理的・社会的問題は，本人が問題と思っていないことも多いし，改善したかどうかを明確にとらえて利用者とワーカーの間で共有することが困難である。

　提供されたサービスがソーシャルワーカーの独りよがりでないとわかるように，どのようなサービスが提供されたか，実績を正確に記録して後に伝えなければならない。記録を通して，専門家としての介入を第三者に伝えることが求められる。

❏ 支援の継続性，一貫性

　ソーシャルワーカーの支援は，利用者個人に対してだけでなく，その人を取り巻くシステムにも働きかけることで効率的かつ効果的に行える，というシステム理論に基づいている。そのため，ソーシャルワーカーの関わりを考えると，一人が単独で支援する，という状況はまずない。事業所ごとに考えれば，医療や介護，教育といった他の専門

職と連携することが想定されるし，ソーシャルワーカー同士でも担当者が変更になることもあるだろう。またそれぞれの事業所で関われる期間や業務範囲に制限があって，他事業所と引き継ぐ必要性がある場合も多い。

　ソーシャルワーカーの個別支援のベースである，ケアマネジメント（あるいはケースマネジメント）の基本は，必要十分なケアを，途切れることなく必要な時に提供することである。記録を活用し，関係者と適正に情報共有することで，利用者へのケアに継続性や一貫性が生まれ，その場しのぎなものでなくなる。

☐ 教育，スーパービジョン，研究

　ソーシャルワーカーとして事例をどうとらえ，判断して介入に至ったかという思考のプロセスは，はた目には見ることができないので，評価することが難しい。そこで，事例をどのように理解したのか，どういった判断に基づいて介入するに至ったかを明確化し説明することが評価のためには必要になる。スーパービジョンの手段として，その過程を口頭で共有することももちろん有効だが，文字化した記録を振り返ると，その作業はより進めやすくなるし，考えが整理されて，より学習が深まる効果も期待される。

　スーパービジョンは特定の技法やアプローチを「伝授」する場ではなく，スーパーバイジーが論理的思考を身に付けるためにスーパーバイザーと双方向にやり取りする機会である。具体的な介入を振り返り，論理的にケースを分析するためには記録が重要な情報源になる。なお，スーパービジョンでのやり取りについても，記録に残すことが求められる。特に危機介入や安全確保，情報開示といった複雑な判断と対応を要求される場合については，記録に残すことを心掛けたい（スーパービジョンについて，くわしくは本書第11章参照）。

　研究について考えれば，蓄積した記録は豊かな素材になりうる。ソーシャルワークの実践は，それがあとあと形に残りづらいもののため，データ収集や分析が困難である。しかし記録を活用すると，質的・量的分析が可能になり，科学的研究のベースになりうる。

☐ サービス評価

　ソーシャルワークの過程（プロセス）において，提供されているサービスが利用者のニーズに合っているか，記録をもとに評価し，さらにその実績を記録に残すことは必要である。利用者の問題やそれを取り巻く環境は常に変化しているので，評価を一度行ってそれっきりに

するのではなく，定期的に評価し，それを記録に残すことが望ましい。

　また，利用者本人にとっては満足できるサービスであっても周囲にはメリットが感じられなかったり，反対に家族や周囲の満足度が高くても利用者が納得しない内容のサービスであったりすることもある。そのため，評価は，利用者自身の主観的な評価と，ソーシャルワーカーを含む支援者や家族等関係者の客観的な評価の二つの視点を盛り込むことが求められる。

☐ 機関の運営管理

　ソーシャルワーカーの記録は，ワーカー個人だけでなく，所属組織の運営管理を円滑にするうえでも重要なツールである。ソーシャルワークプロセスに沿って残された記録は，ワーカーが所属する相談機関が組織としてソーシャルワークを実践したという証明にもなるからである。

　また相談機関の一員として活動するためには，ソーシャルワーカー以外の専門職に業務を理解してもらうことが欠かせない。組織内の他職種や上司，同僚にも自分が組織の方針に沿って活動しているという実態が伝わるよう，他職種にもわかりやすい記録を作成することが求められている。

☐ アカウンタビリティ

　アカウンタビリティとは，説明責任と訳される。地域や利用者，管轄各所に対してサービスに関する説明ができる状態のこと，あるいは専門職が自身の果たす役割や支援に用いる方法論を公開し，提供されるサービスが一定の水準を満たしていると品質を保証することをいう。記録と説明責任については，ソーシャルワーカーの専門職団体はそれぞれ，明確に倫理綱領や行動規範で言及している[5]。

　記録は，本来はサービスを受ける利用者に，そのサービスについて説明するためのツールである。しかし，近年では第三者機関による評価や監査，情報開示請求等が増加しており，その説明の対象は，サービス利用者自身や家族に限らず，彼らが雇うであろう弁護士はもちろん，監査機関，裁判官や裁判員にも及ぶようになっている。そのため，専門家としての判断やその根拠，そこから導かれた介入がさまざまな立場の人に明確に伝えられるような記録が望まれている。

③ 記録の内容

　記録を書く，となると，文章を書くのが苦手で，記録にも自信が持てない，ということがあるかもしれない。しかし，実は一般的に文章が上手といわれる人の記録よりも，うまくはなくても淡々と書かれた記録の方がわかりやすくてよい記録であることが多い。書くことが得意な人の記録は，表現も豊かで読み物として面白い反面，読み手によって受ける印象にばらつきがあり，客観的でないことが多いからである。専門職の記録は，極力解釈や誤解の余地が少ないほうが望ましく，うまく書こうとせず，誰が読んでもわかるように書くことを心掛けたい。

　ソーシャルワーカーが書く記録は，支援の一部であり，専門職としての責任を果たす内容を記載することが求められる。ソーシャルワーカーは業務範囲が明確でなく，何をやれば業務を遂行したことになるかがわかりづらいが，次のような内容を盛り込むようにしよう。

☐ 支援計画に沿った進捗の記録

　「進捗」と聞くと，利用者の体調の変化や生活の改善など，ありとあらゆることを記録しなければいけない，という印象を持たれるかもしれないが，そうではない。ソーシャルワーカーとして利用者にかかわる際には，その前に必ず支援計画を策定しているはずである。支援計画はワーカーが専門職として，「あなたにこういう支援を提供します」と利用者と交わしている契約なので，その進捗を記録することが求められる。どの程度問題解決が進んでいるのか，どこかで停滞しているのであれば軌道修正が必要なのか，それを記録する。

　時には，支援計画を策定した時点ではわからなかった課題があとから明らかになることもある。家族の借金，アルコールなどの依存や嗜癖，虐待など，新しく支援を必要とする状況が出れば，それを支援計画に加筆して，それにそって支援記録を書くようにする。あくまで，日ごろの支援記録は支援計画に立ち返って作成することが重要である。

☐ リスクマネジメントの実績

　支援計画はアセスメントに基づいて策定されるので，リスクアセスメントがしっかりとできていれば，リスク要因は支援計画に反映され

ているはずである。つまり支援計画を粛々と実行すればおのずとリスクは回避できる，ということになる。

　たとえば，虐待の恐れがあるとアセスメントがされれば，支援計画には被害者の保護と再発防止が含まれるので，そういった支援計画があり，実際にそれに沿ってサービスが定期的に提供された，ということを，その都度記録するようにしたい。

　多くの場合，ワーカーは意識せずにこれに近いことをやっている。しかしここで強調したいのは，こういったアクションについて，意識してあえて触れて記録に残す，ということである。思い出したときに行き当たりばったりで行う介入は，専門職の介入とはいえない。できれば頻度や期間も含めて支援計画を策定し，それを実践して記録に残したい。

☐ 支援の根拠

　ソーシャルワーカーの支援には必ず根拠となった情報がある。記録に際しては，ワーカーとしての判断を，その判断を裏づける根拠とともに記載するようにしたい。

　たとえば，「独居」「障害」といった情報は単なる状況にすぎず，支援が必ず必要になるというわけではない。そこにけがをして家事ができなくなったとか，制度が変わって使えるサービスが減ったとか，なんらかの事情が発生して，それまで通りの生活が送れなくなって初めて，支援の必要性が発生する。単純に事実を羅列するだけでなく，それがなぜ支援が必要という判断につながったのか，第三者が読むだけでわかるような書き方を工夫したい。

☐ 標準化された記録

　ソーシャルワーカーの支援は，専門職として実践するうえで，行き当たりばったりでは決してない。Aさんには提供した情報をBさんには提供していない，とか，同じ組織で担当者によってやることが違う，となっては，ソーシャルワーカーという専門職の仕事とは言えないのである。記録も同様で，その内容や分量はある程度標準化されているはずで，その基準を大幅に外れる場合にはその理由の説明が必要である。

　職場や指導する人によっては，記録の分量の目安を設定しているところもある。あるいは，自分が実践を始めて，おのずと1回の記録の長さが決まってくる，ということもあるだろう。これらは専門職としての，そのぐらいの分量で支援のポイントが記録に残せる，という判

断に基づいている。しかし同じ1回の支援でも，危機介入した場合，どんな記録を残すことになるだろうか。

　たとえば虐待の可能性がある，という事態に遭遇した場合，さまざまな関係者に連絡を取ったり，自分でもいろいろと調べたりして，通常よりも業務が増えるものだが，それを記録に残してみたら，普段の3，4倍の分量になってしまった，ということが実はよく起きる。しかし，虐待のような状況はワーカーにとっても感情的に揺さぶられることが多く，記録にも自分の感想など主観的な内容や，虐待があると決めつけた文章を書いてしまいがちである。必要があって長く書いているのであれば問題はないが，危機介入の記録は普段以上に，第三者に共有しなければならないことが何かを意識することが重要である。いきなり書き始めるのではなく，一瞬立ち止まって，頭を整理してから記録を書くようにしたい。

□ 家族や第三者に関する記載

　記録を書く際，本人以外の個人情報の扱いには十分な注意が必要である。開示請求があった場合，読まれて困ることは黒塗りで非開示にすればよい，という考え方があるが，実際には先に触れた判例のように，裁判で開示に至るという事例も発生している。

　第三者に関してどこまで個人情報を書くかを判断する基準は，その情報が利用者自身のケアに関係するかどうか，である。たとえば，「同居の娘は介護能力がない」というのは娘に対するアセスメントであるし，個人攻撃にもなりうる。しかし，「同居の娘は介護を担えないので，本人の自宅療養は困難である」と，家族の状況がどう本人に影響するかまで説明されれば，それは本人の支援に必要な情報になるのである。

　他職種との連携に関する記録については，役割分担や責任範囲を明確にするようにしよう。「○○に連絡した」という記録がよくみられるが，これでは何をどう伝えたのか，どうフォローするつもりなのか，といった意図がわからない。言った言わない，気が付いたら誰もフォローしていなかった，とならないよう，役割分担を明確に記録することが望ましい。

　また他の支援者の言動を記録する場合，なぜそれを書く必要があるのか，どう書くと誤解されないかに注意し，それぞれの専門性や業務範囲に十分に配慮して記録したい。たとえば「薬の副作用について質問があり，○○ケアマネが説明した」と書かれていると，本来医師の判断を仰がなければならないところをケアマネジャーが独断で対応し

たような印象を与えてしまい，連携相手との信頼関係にも影響しかねない。開示請求を意識することはもちろんだが，チームとしてお互いの専門性について共通理解を持ち，記録する際にもそれを逸脱しないよう，常に注意することが望まれる。

☐ 具体的で明快な用語選択

他人が書いた文章は，概して読みづらい。そこに，見慣れない略語や専門用語，アルファベットやカタカナの羅列が出てくると，読み手にはわかりづらい記録となり，結果として，記録が読んでもらえないことになりかねない。また，読んだだけでは理解されない記録では，のちのちこちらが補足説明する手間を増やしてしまう。

業界全般で使われている用語であれば，問題になる可能性は低いが，所属組織内や特定の地域でしか通じない略語は避けることが賢明である。また，先輩や他職種が使う専門用語をつい使いたくなることもあるだろうが，経験に見合わない言葉遣いは印象が良くないだけでなく，間違った用語選択につながりかねないので，極力避けるようにしよう。

日ごろ記録作成に忙殺されると，略語を使って早く書きたくなりがちだが，それが自分の記録を読みづらくしていないか，吟味することが必要である。

☐ 好ましくない，書いてはいけない内容

記録は，修正改ざんしていないということが第三者に伝わるような書き方を心がけよう。空欄や余白があると，改ざんのためにスペースを残している印象を与えてしまうので，特に決まった書式を使って記録する場合は，空欄を残さないように注意しよう。面接中に質問して答えてもらえなかったのか，時間切れで聞けなかったのか，その利用者にはその質問は要らないと自分が判断して飛ばしたのか，後になって理由がわからなくなるのを避けるために，「回答せず」「時間切れ」「該当しない」と一言，記入する。

繰り返しになるが，記録は個人的なメモや備忘録ではない。ソーシャルワーカーの記録はあくまで業務の一環である。自分が不安だから，自信がないから，という理由で記録する，ということはぜひ避け，主観や感想を記録に書くことも避けたい。

また，正式な記録とは別に個人的にメモを取って，二重記録にすることも避けた方が賢明である。記録作成の時点で開示対象でない文書が，そのまま他人の目に触れないという保証はない。ソーシャルワーカーの記録は，作成されたのち非常に長期にわたって説明が求められ

る可能性があることを忘れずに，何をどのように記録に残すか判断することが重要である。

 記録のフォーマット

☐ 主に面接中に作成する記録

　ここで紹介する書式は，面接中に利用者に見せながら共同作業で作成したい。それにより，ソーシャルワーカーは，間違いを減らせるし，確認の質問をすることで面接が展開しやすくなるからだ。何より，利用者は，支援の主人公は自分であるという自覚を持って，問題解決に主体的に取り組めるようになる。

①　フェイスシート

　一般的に，利用者の背景情報は支援の初期段階で聴取され，フェイスシートやインテークシートと呼ばれる決まった書式にまとめて記入される。

　問い合わせなどに迅速に応えるために，フェイスシートにはパッと見て必要な情報が引き出せるように正確に記入する必要がある。また，専門職としてのトレーニングを受けていない一般の職員もフェイスシートの情報を閲覧する可能性があるので，記入する内容については細心の注意を払う。決まった書式を使う場合は，空欄を残さないようにしよう。

　書式は組織によってさまざまだが，盛り込まれる内容は次のようなものがある。

- 氏名とふりがな
- 住所
- 電話番号
- メールアドレス
- 生年月日と年齢
- 既婚／未婚／死別
- 家族構成
- 緊急連絡先
- 職業，職場と連絡先
- 学校または学歴
- 利用している保険，福祉制度
- 紹介元（どこからケースが紹介されたか）

- 主訴や主病名
- 収入
- 介入しているフォーマルな資源

② ジェノグラム

家族療法などで用いられる，3世代までさかのぼって家族や同居者の状況を視覚的にとらえることのできるツールである。表記方法が決まっていて，それに沿って書き表す（**図10-1**）。近年では，ジェノグラムを簡単に作成できる無料のソフトも出回っている。

アルコールほか様々な依存症や嗜癖の問題がある場合や，遺伝性の疾患がある場合，家族間葛藤のあるケースの場合は，世代をさかのぼって視覚化することで，問題の背景をとらえやすくなる（**図10-2**）。

③ エコマップ

ハートマンによって開発されたエコマップは，ソーシャルワークや家族療法で広く利用されている。利用者と環境の関係性を図式化するもので，ジェノグラムが家族の関係性に特化しているのに対し，エコマップは利用者を支える社会資源やネットワークを表現して利用者の生活状況全体を俯瞰することができる。また，環境との関係性の性質そのものや，まだ活用していない資源も記入できるので，問題をより多面的に理解し，今後の支援方針を検討するために活用できる（**図10-3**）。

④ 生活歴

生活歴（生活史，タイムライン）は，利用者が生まれてから現在までの歴表である。話の中で語られるさまざまな出来事を左から右に時系列に表示していく。利用者が支援を必要とする状況になる前にどんな生活をしていたかを知るのに有効なツールである。利用者自身が自分の歴史を振り返ることで，自身のストレングスや過去のコーピングの実績を再認識し，人生を肯定的にとらえる機会にもなりうる。

本来生活歴は，生誕から現在までを図式化することが望ましい。しかし，聞き取りの時間に限りがあって，全部は聞けなかった，といった場合には，聞き取れた範囲で時系列を整理してもよいだろう。

❏ 面接後に作成する記録

実際に提供した支援について，面接を振り返りながら終了後に記載する。ほとんどの職場では利用者の目の前で記録を書くことはないが，今自分が書いている記録が利用者や家族の目に触れて本当に問題ないか，と問いかけながら書くことは非常に重要である。

ソーシャルワーカーに対する訴訟の多いアメリカでは，記録を書い

図 10-1　家族の基本構造を表す記号

家族の基本構造を表す記号（血縁がなくても家族と同居していたり，家族の面倒をみている人も含む。ジェノグラムの右側に名前と関係について記載）

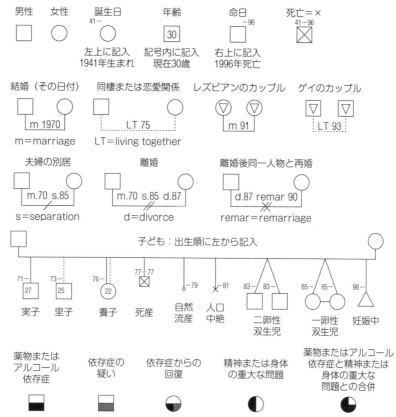

出所：日本医療社会福祉協会編（2015）『保健医療ソーシャルワークの基礎』相川書房.

図 10-2　ジェノグラムの見本

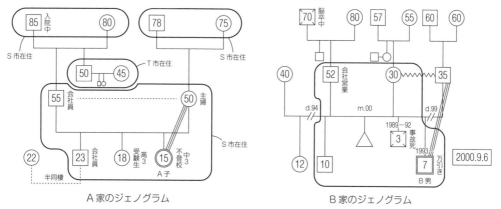

Ａ家のジェノグラム　　　　Ｂ家のジェノグラム

出所：図10-1と同じ.

図 10-3　エコマップとタイムライン例

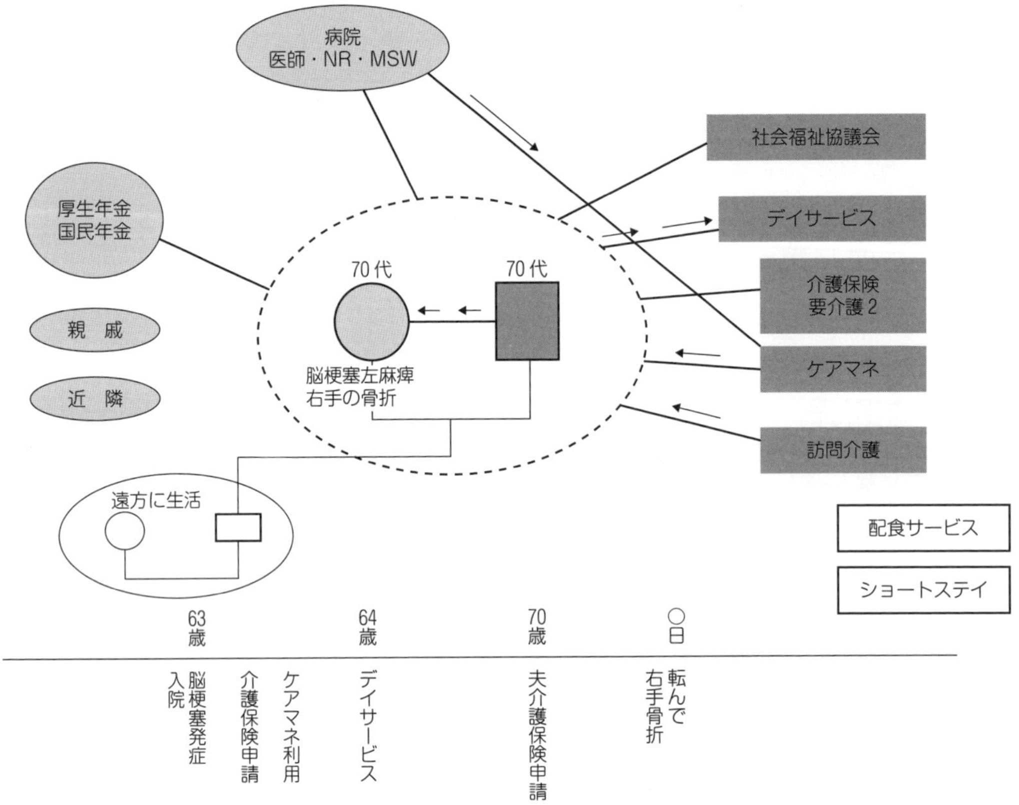

病院
医師・NR・MSW

社会福祉協議会

デイサービス

厚生年金
国民年金

介護保険
要介護2

70代　70代

ケアマネ

親　戚

近　隣

脳梗塞左麻痺
右手の骨折

訪問介護

遠方に生活

配食サービス

ショートステイ

63歳　64歳　70歳　○日

脳梗塞発症
入院

ケアマネ利用
介護保険申請

デイサービス

夫介護保険申請

転んで
右手骨折

出所：図10-1と同じ.

ている時に，自分の肩越しに利用者や家族，彼らが雇った弁護士に見られても大丈夫か，という気持ちで書くように，とよく言われる。そういった姿勢は，実は単なる開示請求対策ではなく，利用者を尊重する，アドボカシーの実践につながっている。

　記録の書き方の文体には，次のようなものがある[6]。

　① 叙述体

　叙述体（過程叙述体）は，時間の流れに沿って，書き手の働きかけ，利用者や家族とその状況の変化など事実をありのままに記したものである。記録者の解釈や意見を加えずに，経過を時系列にまとめた描写的なもののことをいう。

　過去からの経過に沿って，何がどう変化したか，いつだれが何を行ったか，といった出来事の時系列が明確になる一方，記録自体が長くなって要点がわかりづらいという側面もある。

　② 説明体

　説明体とは，把握した事実内容について，記録者が解釈や考察を記録するものである。所見などがこれにあたる。記録する際には，「事

表 10 - 1　要約記録の例

○月○日　A病院受診同行
　診察室に入ると，医師から本人との関係を尋ねられ，「ケアマネです」と答えると，血糖コントロールができておらず在宅が困難であると繰り返し告げられた。本日の同行目的はショートの情報提供書の依頼だったが，話題にできなかった。介護者である妻に状況を説明しますと返答をし，診察室を出る。
　待合室で妻は，「あんなの今まで言われたことがない。お弁当も見てもらい，これでいいと言われたのに！　おやつも食べさせていない」と大きな声で語り，動揺していた。傾聴し，心理的支援を提供した。

出所：筆者作成.

実」と「事実に対する解釈・意見」とは区別して書くことが重要である。

③　要約体

　要約体とは，把握した事実内容について，記録者の解約や意見も加えて，要点を整理して記述したものである。項目ごとに整理してまとめられることもあり，全体像や要点を把握しやすく，書き手の着眼点が明確になる。必要とされる項目ごとに整理する方法で，生活歴の記録，アセスメントの要約，各種報告書などに用いられる（**表10-1**）。

　サイデルは，要約記録には次の要素が含まれることが望ましいが，面接の内容によっては必ずしもすべて網羅しなくてもよいとしている。[7]

・面接の目的
・面接中に起きたこと
・ワーカーが気になった点
・アセスメント
・今後の介入プラン

④　逐語録

　逐語録はプロセス記録とも呼ばれ，面接中の会話や行動を含むすべてのやり取りを，テープ起こしのように逐語的に記録する方法である。逐語録の作成には膨大な時間と労力がかかるが，記憶に頼らざるを得ないため，その内容は不正確である。さらに多くの場合，逐語録は冗長でポイントがわかりづらいため，支援活動の記録としては適さない。

　一方で新人教育やスーパービジョンなどの教育場面や研究のツールとしては逐語録は有効である。その際には，逐語によるソーシャルワーカーと利用者の言葉のやり取りに加えて，ワーカーが考えたこと，感じたことを書きだすことで，なぜその発言に至ったのか，どのように改善できるか，という分析ができる（**表10-2**）。

⑤　進捗記録

　進捗記録に求められるのは，日々の支援の中での支援計画の進捗と，そのまま支援計画を継続するのか，修正の必要があるのか，という判

表 10 - 2　逐語録

対象者とのやり取り	ワーカーの思考	ワーカーの感情
SW：Aさんって，ご自身のご家族はいらっしゃいますか？ A：います。子どもがひとりいま外に出てますけど。		
	離婚の話は自分からはしないな。聞きづらい。 こちらから切り出すしかない。 あまり力まないようにしないと。 言い方を工夫しよう。	焦り 緊張 覚悟
SW：あ，そうなんですか。じゃあご結婚なさってた？ A：そうです。以前は結婚はしてました。いまはもう離婚して，子どもも成人になって，東京のほうで仕事してるんで，いまはもう離れてます。		
	案外あっさり答えてくれた。	
		安堵

出所：筆者作成.

断，そしてそれに対してどうアクションを取るか，あるいは取ろうと思ったか，の３点である。そのため，まずその関わりの契機となった「情報」，支援をしようと考えるに至った専門職としての「判断」，実際行った「対応」の３点について記載する。その際は，判断の根拠が情報に，対応の根拠が情報に明確に示されていて，一つのストーリーが構成されるように意識して記録する。

⑤ SOAP ノート

　進捗記録の，情報，判断，対応の３つの要素を表現する書き方としてさまざまなフォーマットが提唱されているが，ここでは SOAP ノートを紹介する。

　SOAP ノートは，もともとアメリカの医療現場で医師たちが使い始めた記録の様式で，日本でも医師，看護師，薬剤師などを中心に，専門職の間で幅広く使われている。SOAP ノートに対しては特にソーシャルワーカーの間では，支援者の視点偏重になりがちである，とか，支援のプロセスを反映させにくい，といった意見もある。しかし現代は多職種連携の時代で，カルテが電子化されている医療機関などでは，

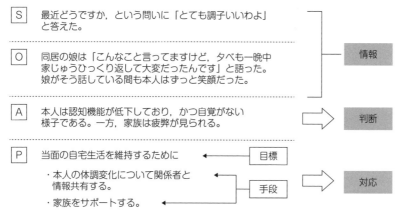

図10-4　SOAP

S　最近どうですか，という問いに「とても調子いいわよ」と答えた。

O　同居の娘は「こんなこと言ってますけど，夕べも一晩中家じゅうひっくり返して大変だったんです」と語った。娘がそう話している間も本人はずっと笑顔だった。

情報

A　本人は認知機能が低下しており，かつ自覚がない様子である。一方，家族は疲弊が見られる。

判断

P　当面の自宅生活を維持するために　←目標
　・本人の体調変化について関係者と情報共有する。　←手段
　・家族をサポートする。

対応

出所：八木亜紀子（2019）『相談援助職の「伝わる」記録』中央法規出版.

ソーシャルワーカーの記録が日常的に他職種に読まれている。読まれやすく価値の高いソーシャルワーカーの記録のスタイルを考えるうえで，SOAPノートを理解し活用することが望ましいと考える。

SOAPノートはSubjective（主観的情報），Objective（客観的情報），Assessment（アセスメント，見立て），Plan（計画）の4つのパートで構成されていて，それぞれの頭文字を取ってSOAPと呼ばれている。先に触れた情報に当たるのがSとO，判断に当たるのがA，対応に当たるのがPである（図10-4）。

☐ Subjective（主観的情報）

SOAPノートは利用者を中心に据えた記録の書き方である。そのため，ここでいう主観は，書き手である支援者の主観ではなく，相談に来ている利用者の主観で，本人が語った情報はSに入る。

「本人の話したことはすべて書くよう言われた」という意見もあるが，後になって本人から「そんなことは言っていない」と言われることもあり得る。記録に書くか書かないかは，事実かどうかではなく，支援の根拠として必要かどうかを基準に決定する。

本人の発言をSに書く際には，それが利用者の言葉そのままの引用なのか，ソーシャルワーカーによる要約なのかは区別できるようにする。そのため，利用者の言葉はカギカッコでくくり，カッコの中は常に引用をそのまま書くようにする。話の内容が，作り話や思い込みの可能性が疑われ，その時点ではほかの関係者から確認が取れないような場合も，カギカッコを使って引用する。たとえば，虐待やネグレクト，DV，いじめなどの相談で，第三者から事実確認ができていない場合は，利用者自身の発言を正確に記録して，ソーシャルワーカーの

解釈と混同しないよう注意が必要である。

☐ Objective（客観的情報）

SOAP ノートでいう客観は，利用者にとっての客観である。面接記録の SOAP ノートでは，利用者以外からの情報はすべてここに入るので，面接中にソーシャルワーカー自身が見聞きした利用者の様子や，他の専門職や家族，地域などからの情報，紙ベースで回ってくる事前情報などが入る。

家族からの相談の場合，本来の SOAP ノートの書き方としては，S は「なし」として O に書いた方が第三者にはわかりやすい。仮に本人の認知機能が低下していて，家族からしか話が聞けなかったとしても，それはあくまで家族の言い分である。情報源が誰かは，明確にする必要がある。

① MSE：収集した情報を言語化する

面接中に見聞きした本人の様子は，MSE（メンタルステータスエグザム，精神医学的現症）をもとに可視化することができる。本来記録には，第三者との情報共有や，過去との比較がしやすいような情報が盛り込まれていることが必要である。医師の記録でいえば，血液検査の数値やレントゲンの画像のようなデータがそれに当たるが，相談援助の場面をデータ化するのは非常に難しい。そこで，面接中の本人の様子を，その日に撮った写真を言語化するイメージで，MSE の要素に沿ってデータ化する。

MSE は，利用者からネガティブな印象を受けたときに特に有効である。人間は自分が思っている以上に，対人関係の作り方にパターンがあり，支援者とうまく協力関係が作れない人は，他の場面でも苦労していることが多い。利用者や家族との関係が行き詰った場合，「同じようなパターンを別の場面でも繰り返しているのではないか」と考えることで，過度に感情的にならずに対策を考えることができるようになる。

MSE は，毎回すべての要素を記録する必要はない。むしろ，男性であれば髭の剃り具合，女性であれば化粧の様子など，「ここを見れば体調の良しあしがすぐわかる」というポイントを端的にあげられれば，利用者とも他の専門家とも情報共有の効率は上がる。

また，MSE を繰り返し行う場合は，特に変化を言語化することを心掛けたい。何か様子が違う，という印象を受けるときには，必ずその根拠がある。その根拠を，MSE を参考にして，できるだけ具体的で第三者に誤解の余地が少ない表現で言語化することが求められる。

MSE には，**資料10-1**のような要素が含まれる。[(8)]

□ Assessment（アセスメント，見立て）

　医師の記録では，Aには診断名を書く。ソーシャルワーカーのアセスメントは，目の前にいる利用者がどういう人で，なぜ今支援を必要としているのかを，SとOで得た情報をもとに自分なりに判断し，言葉にしたものである。

　たとえば，女性相談センターにある女性が現れて，「パンフレットをください」と言ったとしよう。たまたまソーシャルワーカーが不在で，事務員が対応するとなると，黙ってパンフレットを渡して帰すかもしれない。しかしもしその場にワーカーがいれば，「どうされましたか，何か困っておられますか？」と一声かけるに違いない。それに対して女性が，「今，社会人学生をやっていて，資料を集めてるんです」と答え，しかも困っている様子がないと思われれば，ワーカーもパンフレットを渡して帰すだろう。この二つの例では，状況（女性がパンフレットをくださいと言った）と対応（パンフレットを渡して帰した）には差はない。しかし，ソーシャルワーカーは質問をして，「今の時点では相談事はない」と判断したうえで対応に至っている点が，事務員と異なっている。この，対応の一歩手前の専門職としての「判断」を，ぜひ言語化して記録したい。

　家族との関係構築が難しく，なかなか協力が得られない場合は，家族についてあれこれ書いてしまいがちである。しかし，家族のアセスメントに終始するのではなく，その状況がどう利用者の支援に影響すると判断したのか，第三者にわかるような書き方を工夫したい。

×→娘は告知が受け入れられていない。

○→娘が医師の説明に納得していないため，本人の治療方針を決定できない。

□ Plan（計画）

　医師の記録では，Pには処方箋や術式が入る。その薬や手術でAの病気を治療すると，SやOであげられていた問題が改善する，という構造である。ソーシャルワーカーの場合は，Aで明確にした判断に基づいて，どんな対応をしたか，また，これからしようと思っているか，当初の支援計画を継続するのか，軌道修正するのか，をPに記録する。

　支援計画を作成する際に心がけなければならないのは，目標と手段を混同しないということである。たとえば「断酒する」というのは，手段ではあっても究極の目標ではない。断酒は，お酒のせいで断絶し

■**全般的な見掛けや身だしなみ**　パッと見どんな様子か，どんな服装や化粧か，身だしなみは整っているか，それが場面にそぐっているかも合わせて観察し，具体的に記述しよう。その際，ワーカー自身の解釈になっていないか注意して，解釈のもとになった情報を体臭や酒の匂いなど，匂いで気づいたことも記録しよう。
×→汚らしい服装
○→食べ物が衣服についている
×→清拭が保たれていない
○→頭髪が汚れて匂いがする
×→表情が乏しい
○→話題が変わっても表情に変化がなかった
×→元気がない
○→面接中うつむきがちであった

■**体の動きや運動機能**　面接中の姿勢や身振り手振り，歩き方などを記述しよう。全体的な動きで，精神・身体の健康状態や，薬の副作用の可能性に関する情報などが得られる。
×→だらだらしている
○→体の動きがゆっくりである
×→そわそわする
○→面接中じっと座っていなかった

■**発言の量と質**　話すスピードや声の大きさなどを記録しよう。本人の精神状態や感覚機能を読み取ることができる。
×→歯切れの悪い口ぶり
○→○○の質問にはっきりと回答しない
×→消え入りそうな声。ひそひそ話す
○→聞き取れないほど小さな声で話す
×→家族の様子をうかがいながら発言
○→発言の際に家族の顔を確認しながら話していた

■**思考過程と内容**　考えを筋道立てられるか，同じことばかり考えている場合はどんな内容かを記録しよう。
×→話がちぐはぐ。つじつまが合わない
○→○○の話を繰り返したが，話すたびに内容が違った
×→話が飛躍する
○→○○の話の途中で△△に話題が急に変わった
×→自殺念慮がある
○→○○で死にたいと考えている
×→もの盗られ妄想がある
○→通帳を盗られた，と主張して，そういう事実はないが譲らない

■**知覚障害**　知覚障害は，自分の体の感覚器が受けた刺激をうまく処理できない障害で，幻覚は五感すべてに発生する。幻視は，せん妄や薬物（処方される薬剤を含む）の離脱症状，中枢神経系の損傷など，器質性に起因する可能性が高いとされている。幻聴は，精神病性障害に多くみられる。幻嗅は，脳障害ほか身体性疾患の可能性が高い。幻味は不快な味覚に関連した幻覚で，脳障害ほか身体性の疾患の可能性が高い。幻触は，触覚や表面感覚に関する幻覚で，虫が皮膚の下をのたくっているという幻覚は，薬物使用者に多くみられる。
×→幻視がある
○→小人が家の中をうろうろしていると訴えていた
×→幻聴がある
○→（亡くなった）夫が「○○」と話しかけてくる，という訴えがあった

■**感覚/意識と見当識**　感覚／意識では，本人の意識レベルについて記録する。意識が覚醒しているか，清明か，錯乱あるいは混濁していないかを記録しよう。見当識では，時間，場所，人物，状況を正しく認識していることをチェックし，記録する。認知障害などで見当識が失われる場合，まず時間の感覚がなくなり，次いで場所，さらに人物（自分自身と，対峙している相手）が認識できなくなる。状況とは，全般的な情勢が把握できているかどうかをさす。
×→せん妄状態
○→病院のベッドでどこにいるかわからない様子で，昼夜逆転しているよう，夜中大きい声を出したと看護師より報告あり。

てしまった家族とまた仲良くしたい，というゴールを目指すための手段の一つに過ぎない。しかし断酒中の本人は断酒で頭がいっぱいで，断酒自体が目的のように思ってしまいがちである。そんな時こそ支援者は，少し引いた目線で全体を眺めて，そもそも何のために断酒しようとしたのか，本人が軌道修正できるよう問題を整理して支援しよう。それにより，介入が場当たり的でなくなる。

　なお，日ごろの支援記録で，毎回ゼロから支援計画を策定する必要はない。Aにもとづいて，現在の支援計画を継続するのか，修正するのであればどういうステップを経て修正しようと考えているか，を明確に記録するようにしよう。

❍注

(1)　八木亜紀子（2012）『相談援助職の記録の書き方——短時間で適切な内容を表現するテクニック』中央法規出版.

(2)　八木亜紀子（2019）『相談援助職の「伝わる」記録——現場で使える実践事例74』中央法規出版.

(3)　Kadushin, A. & Harkness, D. (2014) *Supervision in Social Work* (*5th ed.*), Columbia University Press.

(4)　Sidell, N. (2015) *Social Work Documentation : a Guide to Strengthening Your Case Recording* (*2nd ed.*), NASW Press.

(5)　(1)と同じ，36-39.

(6)　Ｕビジョン研究所編（2009）『介護記録の書き方・読み方・活かし方　記録をケアの質につなげるために』中央法規出版.

(7)　(4)と同じ.

(8)　八木亜紀子（2020）「記録のエースをねらえ！——『実践編』開始にあたって」『月刊ケアマネジャー』22(4)，50-53.

❍参考文献

Barker, R. L. (2014) *The Social Work Dictionary* (*6th ed.*), NASW Press.

Kadushin, A. & Harkness, D. (2014) *Supervision in Social Work* (*5th ed.*), Columbia University Press.

Sidell, N. (2015) *Social Work Documentation : a Guide to Strengthening Your Case Recording* (*2nd ed.*), NASW Press.

佐原まち子（2012）「連携担当者に身につけてほしいソーシャルワークスキル」『地域連携入退院支援』5(1)，66-72.

日本社会福祉実践理論学会監修（2004）『事例研究・教育法——理論と実践力の向上を目指して』川島書店.

日本医療社会福祉協会編（2015）『保健医療ソーシャルワークの基礎——実践力の構築』相川書房.

八木亜紀子（2012）『相談援助職の記録の書き方——短時間で適切な内容を表現するテクニック』中央法規出版.

八木亜紀子（2019）『相談援助職の「伝わる」記録——現場で使える実践事例74』中央法規出版.

八木亜紀子（2019）「記録のエースをねらえ！——ポイントの整理とまとめ」

『月刊ケアマネジャー』21(3)，58-61.
八木亜紀子（2020）「記録のエースをねらえ！——『実践編』開始にあたって」
　『月刊ケアマネジャー』22(4)，50-53.
Ｕビジョン研究所編（2009）『介護記録の書き方・読み方・活かし方——記録
　をケアの質につなげるために』中央法規出版.

■ 第11章 ■

スーパービジョンと
コンサルテーション

ソーシャルワーク専門職の仕事は，資格を取得したらできるというものではない。ケースそれぞれに応じた対応が求められるなかで何をすべきか迷ったり，実践がうまくいかず困惑することはよくあることだ。もっと成長したい，専門性を高めたいと思うこともあるだろう。また，改善を要することに自分で気づかない場合もある。このようなときに，役立つのがスーパービジョンである。わが国では，スーパービジョンに熱心に取り組み，定期的に実施しているところもあるが，スーパービジョンを受ける機会がないところもある。福祉人材の確保や専門性の向上のためにもスーパービジョンを定着させることが必要である。

□ スーパービジョンの定義

スーパービジョンについてはさまざまな定義があるが，わが国の社会福祉分野で最もよく知られているのは，カデューシン（Kadushin, A.）による定義である。カデューシンは，**スーパーバイザー**➡が有資格のソーシャルワーカーで，職場で**スーパーバイジー**➡の業務遂行を指示，調整，強化，評価する権限をもっていることを前提として，以下のように定義している(1)。

「スーパーバイザーは，スーパーバイジーと良好な関係をもって関わりあうなかで，管理的・教育的・支持的機能を果たす。スーパーバイザーの究極的な目的は，機関の方針と手順にそって，質量ともに可能な限り最良のサービスをクライエントに提供することである。スーパーバイザーは，クライエントに直接，サービスを提供しないが，サービスを提供するスーパーバイジーに影響を及ぼすことを通して，提供されるサービスに間接的に影響を及ぼす。」

この定義は，ソーシャルワーク専門機関でのスーパービジョンに焦点を当てたもので，スーパーバイザーとスーパーバイジーはいずれもソーシャルワーカーで職場の上司と部下にあたり，目指すのは機関による最良のサービス提供である。一方，これに当てはまらないスーパービジョンもある。たとえば，所属組織の異なるスーパーバイザーとスーパーバイジーの間で，契約に基づいてスーパービジョンが行われることがある。また，スーパーバイザーとスーパーバイジーのいずれ

➡**スーパーバイザー**
スーパービジョンにおいて，スーパーバイジーに対してスーパービジョンを行う人をスーパーバイザーと呼ぶ。スーパーバイザーは，上司あるいは熟練者で，スーパーバイジーの業務遂行の監督・調整（上司の場合）や，学びの促進，心理・情緒的なサポートを行うことでスーパーバイジーの仕事の質や専門性の向上，実践の発展を目指す。

➡**スーパーバイジー**
スーパービジョンにおいて，スーパーバイザーからスーパービジョンを受ける人をスーパーバイジーと呼ぶ。スーパービジョンは，仕事の質を向上させ，実践者自身が成長し，実践も発展することをめざすもので，スーパーバイジーは，スーパーバイザーからの指導・助言・支援等を受けることで，よりよい実践や専門性の向上を目指して取り組む。

かが，ソーシャルワーカー以外の職種の場合もある。多様化・複雑化・複合化した地域生活課題に対応するためには，組織内外の連携や協働が重要であり，スーパービジョンもこれからは組織や職種を超えて展開されることが求められるだろう。ホウキンズ（Hawkins, P.）は，対人援助職におけるスーパービジョンの定義を以下のように述べている[2]。

「スーパービジョンは，スーパーバイザーの支援を受けて，実践者がクライエント―実践者関係およびより広いシステムやエコロジカルな状況のなかの一部としてクライエントに関わり，そうすることによって仕事の質を向上させ，クライエントとの関係を変え，自分自身や自身の実践そして広く専門職を継続的に発展させていこうとする共同の取り組みである。」

この定義によれば，スーパービジョンでスーパーバイザーが行うのは，実践者とクライエントとの関係だけでなく，エコロジカルな状況も視野に入れて実践者がクライエントに関わるのを支援すること，そして，スーパービジョンが目指すのは，仕事の質の向上やクライエントとの関係改善だけでなく，実践者，実践，さらに専門職を継続的に発展させることである。

☐ スーパービジョンの目的

専門職としての価値観や行動指針は倫理綱領に示されているため，スーパービジョンが最終的に目指すことも倫理綱領（「社会福祉士の倫理綱領」「精神保健福祉士の倫理綱領」）の具現化だといえる。そして，その具現化のために，スーパービジョンには次の2つの目的がある。

① 責任ある職務遂行とサービスの質の向上

スーパーバイザーは，スーパーバイジーの職務遂行状況を観察や報告を通して確認し，必要に応じて支援や指導，指示を行ったり，職務の内容や量を調整したりすることで，スーパーバイジーの職務が適切に遂行され，良質のサービスが提供できるようにする。

② 専門職の育成とサポート

新人ソーシャルワーカーや他の領域・部門・組織から異動してきたソーシャルワーカーが自立して仕事ができるように育成し，その後もさらに専門性を高めていくことができるようにする。また，職務上のストレスや不安に対応できるようにサポートし，前向きに仕事に取り組み，やりがいが感じられるようにする。

これまでどのようなスーパービジョンが行われてきたかという動向をみると，①の職務の遂行とサービスの質に焦点をあてた管理的なア

プローチと，②のスーパーバイジーの専門職としての成長・発達やサポートに焦点をあてた心理療法的なアプローチの2つの流れがある。[3] 注意しなければならないのは，管理的なアプローチだけでは心理的なケアが不十分になる可能性があり，心理的なアプローチだけでは職務遂行上の課題に対処できていない可能性があることである。スーパービジョンの目的として①②のどちらも重要であるため，これらの2つの目的をバランスよく追求することが求められる。

□ スーパービジョンの機能

スーパービジョンには，①管理的機能，②教育的機能，③支持的機能の3つの機能がある。[4]

① 管理的機能

管理的機能は，職場の管理職としての働きのことで，担当部署の業務を統括し，職員が適切に業務を遂行するための幅広い職務を含んでいる。次のようなものがあるが，職位によって担当する範囲は異なる。

- 担当部署の業務について計画を立てて実施し，モニタリングや評価を行い，業務改善に向けて取り組み，その一環として，職員の採用，配属，業務の割り当てや調整を行う。
- 部下のスーパーバイジーが職務を適切に遂行しているかを点検し，必要に応じて指導する。
- スーパーバイジーが，組織の内外で適切なコミュニケーションがとれ，関係づくりがうまくいくように，紹介や情報共有等の配慮をする。
- トラブルが生じた場合には，スーパーバイジーを支援するとともに，関係者に対してスーパーバイジーのアドボカシーを行う。

なお，スーパーバイザーとスーパーバイジーが同職場の上司と部下ではない場合，スーパーバイザーは管理的機能を担わない（担えない）。上司ではないスーパーバイザーが，管理的機能に関わる課題をスーパーバイジーのなかに発見した場合は，教育的および支持的機能の点からスーパービジョンを行う。

② 教育的機能

教育的機能は，スーパーバイジーが仕事を行うために知っておく必要があることを教え，その学習を支援することである。パールマンは，援助を構成するものとして4つのP（Person, Problem, Place, Process）をあげているが，[5] スーパービジョンでは，それにスーパーバイジー自身も加えた次の5点についての学びを支援する。

- スーパーバイジーが関わる人（個人，家族，集団，地域住民，各種組

織のスタッフや専門職）

- クライエントが抱える社会問題（ミクロレベル，メゾレベル，マクロレベルそれぞれについて）
- 所属組織と地域（組織の理念・目的・法的根拠，関係する法制度・事業，提供するサービスの種類と要件，関係のある機関・団体や職種との関わり，組織の所在地域やクライエントのいる地域の状況や特徴など）
- 支援のプロセスと方法（エンゲージメント，アセスメント，プランニング，モニタリングおよび結果評価，記録，社会資源の活用法，連携・協働，ネットワーキングなど）
- スーパーバイジー自身の自己覚知（個人的な価値感，ストレングス，課題，スーパービジョンの必要性と意義，今後のキャリアなど）

　これらのなかには養成教育において学んでいることが多くあるが，社会は常に変化しており，現場では具体的で個別性の高い対応が求められているため，継続的に学ぶ必要がある。

③　支持的機能

　支持的機能は，業務上のストレスがあるなかで適切な実践ができるようにスーパーバイジーをサポートすることである。ソーシャルワーカーは，困難な状況にあるクライエントと関わって感情面で消耗し疲労を抱えたり，対応困難な問題に直面して無力感を感じたりすることがよくある。また，所属組織のなかで方針や運営等についての混乱や矛盾があったり，連携・協働が必要な人からネガティブな視線や態度を向けられたりすることもある。このような状況はストレスを生じさせる。過度なストレスは，スーパーバイジーの心身の健康や仕事への意欲に影響し，それが累積していくと燃え尽き症候群になってしまうことがある。燃え尽きたスタッフは，情緒的消耗感，脱人格化，個人的達成感の低下などのため業務遂行が難しくなる。[6]　そのため，スーパーバイザーは，スーパーバイジーが自身の価値を感じ，仕事にポジティブに取り組めるように次のような支持をする。

- スーパーバイジーを人として，専門職として認める。
- スーパーバイジーが自らの実践とその影響を直視できるように安全な雰囲気をつくる。
- スーパーバイジーの話を傾聴し，感情（特に，恐れ，怒り，悲しみ，反発や無力感）について話せるようにする。
- 他のスタッフとの関係の難しさについて考え，葛藤を解決するための支援をする。
- 利用者，同僚，関係者からのハラスメントを受けているスタッフをサポートする。

- スーパーバイジーの健康や心理的・情緒的な面に注意し，スーパービジョン以外のサポートが必要な場合は，そのサポートが受けられるよう支援する。

　管理的，教育的，支持的機能は，相互に影響しあっており，同時に複数の機能が働くことが多い。特に支持的機能は，ほかの二つの機能と同時に必要とされることが多い。これは，管理的・教育的機能のためにスーパーバイザーから発せられた言葉であっても，信頼関係がなければスーパーバイジーはその言葉をネガティブに受け取る可能性があるためである。支持的機能として行われることは，信頼関係の構築にも役立つことであり，支持的な態度のもとで，管理的・教育的な機能が発揮されるのである。

❏ スーパービジョンの意義

　スーパービジョンが適切に実施された場合には，次のような意義がある。

① 良質のサービス提供

　スーパーバイジーの利用者との関係づくりや的確なアセスメント，連携も含めた的確なプランニング，一貫したサービス提供などをスーパーバイザーが促進することで，サービス利用者は質のよいサービスを受けることができる。実際，スーパービジョンの効果について調べた27論文（総計サンプル数10,867）をメタ分析した評価研究から，スーパービジョン（課題遂行支援や社会的・情緒的サポート等）を受けた実践の方が，スーパービジョンなしの実践よりもクライエントにとって良い結果が出ており，倫理的な問題が少なかったことが示されている。[7]

② スタッフ（スーパーバイジー）への支援

　スーパーバイザーによる教育的な関わりと感情面でのサポートは，スーパーバイジーが仕事を続ける大きな支えになる。これまでの研究結果から，優れたスーパービジョンは，スーパーバイジーのストレスや疾病の軽減，クライエントとの関係，実践上の多様なリスクに配慮した実践，仕事の満足度，組織へのコミットメント，職場への定着などに関連していることが明らかになっている。[8]このなかには，燃えつき症候群の予防や対応も含まれている。

③ 組織の機能の維持・向上

　スーパービジョンは，スーパーバイジーの所属組織にも良い影響をもたらす。[9]スーパービジョンを通して，組織の構成員であるソーシャルワーカーが専門性の高い実践をし，さらに成長することが，組織の機能の維持・向上につながるのである。また，職場でのスーパービジ

ョンでは，スーパーバイザーは個々のスーパーバイジーだけでなく，担当部門全体の状況や課題を把握し，業務改善にむけて取り組むことで，組織の機能の維持および向上に貢献することができる。

　このようにスーパービジョンの機能が適切に発揮された場合，スーパービジョンから得られる利益は大きいが，一方で，その機能が不十分な場合，たとえば，支持的機能と教育的機能が不十分なまま管理的機能だけが強く出された場合は，組織内における緊張や葛藤が増えたり，問題が解決されないままとなり，スタッフの能力や自信が低下し，関係機関ともうまく連携できず，利用者は適切なサービスが受けられないといったことが起こる(10)。つまり，スーパービジョンといっても，3つの機能が状況に応じてバランスよく遂行されない限り，その意義は認められないのである。

 ## スーパービジョンの方法とプロセス

　スーパービジョンを実施するにあたっては，まず，スタッフのニーズと実践現場の状況に応じて，スーパービジョンの形態や方法を選択する。そして，スーパーバイジーとスーパーバイザーの関係性について十分に理解したうえで契約を結び，スーパービジョンのプロセスにそって実施する。

□ スーパービジョンの形態

　スーパービジョンの形態は，大きく分けると①個人スーパービジョンと②グループ・スーパービジョンがある。また，その変則的な形として③チーム・スーパービジョン，そしてスーパーバイザー不在の④ピア・スーパービジョンと⑤セルフ・スーパービジョンがある。それぞれ長所・短所があるので，状況に応じて使い分けることが必要である。

①　個人スーパービジョン

　個人スーパービジョンは，スーパーバイザーとスーパーバイジーが1対1で行うもので，スーパービジョンの一番基本的な形態である。個人スーパービジョンでは，スーパーバイジーの個別の課題やニーズに応じてスーパービジョンが行われる。スーパーバイジーの個人的な事柄が職務遂行に関連していて，それをスーパービジョンで取り上げる場合は，スーパーバイジーのプライバシーを守るためにも，個人ス

ーパービジョンでなければならない。しかし，一人ずつスーパービジョンを行うため，時間と経費がかかる。スーパーバイザーが不足しているところでは，日常的に個人スーパービジョンを行う・受けるのは現実的には難しいので，グループ・スーパービジョンなどと組み合わせて行うのがよい。

② グループ・スーパービジョン

　グループ・スーパービジョンは，スーパーバイザーとスーパーバイジーが1対複数（5人くらいまでが望ましい）で行うものである。時間や経費において効率的であり，スーパーバイザーが不足している状況でよく活用される。スーパーバイジーは，スーパーバイザーだけでなく，他のメンバーからもサポートやフィードバックが得られ，グループでのやりとりを観察することで学ぶこともできる。一方，グループでは個々のスーパーバイジーのニーズに細かく対応するには限界がある。また，メンバー間での葛藤に適切に対処しなければ，スーパービジョンの機能が損なわれることもある。スーパーバイザーは，グループ力動が破壊的に働かないように十分に注意する必要がある。

③ チーム・スーパービジョン

　チーム・スーパービジョンは，同じチームで協働するメンバーへのスーパービジョンである。グループ・スーパービジョンでは，メンバーはたとえ同じ職場であっても担当ケースが異なるので，焦点はメンバーそれぞれの職務遂行や成長，サポートにあてられる。一方，チームでは，メンバーが同じクライエントに向けて協働するので，スーパービジョンは，個々のメンバーへの働きかけや支援に加えて，チームの発達を促進し，チームとしての機能を発揮できるようにすることも求められる。[11]

④ピア・スーパービジョン

　ピア・スーパービジョンは，グループで行われるが，そのなかに特定のスーパーバイザーは存在しない。ピアとは仲間のことであり，グループのなかで互いにスーパーバイザーになったり，スーパーバイジーになったりするのである。ピア・スーパービジョンは，スーパーバイザーが不在の場合に行われることが多い。メンバーが熟練しており，スーパービジョンについても理解している場合には，ピア・スーパービジョンはよく機能する。しかし，そうでない場合には，前述のスーパービジョンの3つの機能が損なわれるおそれがあるため，メンバーは，スーパービジョンの機能について理解したうえで実施することが必要である。

⑤　セルフ・スーパービジョン

セルフ・スーパービジョンは，自分自身で行うスーパービジョンである。クライエントや業務についての自分の考え方や感じ方，態度，行動などについて，自らスーパーバイザーの視点で振り返り，課題を見出して取り組んでいこうとするものである。スーパーバイザーやピアがいなくても，いつでも自分だけで行えるという利点がある一方，自分では気づかないことや，解決できないこともあるという限界がある。スーパービジョンの定義では，スーパーバイザーの存在は必須であるため，セルフ・スーパービジョンは，本当のスーパービジョンとはいえない。まず，スーパーバイザーからスーパービジョンを受けることが重要であり，セルフ・スーパービジョンを行う場合は，その限界を十分に認識しておくことが必要である。

☐ スーパーバイザーとスーパーバイジーの立場と職種

スーパーバイザーとスーパーバイジーがどのような立場にあるかは，職場と職種から整理できる。

①　職場内か，職場外か

スーパービジョンのあり方としては，職場で上司であるスーパーバイザーが，部下のスーパーバイジーにスーパービジョンを行い，管理的，教育的，支持的な3つの機能を果たすことが基本である。国際ソーシャルワーカー連盟は，効果的・倫理的な実践やスタッフの専門的な成長等を支えるものとして，職場での定期的なスーパービジョンの重要性を指摘している。[12]

しかし，職場にスーパーバイザーの機能を果たせる人がいない場合，組織が外部の専門職にスーパービジョンを依頼して，職場にスーパーバイザーを招いたり，職員が職場外に出かけてスーパービジョンを受けることがある。また，ソーシャルワーカーが，職場外の専門職と個人的に契約を結んで，個人スーパービジョンやグループ・スーパービジョンを受けることもある。このように，職場の上司ではない場合，スーパーバイザーは管理的機能は担わない。なお，職務について話す以上は，外部でスーパービジョンを受けることについて所属組織の了解を受けることが必要である。

②　同職種か，異職種か

従来，ソーシャルワーク・スーパービジョンでは，ソーシャルワーカーとしてのアイデンティティの確立およびソーシャルワークの専門性の向上という観点から，スーパーバイザーとスーパーバイジーは両者ともソーシャルワーカーであるべきとされてきた。しかし，職場の

なかに異なる職種の対人援助職が混在していたり，チームで多職種協働が行われる場合，スーパーバイザーとスーパーバイジーのいずれかがソーシャルワーカーではないことがある。このような異職種の間で行われるスーパービジョンをインタープロフェッショナル・スーパービジョン（Interprofessional supervision；IPS）と呼び，近年，連携や協働の必要性が強調されるなかで注目されるようになってきている。多様化・複雑化・複合化した課題に対応するために多職種・多機関が連携してチームアプローチを行う場合，誰がスーパーバイザーになり，どのようなスーパービジョンを行うのかは，関係機関や関係者のなかで検討することが必要であろう。

□ スーパーバイジーとスーパーバイザーの関係

　スーパーバイジーとスーパーバイザーの関係はきわめて重要であり，次のような特性があることに留意する必要がある[13]。

① 契約関係

　スーパーバイザーとスーパーバイジーは契約関係にある。職場の上司と部下であっても，スーパービジョンの目的・テーマ・頻度・記録・準備についての契約（契約書作成はしないが口頭での合意も契約となる）が必要である。職場外ならば，それらに加えて経費や守秘義務などについても契約書を作成してそのなかに記載しておかねばならない。契約は，スーパービジョンのあり方や，スーパーバイジーとスーパーバイザーの役割と責任についての合意であり，スーパービジョンの質やその後の経過に影響する。その契約を結ぶこと自体が，関係づくりの重要なステップである。

② 権威性

　スーパーバイザーとスーパーバイジーの関係のなかには権威性が内在している。スーパーバイザーの方が高い専門性を持っている，あるいは職位や地位が高いことから，スーパーバイジーはスーパーバイザーの言葉をそのまま受け入れてしまう傾向がある。そのため，スーパーバイザーは，スーパーバイジーと専門領域が異なる場合は，自身の専門性の境界や限界を十分に認識していることが必要である。また，権威性が力関係におよんでスーパーバイジーを疎外・抑圧するなど権力の乱用が起きないように注意しなければならない。スーパービジョン関係においても倫理が重要であり，認定社会福祉士制度では，スーパービジョンを行う際にスーパーバイザーが従うべき行動として「スーパーバイザーの行動規範」を定めている（https://www.jacsw.or.jp/ninteikikou/overview/documents/16svkodokihan.pdf）。

③　パラレルプロセス

　スーパーバイジーとスーパーバイザーの関係と，クライエントとソーシャルワーカー（スーパーバイジー）の関係との間には，よく似た状況が起こりやすいことが明らかになっている。スーパーバイジーとスーパーバイザーの間の力動が無意識のうちにクライエントとソーシャルワーカー（スーパーバイジー）との間に現れるもの（その逆もあり）で，パラレルプロセスと呼ばれている。たとえば，スーパーバイザーがスーパーバイジーの話を傾聴せずに指示ばかりしていると，そのスーパーバイジーは自らのクライエントに対して同様に，傾聴せず指示するということが起こりえる。そのため，スーパーバイザーは，パラレルプロセスを意識して，自分自身のスーパーバイジーへの関わり方が適切なものになるよう注意する必要がある。

☐ スーパービジョンの実施

　スーパービジョンをいつ，どこで行うのか，具体的に何を取り上げ，どのように進めるのかは，スーパービジョンの契約時にスーパーバイザーとスーパーバイジーの間で話し合って決め，随時，見直すことが必要である。

　スーパービジョンは，定期的に場所を定めて実施することもあれば，必要な時に必要な場面で実施することもある。定期的にあらかじめ時間と場所を定めてスーパービジョンが実施される場合，事前に課題（グループでは話題・課題の提供者）を決めておく。そして，スーパービジョンでは，スーパーバイジー（グループでは話題・課題の提供者）が資料等を提示しながら課題について報告し，それについてスーパーバイザーと（グループでは他のメンバーも交えて）話し合う。

　職場では，スーパーバイザーかスーパーバイジーのいずれかが課題に気づいてスーパービジョンが必要だと感じた時に臨機応変に行うこともある。また，スーパーバイザーがスーパーバイジーの実践現場に同席・同行したり，モニターやマジックミラー越しにスーパーバイジーと利用者との関わりを観察し，必要に応じて声をかけたり，メモや電話で，あるいは利用者から少し離れたところに移動してスーパーバイジーに助言したり（これをライブ・スーパービジョンという），実践後に一緒に振り返りをすることもある。いずれの場合であっても，スーパービジョンは，プライバシーが守られ，落ち着いて話のできる場所で行うことが必要である。

　わが国では，まだスーパービジョンが定着しているとはいえず，スーパービジョンを受けたくても，周囲にスーパーバイザーが見つから

ないことがよくある。そのため，場所に関係なくスーパービジョンが実施できるように，従来よりオンライン会議アプリの利用が検討されてきたが，新型コロナウイルス感染症が拡大するなかで，オンラインでのスーパービジョンが注目されるようになっている。今後，守秘義務や，記録・資料の共有の仕方など，オンラインでのスーパービジョンについてのガイドラインの整備が必要だろう。

◻ スーパービジョンのプロセス

　スーパービジョンのプロセスで大切なことは，3つの機能のいずれを果たす場合でも，スーパーバイジーが自らの経験から学べるように支援することである。コルブ（Kolb, D. A.）は，問題解決が必要であったり，馴染みがないような状況を経験した際に，その経験を振り返ってよく考え，他の場面にも共通することを見出し，それを実際に試し，その結果がまた新しい経験になるというサイクルを通して経験から学ぶプロセスを示した。モリソン（Morrison, T.）は，このコルブの経験学習モデルにもとづいて，**図11-1**のスーパービジョンのサイクルを示し，スーパーバイザーがどのように関わればよいかを提案した。

　① 経　験

　課題に関して，スーパーバイジーが実践で経験したことを思い出し，そこで何が起こっていたのかを明確にできるように，スーパーバイザーはスーパーバイジーの話を聴き，どんな状況であったのか，どんなことがあったのかなどを質問していく。スーパーバイジーが安心して率直に話すことができるように，スーパーバイザーは，あたたかく関わることが不可欠である。

　② 振り返り

　その経験について，特に感情面や思考のパターンがどうであったか，それらは，過去の経験と共通することがないかなど，振り返りができるような問いかけをする。これは，強い感情や思いがあってもそれに巻き込まれずに専門職として倫理的な対応をするためには，自身の感情や思考パターンに気づいていることが必要だからである。

　③ 分　析

　これらの振り返りの結果は，さらにソーシャルワーク専門職としての価値や倫理，原理原則，理論モデル，知識などと照らし合わせて検証することが必要である。それによって情報の意味や重要さを引き出せるようにスーパーバイザーは支援する。そして，振り返ったケースや場面についての分析を一般化し，他のケースや場面でも応用できるようにするためには何が必要なのかを話し合う。

図11-1　スーパービジョンのサイクル

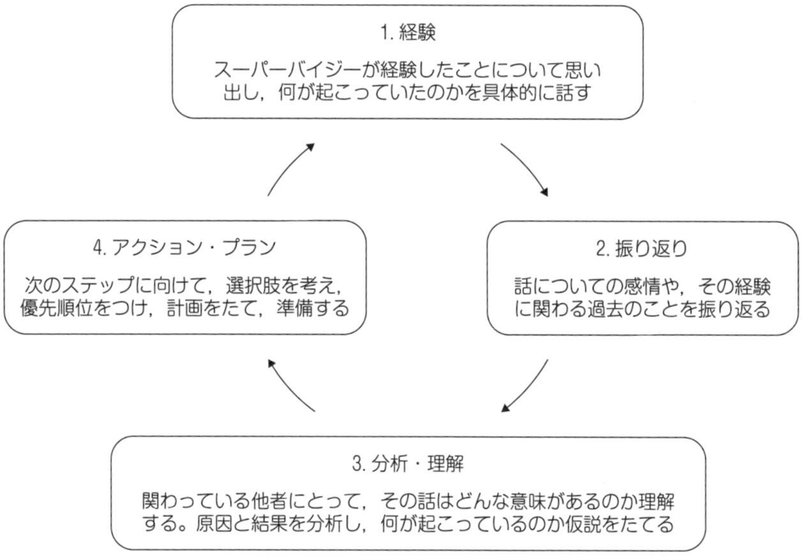

出所：Morrison, T. (2005) *Staff supervision in social care：Making a real difference for staff and service users* (3rd ed.), Pavilion, Figure18, 155, を筆者が一部変更.

④　アクション・プラン

　前の段階での分析結果は，具体的な計画と行動へと変換されることが必要である。そのためには，目標を設定し，具体的にどのような選択肢があるのかを検討し，それらの優先順位を決め，実際にどのように行うかというアクション・プランをたてることが重要である。そのため，スーパーバイザーはスーパーバイジーのプランニングを促し，一緒に検討する。そして，計画を行動に移せるよう支援する。

　行動に移ると，それが新たな経験となり，スーパービジョン・サイクルでは，次のサイクルに移行して，新たな学びのプロセスにつながる。

③　コンサルテーションとは何か

　多様なクライエントに対応しなければならないソーシャルワーカーは，初心者でなくても，問題解決のために専門的な助言や支援が必要となることがある。逆に，ソーシャルワーカーが他の専門職から助言や支援を求められることもある。このように，コンサルテーションとは，専門家が専門家に対して助言や指導を行うことであり，助言・指導を行う側の専門家をコンサルタント，受ける側の専門家をコンサル

ティと呼ぶ。

❏ コンサルテーションの定義

モリソンは，コンサルテーションを次のように定義している。[17]「コンサルテーションは，二人以上のスタッフが関わっていて，構造化され，交渉可能なプロセスであり，専門知識をもっているコンサルタントが，その知識を用いて，コンサルティである個人やグループの仕事上の課題に関わる人材教育や問題解決のプロセスを促進するものである」。

この定義で，構造化され，交渉可能というのは，コンサルタントとコンサルティのそれぞれの役割は明確で，コンサルテーションの進め方にも一定のものはあるが，話し合って合意を得た上で進めるということである。そして，ここで焦点となるのは，人材育成や問題解決である。

また，ブラウン（Brown, W.）らは，コンサルテーションを次のように定義している。[18]「コンサルテーションは，コンサルタントかコンサルティのいずれかが開始し，終結する任意の問題解決過程である。その目的は，コンサルティがクライエント（個人，グループ，組織）に対して，より機能的にかかわるための態度やスキルを習得できるよう支援することである。そのゴールは，第三者（クライエント）へのサービス向上とコンサルティの能力向上の二つである」。

この定義でコンサルタントかコンサルティのいずれかが開始し，終結する任意の問題解決過程であるということは，コンサルテーションは常に行われるというより，問題解決のために限定的に行われるもので，サービスの質やスタッフの能力を向上させたいと思うときに任意で活用するものだということを意味している。

❏ コンサルテーションの目的と意義

以上の定義からわかるように，コンサルテーションの目的は，ある特定の課題に関して問題解決に必要な専門知識・技能をもつ専門家からの支援をうけることで，問題解決を促進したり，人材育成をすることである。コンサルタントは，直接，支援に関わるわけではないが，コンサルテーションも専門職間で行われる協働の一種であり，効果的・効率的な支援にとって重要である。

ソーシャルワーカーが，自身の専門分野以外の知識が必要になることはよくある。たとえば，難病患者の支援にあたって，その病気について理解し，どのような生活支援が必要となるのかを予測するために，

専門医や経験豊富な保健師に助言を求めたりする。多重債務のあるクライエントを支援する際に，どのような支援方法がよいかがわからないとき，弁護士や行政書士に相談することがある。また，同じソーシャルワーク専門職であっても，新たな介入モデルやシステムを導入したり，なんらかの改革を行う場合，これまでにない方法で人材育成に取り組む場合など，それらについての専門知識や経験がある外部のソーシャルワーカーにコンサルテーションを求めることがある。

　一方，ソーシャルワーカーが，他の専門家からコンサルテーションを求められることもある。たとえば，障害のある親をもち不登校となっている児童を支援しているスクールカウンセラーから障害者福祉制度について教えてほしいと求められて説明することがある。生活困窮や暴力などの福祉課題を抱えて治療を拒んだり，消極的になる患者への対応について医師の相談にのったりすることもある。

　このように，コンサルテーションによって，専門職は本来の機能をより発揮できるようになる。

❏ コンサルテーションとスーパービジョン

　コンサルテーションとスーパービジョンは，いずれも業務をよりよく行うことと，人材を育成することを目指しており，専門的な知識・技能を活用して改善や向上に向けてスタッフに働きかけるという点で共通している。しかし，次の点で，コンサルテーションとスーパービジョンは異なる。

①　位置づけ

　わが国でのスーパービジョンの実施状況は組織によってかなりばらつきがあるが，前述のように，国際ソーシャルワーカー連盟によれば，効果的・倫理的な実践やスタッフの専門的な成長などを支えるために，スーパービジョンは職場で定期的に行われることが重要であると位置づけられている。一方，コンサルテーションは，業務遂行に関して何らかの課題があり，その解決が必要だと思われるときに限定して行われる。

②　関係と責任

　職場でのスーパービジョンでは，部下であるスーパーバイジーは上司（リーダー）であるスーパーバイザーの業務命令には従わなければならない。そして，上司は部下の職務遂行に責任をもたなければならない。しかし，スーパーバイザーが上司ではない場合，スーパーバイザーにはスーパーバイジーに命令する権限はなく，スーパーバイジーの職務遂行に責任を負わない。それでも前述のようにパラレルプロセ

スがあるため，スーパーバイザーのスーパーバイジーに対する影響力は大きく，利用者へのサービスにも影響する可能性が高い。

一方，コンサルテーションでは，コンサルタントとコンサルティは，任意で対等な関係である。コンサルタントは，管理的な責任はなく，コンサルテーションの結果にも責任を負わない。コンサルティは，コンサルタントに専門的な見地からの助言・指導を受けるが，それに必ずしも従う必要性はなく，コンサルティの裁量に任せられる。[19]

③ 制　度

スーパービジョンは，職能団体のなかで制度として位置づけられている。わが国においても，スーパービジョンの普及をめざして，日本社会福祉士会と精神保健福祉士協会では，研修制度のなかにスーパービジョンについての研修やスーパーバイザー養成が組み込まれている。また，認定社会福祉士制度では，スーパービジョンを受けることが，認定社会福祉士として認定されるための必須条件となっている。一方，コンサルテーションについては，制度的な取り組みは行われていない。

☐ コンサルテーションの方法

コンサルテーションがどのように行われているかは，さまざまである。組織としてコンサルタントを招き，一定の期間にわたってコンサルテーションを受けながら課題解決に取り組む場合もあれば，実践のなかで他の専門家の支援が必要な時に１回あるいは複数回だけコンサルテーションをうけることもある。

コンサルテーションのアプローチは，以前はクライエント中心であったが，現在はコンサルティ中心に変化してきている。[20]伝統的なクライエント中心コンサルテーションでは，コンサルタントはコンサルティから，クライエントの問題についての情報や，サービスについてのアドバイス，実践に関する提案などを求められ，それに応じてクライエントの問題について専門的な見解を提示し，コンサルティに提案を行う。ここでのコンサルタントとコンサルティの関係は階層的で規範的なものである。

しかし，現在では，コンサルタントとコンサルティは，それぞれの専門性の観点から問題についての見解を共有し，問題について協議していく協調的な関係であることが重要とされている。コンサルテーションのプロセスでは，コンサルティが中心とされ，コンサルティがクライエントに関してもっている専門性を引き出し，現在の問題についての理解や対応の仕方を改善して，将来，同様の問題に直面したときにうまく対応できるようになることを目指すようになっている。

　わが国の社会福祉分野では，コンサルテーションのあり方や方法について取り上げられることはまだ少ないが，ソーシャルワーカーがかかわる生活問題が多様化・複雑化・複合化している状況を鑑みれば，医療，法律，教育，心理，建築，工学，情報など様々な分野の専門家との間でのコンサルテーションは重要である。今後，コンサルテーションのあり方や方法について連携・協働する職種のなかで合意形成がなされていくことが必要である。

◯注

(1)　Kadushin, A. & Harkness, D. (2014) *Supervision in social work* (5th ed.), Columbia University Press, 11.

(2)　Hawkins, P. & McMahon, A. (2020) *Supervision in the helping professions* (5th ed.), Open University Press, McGraw-Hill Education, 66-67.

(3)　Howe, K. & Gray, I. (2013) *Effective supervision in social work*, Sage.

(4)　(1)と同じ.

(5)　パールマン，H.／松本武子訳（1967）『ソーシャル・ケースワーク』全国社会福祉協議会.

(6)　(1)と同じ.

(7)　Barak, M. E. M., Travis, D. J. & Pyun, H. (2009) The impact of supervision on worker outcomes : A meta-analysis. *Social Service Review*, 83(1), 3-32.

(8)　Wonnacott, J. (2014) *Developing and supporting effective staff supervision*, Pavilion Publishing and Media.

(9)　Morrison, T. (2005) *Staff supervision in social care : Making a real difference for staff and service users* (3rd ed.), Pavilion, 36.

(10)　(8)と同じ.

(11)　(2)と同じ.

(12)　International Federation of Social Workers (2012) Effective and ethical working environments for social work : The responsibilities of employers of social workers (https://www.ifsw.org/effective-and-ethical-working-environments-for-social-work-the-responsibilities-of-employers-of-social-workers-2/?hub=main).

(13)　野村豊子（2015）「スーパーバイジー・スーパーバイザーの関係性」日本社会福祉教育学校連盟監修『ソーシャルワーク・スーパービジョン論』中央法規出版，119-156.

(14)　(3)と同じ.

(15)　Kolb, D. A. (2015) *Experiential Learning : Experience as the source of learning and development* (2nd ed.), Pearson Education.

(16)　(9)と同じ.

(17)　(9)と同じ.

(18)　Brown, W., Pryzwansky, W. B. & Schulte, A. C. (2010) *Psychological Consultation and Collaboration : Introduction to Theory and Practice* (7th ed.), The Merrill Counseling Series, 1.

(19)　Lambert, N. M., Hylander, I. & Sandoval, J. H. (ed.) (2011) *Consultee-centered consultation : Improving the quality of professional servies in schools and community organizations*, Lawrence Erlbaum Associates.

(20)　(19)と同じ.

■ 第12章 ■

総合的・包括的なソーシャルワークをめぐる課題

人間の「ライフ（Life）」とその尊厳を支える支援として

☐ 人々の「ライフ（Life）」を支えるソーシャルワーク

　ソーシャルワークとは，人々が地域のなかで主体的な生活を営みながら，自分らしく生きることを支える営みである。さらに，そのような生活や生き方が決して妨げられることのない社会の実現に向けて，地域や社会に対する様々な働きかけを行うものである。そして，その活動を担うソーシャルワーカーは，地域住民や地域の多職種，多機関，多業種と様々に連携・協働しながら，地域で暮らす人々の生活の全体を総合的・包括的に支援することを目指して，日々取り組んでいる。

　「ライフ（life）」という言葉がある。日本語では「生活」や「生命（いのち）」そして「人生」と訳されるが，人間の「生」のあり方を表す重要な意味をもつ言葉である。それは，人の「生命（いのち）」，日々の「暮らし」や「生活」，そしてその積み重ねとしての「人生」が一体的なものであることを表している。すなわち，人間の「生」の営みが，他者や場所との関係のなかで成り立つ，すなわち「関係的・社会的な営み」であることを示している。その意味で，人間の「生」の豊かさとは，まさに他者や場所，すなわち地域の様々な人々や場所との関係の豊かさのなかに成り立つと言える。

　地域における総合的，包括的な支援としてのソーシャルワークの課題を考えるにあたり，この「ライフ」の概念がもつ意味は重要である。ソーシャルワークは，人間の社会的な「生」としての一人ひとりの「ライフ」の豊かさを地域で支えると同時に，住民同士のかかわりや関係が豊かに交錯する地域づくりのための活動に取り組んでいかなければならない。

☐ 地域における自立生活を支えるということ

　ソーシャルワークの実践は，地域における「自立生活支援」とも言われる。それは誰もが自らの生活の主体として，その尊厳を護られて生きることの支援を意味する。ここでいう「自立」とは誰の助けも借りずに生きることでは決してなく，何かに困ったときや問題を抱えたときには，いつでも相談できる，助けを求められる人や場所などとのつながりや関係があるということを意味する。多くの人や場所とのかかわりやつながりのうえで成り立つ「自立」を支援する役割を，ソー

シャルワークは担うのである。

　そしてそれは，人々が同じ地域で暮らす住民として，共にあろうとする地域づくりにつながる。たとえば特定の人々が排除され，孤立を強いられるような生きづらい地域ではなく，自分たちの地域をともに良くしたいとの願いが住民間で共有された地域社会の実現である。それは，社会的・構造的な理由から様々な生活問題が誰にでも起こり得る現代社会のなかで，安心して暮らしていけるコミュニティの構築である。これからのソーシャルワークは，そのような地域社会の実現に向けての変化を生み出すものでなければならない。このことは，地域における様々なかかわりやつながりのなかで成り立つ「自立」観を基礎として，人々の生活全体を視野に入れた支援を，総合的で包括的に展開するための課題である。

❏ その人の存在が社会的・関係的かつ無条件に肯定されるために

　2016（平成28）年7月に神奈川県相模原市の障害者施設「津久井やまゆり園」で起きた殺傷事件は，社会全体に大きな衝撃を与えた。このような事件が発生する社会，このような事件を起こさせてしまう社会は，正常であるとは決していえない。ノーマライゼーションやバリアフリー，偏見や差別のないまちづくり，共に生きる社会の構築など，誰もが生きやすいより良い社会のあり方を目指して，時代の変遷とともに少しずつ積み上げられてきた（と思っていた）ことが，まさに根底から一気に揺らぎ，崩されるような出来事であったと言える。

　このような事件が起こった背景として，優生思想や障害者への差別意識が，依然として社会に根強く存在していることが指摘されている。人権の尊重や個人の尊厳といった価値観を，その実践を貫く思想的・理念的基盤として持つソーシャルワークにおいて，差別はもちろんのこと，人間の生命を管理・選別する優生思想を受け入れることはできない。もしも，このような思想が根強く存在し続ける社会の土壌や社会構造があるならば，ソーシャルワークはそれに抗い，それを変えるための行動を起こさなければならない。

　たとえ誰かが重い障害を持っていたとしても，その人を取り巻く環境とそこでの他者とのつながり，地域の人々との関係が豊かであることによって，その人の存在とその「生」が，社会的・関係的かつ無条件に肯定されること。その人を取り巻く環境が，その人の生を肯定し，その人を大切にする環境であるようにすること。それによって，地域社会の一員として生きていくことが，当然のこととして保障され，現実的かつ具体的に，豊かさをもって実現されること。地域における総

合的・包括的な支援としてのソーシャルワークが目指す社会の姿はここにある。

② ソーシャルワークの「共通基盤」の再構築と継承

☐ 現代社会における社会的・構造的な問題としての生活問題

　今日のソーシャルワークのあり方として，総合的かつ包括的な支援が求められる背景には，人々が抱える生活問題が多様化，複雑化，さらに複合化，長期化している状況がある。そしてそのような生活問題の背景には，それを生じさせる社会的・構造的な問題がある。したがって，そのような現代社会が抱える社会構造の問題が，個人や家族の生活上の問題に還元され，それがあたかも当事者の自己責任であるかのように語られることがあってはならない。人々が直面する様々な生活問題は，それを生じさせる社会的・構造的な問題の解決なしには，本質的，抜本的な解決はないのである。

　それゆえにソーシャルワークは，生活問題や生活困難状況に至った社会的な背景，それらを生じさせる社会構造への眼差しを忘れてはいけない。すなわち，当事者が抱える生活問題の根源を，その人や家族にではなく，社会環境や社会構造のなかに見出していかなければならない。そして，そのような生活問題や困難を生じさせない社会環境の整備や改善，社会構造の変革に向けた活動が求められるのである。

　生活問題を抱える当事者やその家族の訴えや経験は，私たちが暮らす地域や社会がもつ課題を，いわば「代弁」していると捉えることができる。その意味で，個人や家族への支援は，人々が暮らす地域への支援となり，さらに社会変革に向けた働きかけへとつながっていくのである。そのような，ミクロからメゾ，マクロレベルでの展開が相互に連動するソーシャルワークのあり方を，総合的・包括的な支援の展開として見出していく必要がある。

☐ ソーシャルワークの「共通基盤」を問い直す

　昨今では，医療分野はもちろん，教育や司法，労働の分野など，従来からの社会福祉分野以外の様々な領域にソーシャルワークが求められ，ソーシャルワーカーの活躍の場が広がっている。そのことは確かに，ソーシャルワークの発展において意義のあることである。しかし，一方では，実践が行われる分野ごとのソーシャルワークの細分化や，

そのなかでのいわゆる「タコツボ化」現象が生じることも懸念される。

　さらに今日では，地域における社会的孤立状態などの，それを直接に対象とする制度がない「制度の狭間」といわれる問題や，複数の分野にまたがる問題を同時に抱えている家族や世帯への対応も求められている。既存の制度の枠内に留まったソーシャルワークでは，もはや対応できない生活問題が，人々の日々の暮らしに生じているのである。このような状況のなかで求められるのは，人々の生活を全体的にとらえて，必要な支援を総合的・包括的にそして創造的に展開する，地域に根差したソーシャルワークのあり方なのである。

　ソーシャルワークは，その時代の社会のなかで生きる人々とともにあり，様々な生活問題を抱える当事者の状況とその社会の現実に寄り添ったものでなければならない。ソーシャルワークに存在意義や役割を与えるのは，生活問題を抱える人々とその具体的な生活状況，そして人々を取り巻く地域や社会構造である。それらへの眼差しと認識から，人々とその生活を支援するとともに，地域や社会構造に働きかけ，社会変革を志向するソーシャルワーカーによる実践が，求められるソーシャルワークのあり方として語られなければならない。

　様々な分野や領域で，さらにそれらの範囲や制度の枠を超えて実践される，今日の総合的・包括的な支援の展開としてのソーシャルワークが依拠する理念や価値観，知識や方法，技術からなる「共通基盤」を，改めて学術的，理論的，そして実践的に構築することが課題である。そのことは，現在だけでなく，これからの時代におけるソーシャルワークの存在意義，そしてソーシャルワーカーのアイデンティティを明らかにし，継承していくことになる。

❑ 人々が人間らしく生きていく場所づくりの実践

　今日の日本は，少子化や高齢化に伴う人口減少，家族形態や就労形態の多様化，また社会状況や経済状況の急激な変化のなかで，かつて経験したことのない生活問題を人々が抱える状況にある。それはたとえば，孤立した育児や介護であり，金銭的な貧困に伴って生じる社会とのつながりの喪失であり，病気や障害を理由にした就労や就学の場からの排除であり，地域における差別や排除の構造であり，雇用や賃金をめぐる格差や社会的不利の存在であり，人々が幾重にも分断された社会構造などである。

　まさに，人間が人間らしく生きていく場所が剝奪され，その場所を成り立たせる土台が揺らいでいる状況にあるといえる。今の時代を生きる私たちには，そのような場所を再び取り戻す，あるいは再建する

ことが求められている。それには，社会構造や地域のしくみに変化を生じさせる動きや活動が必要であり，その一端を担うのがソーシャルワークなのである。

　そのためにソーシャルワーカーは，その地域で暮らす住民や地域の様々な多職種，他施設・機関とともに連携・協働し，生活問題を抱える人々への支援を通して，地域のつながりや支え合いを取り戻していく。そして，その地域が，人々が人間らしく生きることができる場所であるために，人々とともに行動し，人々とともにあろうとするソーシャルワーク専門職なのである。

③ ソーシャルワークが展開できる社会環境を整備する

☐ 地域におけるネットワークの構築

　多様化，複雑化，複合化する生活問題に対しては，何かの専門家やどこかの相談機関が単独で対応して解決に結びつくということはほとんどない。さらに住民の生活に生じる問題は，その個人や家族が抱える問題としてだけではなく，地域全体の課題としてとらえていかなければならない。そのためにも，住民や行政，専門職や様々な事業者がともに地域の課題に向きあいながら，それぞれの役割や働きを通して，住民の暮らしを支えるしくみをつくることが必要である。

　生活問題を抱える個人や家族への支援と，そのような生活問題を生み出す社会環境や社会構造の改善のための働きかけ，そして必要な制度や施策の変革を求める活動，すなわち「生活」や「生活者」への視点に根ざしたミクロ，メゾ，マクロレベルの活動が，相互に重なり合い，ダイナミックに連動するのがソーシャルワークの実践である。そしてその実践は，ソーシャルワーカーが一人でやるものではないし，そもそも一人でできるものではない。地域住民や多職種，関係者や関係機関等との連携，協働，チームワークによって行われるという認識が重要である。そのような，地域における関係者とのつながりやネットワークを構築していくことも，ソーシャルワーカーの役割なのである。

　生活問題を抱えて苦しみのなかにある人々の多くは，自ら相談機関を訪ねるなどして支援を求めることができない。したがって，ソーシャルワーカーと出会うことができない状態にある。アウトリーチによって支援につなげる必要性もここにあるが，同時にソーシャルワーカ

ーの存在が，広く地域住民に知られ，地域に浸透する必要がある。地域でのソーシャルワークの認知度が高まることは，人々とソーシャルワーカーとの出会いを容易にする環境づくりにもなる。地域におけるネットワークの構築は，ソーシャルワークを必要とする人々のために，ソーシャルワーカーをより身近な存在としていく環境づくりにもつながるのである。

❏ 法人や団体・組織としてのソーシャルワーク機能の発揮

社会福祉法第24条には，社会福祉法人が社会事業や公益事業を行うにあたって，「日常生活又は社会生活上の支援を必要とする者に対して，無料又は定額な料金で，福祉サービスを積極的に提供するよう努めなければならない」とされている。この規定は，社会福祉法人に求められる地域貢献として，「地域における公益的な取組」を推進しようとするものである。

社会福祉法人は，歴史的に児童福祉や高齢者福祉，障害者福祉などの様々な社会福祉分野でのサービスの提供を中心的に担ってきた組織である。これからの地域共生社会の実現とそのための地域福祉の推進に向けては，社会福祉法人の公益性・非営利性を踏まえた地域貢献活動への期待は大きい。それぞれの法人が地域の状況に応じて，また法人の規模や事業やサービスの種別に応じて，地域の福祉ニーズを把握しつつ，地域の様々な人や場所，機関や施設と連携しながらの取り組みが求められている。

地域貢献とは，それぞれの地域性の違いや地域の課題の状況に応じた，創意工夫に基づく取り組みとして行われるべきものであり，その意味で，まさに地域にある社会福祉法人としてのソーシャルワークの展開が期待されている。言い換えれば，ソーシャルワーク機能を「内在化」させた社会福祉法人の経営や運営のあり方が問われているということである。

さらに，社会福祉に関連する事業を地域で展開している組織は，社会福祉法人に限らない。医療法人やNPOなど，様々な法人や団体，組織による多様な活動が行われている。地域における総合的かつ包括的な支援としてのソーシャルワークの展開として，このような法人や団体，組織単位で実践されるソーシャルワークの活動についても，一層注目されていくことになろう。

❏ 総合的・包括的な支援の展開と地域共生社会

2019（令和元）年12月26日に厚生労働省から出された「地域共生社

会に向けた包括的支援と多様な参加・協働の推進に関する検討会（地域共生社会推進検討会）最終とりまとめ」では，地域共生社会の実現に向けた福祉政策や市町村における包括的な支援体制構築の方策や課題が示されている。

　報告書では，血縁や地縁などの共同体の機能の脆弱化や，個人や世帯が抱える生活課題の多様化・複雑化に対して対象者別や属性別の制度や支援では対応が難しくなっている状況があるとして，包摂的な地域社会の実現や包括的な相談支援の実施の必要性を指摘している。特に生活課題を抱える当事者への支援のあり方として，「具体的な課題解決を目指すアプローチ」と「つながり続けることを目指すアプローチ」の2つが，求められる支援の両輪であるとされている。本人に寄り添いながらの生活課題の解決を目標にする一方で，当事者や地域や社会とのつながりを保つための，支援者による継続的なかかわりに基づく「伴走型支援」の重要性が主張されている。

　また，専門職による支援と地域住民相互のつながりによる重層的なセーフティネットの構築の必要性についての指摘もある。これは，社会的に孤立した状態にあるなど，支援の網の目からこぼれ落ちる人を生まない仕組みづくりのことでもある。そのための方策として，伴走型支援の普及や，多様な社会参加の実現とそれを促進する資源の提供，そして地域における多様なつながりの創出があげられ，これらを促進するための環境整備を進めることが必要とされている。

　さらに，報告書では，市町村における包括的な支援体制の構築について，「断らない相談支援」「参加支援」「地域づくりに向けた支援」の3つの支援が一体的に行われることで実現されるとしている。この3つの支援の一体的な展開は，まさに地域における総合的かつ包括的な支援として求められるソーシャルワークのあり方である。ソーシャルワーク専門職としての社会福祉士や精神保健福祉士が，そのような支援の担い手として地域に存在し，地域住民等とともに，地域に根ざした実践を展開する意義もここにあると言える。

●参考文献 ─────

藤井克徳・池上洋通ほか編（2016）『生きたかった──相模原障害者殺傷事件が問いかけるもの』大月書店.

ファーガスン，I.／石倉康次・市井吉興監訳（2012）『ソーシャルワークの復権──新自由主義への挑戦と社会正義の確立』クリエイツかもがわ.

井手英策・柏木一惠・加藤忠相・中島康晴（2019）『ソーシャルワーカー──身近を革命する人たち』ちくま新書.

菊池馨実（2019）『社会保障再考──〈地域〉で支える』岩波新書.

厚生労働省（2019）「『地域共生社会に向けた包括的支援と多様な参加・協働の推進に関する検討会』（地域共生社会推進検討会）最終とりまとめ（令和元年12月26日）」.

空閑浩人（2016）『ソーシャルワーク論』ミネルヴァ書房.

空閑浩人（2018）「地域を基盤としたソーシャルワークへの期待——ソーシャルワークが求められる時代のなかで」『月刊福祉』101(5), 40-45.

空閑浩人（2018）「社会福祉における『場』と『居場所』をめぐる論点と課題——『地域共生社会』の構築が求められる時代の中で」『社会福祉研究』第133号, 19-25.

宮本太郎編著（2017）『転げ落ちない社会——困窮と孤立を防ぐ制度戦略』勁草書房.

立岩真也・杉田俊介（2016）『相模原障害者殺傷事件——優生思想とヘイトクライム』青土社.

鶴幸一郎・藤田孝典・石川久展・高橋正幸（2019）『福祉は誰のために——ソーシャルワークの未来図』へるす出版.

さくいん

監修者 （50音順）

岩崎　晋也（法政大学現代福祉学部教授）
しらさわ まさかず
白澤　政和（国際医療福祉大学大学院教授）
わけ じゅんこ
和気　純子（東京都立大学人文社会学部教授）

執筆者紹介 （所属：分担，執筆順，＊印は編著者）

＊白澤　政和（編著者紹介参照：序章，第3章，第4章）
わけ じゅんこ
＊和気　純子（編著者紹介参照：第1章）
たかやまえ り こ
高山恵理子（上智大学総合人間科学部教授：第2章）
おか だ しんいち
岡田　進一（大阪市立大学大学院生活科学研究科教授：第5章）
く が ひろ と
＊空閑　浩人（編著者紹介参照：第6章，第12章）
ふくとみ まさ き
福冨　昌城（花園大学社会福祉学部教授：第7章）
の むら とよ こ
野村　豊子（日本福祉大学スーパービジョン研究センター

　　　　　　　リサーチフェロー：第8章第1節）
おか ともふみ
岡　　知史（上智大学総合人間科学部教授：第8章第2節）
ふじ い ひろ し
藤井　博志（関西学院大学人間福祉学部教授：第9章）
や ぎ あ き こ
八木亜紀子（福島県立医科大学放射線医学県民健康管理センター特任准教授，

　　　　　　　アアリイ株式会社代表取締役：第10章）
おか だ
岡田　まり（立命館大学産業社会学部教授：第11章）

編著者紹介 (50音順)

空閑　浩人（くが・ひろと）
2000年　同志社大学大学院文学研究科社会福祉学専攻博士後期課程満期退学。
現　在　同志社大学社会学部教授。博士（社会福祉学）。社会福祉士。
主　著　『ソーシャルワークにおける「生活場モデル」の構築』(2014) ミネルヴァ書房。

白澤　政和（しらさわ・まさかず）
1974年　大阪市立大学大学院家政学研究科社会福祉学専攻修士課程修了。
現　在　国際医療福祉大学大学院医療福祉学研究科教授。博士（社会学）。
主　著　『ケアマネジメントの本質』(2018) 中央法規出版。

和気　純子（わけ・じゅんこ）
1996年　東洋大学大学院社会学研究科社会福祉学専攻博士後期課程修了。
現　在　東京都立大学人文社会学部教授。博士（社会福祉学）。
主　著　『高齢者を介護する家族──エンパワーメント・アプローチの展開にむけて』(1998)
　　　　川島書店。

新・MINERVA 社会福祉士養成テキストブック⑤
ソーシャルワークの理論と方法 I

2022年 3 月30日　初版第 1 刷発行　　　　　〈検印省略〉

定価はカバーに
表示しています

	岩 崎 晋 也
監 修 者	白 澤 政 和
	和 気 純 子
	空 閑 浩 人
編 著 者	白 澤 政 和
	和 気 純 子
発 行 者	杉 田 啓 三
印 刷 者	田 中 雅 博

発行所　株式会社　ミネルヴァ書房
607-8494　京都市山科区日ノ岡堤谷町 1
電話代表　(075)581-5191
振替口座　01020-0-8076

©空閑浩人・白澤政和・和気純子ほか, 2022　　創栄図書印刷・新生製本

ISBN978-4-623-09095-2
Printed in Japan

岩崎晋也・白澤政和・和気純子 監修

新・MINERVA 社会福祉士養成テキストブック

全18巻
B5判・各巻220〜280頁
順次刊行予定

━━━ミネルヴァ書房━━━
https://www.minervashobo.co.jp/